LOUIS RIEL

Éditeurs:
LES ÉDITIONS LA PRESSE, LTÉE
44, rue Saint-Antoine ouest
Montréal H2Y 1J5

Conception graphique:
JEAN PROVENCHER

Photographies:
ARCHIVES NATIONALES DU CANADA

Tous droits réservés:
LES ÉDITIONS LA PRESSE, LTÉE
© Copyright, Ottawa, 1985

Dépôt légal:
BIBLIOTHÈQUE NATIONALE DU QUÉBEC
2e trimestre 1985

ISBN 2-89043-153-3

1 2 3 4 5 6 90 89 88 87 86 85

BERNARD SAINT-AUBIN

LOUIS RIEL

Un destin tragique

la presse

AVANT-PROPOS

Peu d'hommes politiques au Canada ont été jugés aussi diversement que Louis Riel. Pour les uns, ce n'était qu'un rebelle; pour les autres, c'était un patriote, un héros. Sans prendre ces qualificatifs à notre compte, nous estimons néanmoins qu'ils contiennent une part de vérité.

À l'occasion du centenaire de son exécution, nous croyons le moment opportun de faire le point sur ce personnage controversé, car vraisemblablement aucune autre époque de notre histoire depuis la Confédération n'a suscité tant de discussions passionnées. Cette biographie ne renouvelle pas la vie du chef métis, faute de documents nouveaux, mais elle apporte des éclaircissements sur bien des points avec lesquels le public francophone n'est pas familier. C'est ce qui fait, à notre avis, l'originalité de ce travail.

Il n'est pas facile d'écrire sur Louis Riel, même si la documentation est abondante. Malgré la richesse des informations, la tâche de l'historien se complique quand la passion s'en mêle. Nous avons donc confronté les documents et les témoignages, en les soumettant à une critique rigoureuse, afin de peindre le plus exactement possible la réalité. Notre seule ambition, en écrivant ce livre, c'est que le lecteur voit clairement ce qui s'est passé et qu'il se fasse lui-même une opinion sur Louis Riel.

Nous désirons, avant de remettre cet ouvrage au lecteur, souligner que les travaux de George Stanley, Marcel Giraud et

William L. Morton nous ont été d'un grand profit. Nous nous sommes grandement inspiré des études de ces historiens qui nous ont permis de mieux comprendre le personnage et le milieu dans lequel il a vécu.

Nous remercions également avec gratitude Mme Juliette Rémillard, responsable de la documentation au Centre de recherche Lionel-Groulx, qui a mis à notre disposition tous les livres, revues et documents utiles à nos recherches.

CHAPITRE PREMIER
LES AMÉRINDIENS

Avant même que les habitants de la caverne de Cro-Magnon commencent à en peindre les parois, le peuplement de l'Amérique avait débuté. Certains archéologues ou historiens datent en effet la présence de l'homme en Amérique à près de 48 000 années avant notre ère: « Les plus anciennes traces humaines retrouvées jusqu'ici remontent à 48 000 ou 46 000 av. J.-C.... Mais les fouilles archéologiques se poursuivent et ce repère risque d'être, un jour ou l'autre, remis en question[1]. »

Plusieurs hypothèses ont été émises pour expliquer l'origine de l'homme en Amérique et si la plupart des anthropologues rejettent l'idée d'une population autochtone il n'en reste pas moins que « l'existence de peuples avant les Indiens a toujours été soupçonnée, souvent affirmée, mais jamais prouvée[2]. » En revanche, la majorité des spécialistes s'accorde pour reconnaître que l'homme serait apparu sur le continent américain au moins 30 000 années avant notre ère et qu'il venait de l'Asie. Là aussi, cependant, on entend encore quelques voix discordantes: « Existe-t-il, sur la terre, un groupe humain dont les origines ethniques aient été plus controversées, même dans les temps actuels, que celui des Indiens[3]? »

Quand on regarde une carte de la Terre, on remarque toujours, non sans une certaine surprise, que la Sibérie et l'Alaska se touchent presque. En fait, elles ne sont distantes que de quatre-vingts kilomètres et la grande Diomède (qui fait partie de l'URSS) n'est séparée de la petite Diomède (qui fait corps avec l'Alaska), que de cinq kilomètres.

À l'époque glaciaire, qu'on situe entre 70 000 et 35 000 années avant notre ère, un large pont de terre qui reliait l'Asie et l'Amérique avait émergé entre la Sibérie et l'Alaska. Ce pont, connu sous le nom de détroit de Béring, aurait, selon une théorie, permis à l'homme d'atteindre l'Alaska vers 35 000 avant notre ère et les premiers Amérindiens, accompagnés de leurs chiens, seraient descendus vers le sud, aux environs de 30 000 avant notre ère. Une autre théorie, plus conservatrice, voudrait que l'homme soit arrivé en Alaska aux environs de 25 000 avant notre ère et qu'il soit descendu plus au sud entre 15 000 et 12 000 avant notre ère.

Quoi qu'il en soit, soulignons qu'on peut en tout cas affirmer avec certitude que le peuplement de l'Amérique s'est fait par vagues successives s'échelonnant sur plusieurs millénaires et que « l'Algonkin serait l'un des premiers venus, l'Athapascan et l'Esquimau, les derniers. Lequel mit fin à cette migration reste encore à déterminer[4]. »

Le chiffre de la population des Amériques vers 1500, c'est-à-dire peu après la découverte de Colomb, est presque impossible à déterminer. Des historiens de l'université de Berkeley, en Californie, procédant à une série de calculs et d'interpolations, ont abouti à des estimations fabuleuses de 80 à 100 millions d'habitants. La plupart des savants n'ont cependant pas retenu leur évaluation et il semble que le chiffre de 10 à 15 millions d'habitants soit plus près de la réalité.

La plupart des Amérindiens vivaient au sud du Rio Grande tandis qu'au nord de ce fleuve qui sert de frontière naturelle entre le Mexique et les États-Unis, la population comptait environ 1 150 000 personnes, dont approximativement 220 000 habitaient le Canada. L'Est du Canada (Ontario, Québec et Maritimes) en comptait 60 000. Le reste du territoire, incluant le Nord-Ouest, le Pacifique ainsi que l'extrême Nord, comptait donc environ 160 000 Amérindiens.

Si au sud du Rio Grande les civilisations avaient atteint un degré de perfectionnement aussi grand que celui des peuples d'Europe et dans certains domaines, supérieur, par contre les Amérindiens de l'Amérique du Nord avaient une civilisation assez rudimentaire. «Pourquoi n'ont-ils pas développé en Amérique du Nord des civilisations aussi avancées que celles des Mayas, des Aztèques et des Incas en Amérique du Centre et du Sud restera probablement à jamais une énigme[5].»

Les historiens ont traditionnellement considéré les Indiens du Nord de l'Amérique comme appartenant à une civilisation assez primitive. «À l'arrivée des Européens, les Indiens n'avaient pas encore dépassé l'âge de la pierre polie. Pour accéder à un palier supérieur, il leur avait manqué la roue, le tour du potier, l'usage du fer, les animaux domestiques et une véritable agriculture. Des céréales, ils ne récoltaient, chez de rares peuplades, que le maïs et la folle avoine. Leurs seuls animaux domestiques étaient le dindon et le chien, insuffisante bête de trait, servant à l'occasion de mets de choix dans leurs festins[6].» Cependant, au fur et à mesure qu'anthropologues et ethnologues se penchent sur les diverses cultures qui avaient cours chez les Amérindiens de l'Amérique du Nord, commence à se dessiner une hypothèse voulant que les Européens aient débarqué au moment où certains de ces groupes allaient connaître un développement culturel comparable à celui des populations du Centre et du Sud des Amériques.

Dès que les Européens prirent contact avec les Amérindiens, ils leur accolèrent l'épithète de Peaux-Rouges parce qu'ils s'enduisaient le corps d'ocre rouge. «En fait, les Amérindiens ont la peau blanc jaunâtre ou brune, jamais rouge. Bien que la vérité sur ce point soit établie depuis longtemps, certains manuels continuent, même de nos jours, à parler d'une race rouge. Il est des erreurs qui ont la vie dure[7].»

Par la suite, les Européens qualifièrent les Amérindiens de «Sauvages». D'ailleurs, dans les récits des premiers chroniqueurs français, Jacques Cartier, Champlain, les jésuites et autres, c'est ce vocable qui revient le plus fréquemment sous leurs plumes. Comme nous le verrons au cours de ce récit, les missionnaires de l'Ouest canadien, aussi bien au XIXe siècle qu'au XXe siècle, continueront d'employer couramment le terme «sauvage» dans leurs écrits. «Il faut voir dans le choix de ce mot la marque de la différence de civilisation entre les autochtones et les Français. Ces derniers, comme les Grecs et les Romains de l'Antiquité à l'égard des Barbares, revendiquent le bénéfice de la supériorité, dans tous les domaines[8]. »

Les Amérindiens du Canada étaient nomades ou sédentaires et, au XVIe siècle, on retrouvait sept importants groupes qui occupaient le territoire, de Terre-Neuve à la côte Ouest.

Chez les nomades, la famille constitue l'assise de l'organisation sociale : plusieurs familles, généralement parentes, forment un clan, et des clans qui possèdent leurs propres territoires de chasse forment une tribu. Une nation rassemble des tribus qui parlent la même langue et qui partagent souvent les mêmes coutumes mais ce n'est cependant qu'en périodes de crise que les tribus se rassemblent en nations, et si l'ampleur du problème l'exige, en « confédération », c'est-à-dire, rassemblement de nations. Chez les nomades, cette forme de gouvernement est toutefois tributaire de l'individualisme puisque le chef de clan ne dispose d'aucune autorité sinon celle que lui procurent son éloquence, son courage et ses talents de chasseur. Chez les sédentaires, comme les Hurons et les Iroquois, la structure sociale est cependant plus développée et par conséquent plus directive.

Les Indiens de l'Ouest du Canada étaient nomades et vivaient avant tout de la chasse. Ils suivaient donc les mouvements migratoires des troupeaux de bisons qui parcouraient depuis des millénaires les immenses étendues des plaines de l'Amérique du Nord et cet animal sauvage comblait la plupart de leurs besoins. Les Indiens de l'Ouest en consommaient la chair et ils avaient même inventé une technique de conservation dont l'origine se perd dans la nuit des temps, le pemmican. Il se « composait de viande séchée, mêlée de graisse et de baies sauvages écrasées, qu'il laissait s'amalgamer en des sacs de peau. Ce mélange, qui pouvait se conserver des années, constituait, sous de petites quantités, un aliment extrêmement nutritif[9]. » Certains historiens ont affirmé que cet aliment pouvait se conserver quatre ou cinq ans et que si son goût était assez désagréable, il possédait néanmoins l'avantage de constituer un approvisionnement commode pour les longs voyages, notamment l'hiver, quand le gibier était plus rare et difficile à chasser.

La peau du bison servait à la confection des vêtements ainsi qu'à celle des habitations, des tentes plus ou moins coniques, les « tipis », dans lesquels, surtout l'hiver, les Indiens s'abritaient. « Les occupants dorment sur des robes de bison autour du feu[10]. » La fourrure du bison était utilisée comme couverture tandis que les nerfs et les tendons devenaient du fil à coudre et que l'Indienne transformait l'estomac et les intestins en contenants. Quant aux os, l'Indienne les utilisait comme outils, aiguilles à coudre, râpes, pilons, etc.

Le mode de vie nomade des Indiens de l'Ouest les obligeait cependant à s'accommoder tant bien que mal aux variations cycliques naturelles du gibier. Si pendant quelques années la chasse était abondante, il arrivait fréquemment que succèdent aux années d'abondance des années de rareté, de disette et même de famine. Les Indiens avaient toutefois développé des possibilités de résistance qui apparaissaient presque invraisemblables aux Blancs. Ils étaient indifférents aux températures les plus froides comme à la chaleur torride. En hiver, chaussés de leurs raquettes, ils parcouraient des distances de 300 à 400 kilomètres, à raison de 30 kilomètres par jour et quand ils n'avaient pas de chiens, ils tiraient eux-mêmes leurs traîneaux, chargés de lourds bagages. Ils couchaient souvent à la belle étoile dans des fosses creusées dans la neige, qu'ils tapissaient de branches de sapin sur lesquelles ils dormaient pressés les uns contre les autres, enveloppés de fourrure. Lorsque la température baissait à moins 40 degrés, il leur fallait, au lever, consacrer une bonne heure pour rendre leur souplesse aux couvertures.

L'indigène pouvait résister aux affres de la faim plus longtemps que le Blanc et Mgr Taché relate que « ... des tribus entières sont habituellement dans un état de demi-jeûne et de souffrances journalières et toutes les tribus manquent dans un temps ou un autre des choses les plus essentielles à la vie ; aussi, il est étonnant de voir jusqu'à quel point ces infortunés portent l'exercice de la privation. Être trois ou quatre jours sans le moindre aliment leur paraît chose toute simple et naturelle. Très souvent ces privations se prolongent jusqu'à sept ou huit jours[11]. »

L'agriculture en Amérique était probablement autochtone. Elle serait apparue presque simultanément dans le Proche-Orient asiatique et en Amérique vers 8 000 ou 7 000 avant l'ère chrétienne. « Il est probable que l'agriculture fut inventée plus d'une fois. Le fait que les cultures de l'Amérique précolombienne étaient botaniquement tout à fait différentes de celles de l'Ancien Monde a convaincu la plupart des spécialistes qui se sont penchés sur la question que l'agriculture s'est développée de façon indépendante dans les Amériques[12]. »

Si les tribus nomades se contentaient de la cueillette de fruits sauvages, les tribus sédentaires, par contre, pratiquaient une agriculture de type rudimentaire. En effet, les Indiens du Canada ne connaissaient pas la charrue, non plus que l'utilisation du fumier et ils ignoraient aussi les techniques d'irrigation et de rotation des cultures, ce qui les obligeait, à tous les dix ou quinze ans, à déplacer leur camp de quelques kilomètres pour recommencer leur culture sur des terres vierges. Pour les semailles, ils enfouissaient le grain dans le sol à l'aide d'un bâton. Les cultures consistaient principalement en maïs, citrouilles, haricots, tournesols et... tabac.

Dans la famille amérindienne, qu'elle ait été nomade ou sédentaire, le père possédait l'autorité absolue et sa dignité lui interdisait les travaux considérés comme serviles. Son rôle consistait à nourrir et à défendre les siens. Il se consacrait donc à la chasse, à la pêche et à la guerre tandis que sa femme devait s'occuper du reste, c'est-à-dire les soins domestiques, les travaux des champs, le ramassage du bois, la confection des vêtements, des tentes, etc. L'Européen, et plus particulièrement les missionnaires, en hommes de leur temps, interprétaient ce partage des tâches très marqué comme cruel et inhumain : « Le sort des femmes est tout à fait pénible. Elles sont plutôt les esclaves que les compagnes de leurs maris. Elles sont chargées des travaux les plus durs ; puis les coups de bâton et autres plus douloureux encore viennent souvent leur rappeler qu'elles ont un maître cruel à servir[13]. »

Que dire des Montagnais : « Ces hommes si doux, si bons avec les étrangers... devenaient les bourreaux de la compagne de leur vie. Aucune nation, peut-être, n'avait un pareil mépris pour la femme, ce mépris égoïste, qui disposait tout de façon que l'homme recueillît toutes les satisfactions possibles, laissant à sa mère, à son épouse, à sa fille tout ce qu'il leur était physiquement possible d'endurer de souffrances, de privations de travail. La femme du Montagnais n'était pas sa compagne, mais sa chose. Faire les souliers et les habits des chasseurs, préparer les peaux des animaux, transporter les provisions, recevoir des coups, tel était le rôle de la femme. Dans la famille, elle était un peu plus considérée que le chien, mais pas de beaucoup. Les Montagnais se servaient d'ailleurs du même mot dans leur langue, pour dire *ma fille et mon chien*, et devaient parfois prendre une périphrase pour bien faire comprendre de qui ils voulaient parler[14]. »

Dans l'ouest du pays, la polygamie était quasi générale et il n'était pas rare de voir un homme uni à quatre ou cinq femmes. Par contre, dans les régions où les ressources alimentaires étaient plus limitées, les Indiens se contentaient d'un nombre plus restreint de compagnes. Chez les Amérindiens, il existait une très grande liberté de moeurs qui scandalisait souvent les Blancs. En effet, les notions de « moralité », de « chasteté » ou de « pureté » étaient étrangères aux valeurs de l'Amérindien qui considérait la sexualité comme un besoin naturel. D'ailleurs, l'éducation des enfants était bien plus marquée par une très grande liberté, qui confinait à la faiblesse et la négligence, que par la sévérité.

« À partir de l'âge de cinq ou six ans, les enfants sont laissés à eux-mêmes et il ne faut en aucune façon les contrarier. Leur instinct est leur guide. Aussi se laissent-ils aller à tous les penchants, même et surtout les penchants sexuels. On voit couramment des fillettes de sept ou huit ans qui ne sont plus vierges. Ces enfants sont entraînés à ces actes soit par l'initiation des parents, soit par les exemples quotidiens qu'ils ont sous les yeux. Pour ces gens, il s'agit d'un appétit naturel qu'il faut satisfaire, comme la faim ou la soif[15]. »

Si l'homme était relativement libre, par contre, dans plusieurs tribus, la femme se voyait sévèrement punie en cas d'adultère. Il est généralement admis qu'il ne s'agissait pas là d'une question de morale mais plutôt d'autorité. En effet, dans la famille, l'homme possédait l'autorité totale et par conséquent, la femme, tant qu'elle était sienne, restait assujettie à son autorité et souvent d'ailleurs, l'Indien qui recevait un étranger lui offrait, en gage d'hospitalité, sa femme pour la nuit.

On comprendra que le sens des valeurs de l'Amérindien ait pour le moins perturbé l'homme blanc, plus spécialement ces missionnaires issus de l'aride et étroit creuset de l'éducation janséniste... Nous reproduisons à ce propos le sévère jugement de Louis-François Laflèche, missionnaire de l'Ouest canadien, qui deviendra par la suite le deuxième évêque de Trois-Rivières. Il écrit ces lignes en 1855, c'est-à-dire environ quarante-cinq ans après l'établissement de la première colonie de l'Ouest canadien, celle de la Rivière-Rouge: « Les sauvages des prairies, savoir: les Pieds-Noirs, les Assiniboines, les Cris et une grande partie des Sauteux, sont de la pire espèce; et je crois qu'il n'y a pas d'exagération à dire que, dans les tribus, c'est l'homme descendu au dernier degré de l'échelle humaine. Cet état de dégradation et de méchanceté vient de leur manière de vivre: ils sont ordinairement réunis en gros camps de 60 à 80 loges et souvent davantage et mènent une vie errante et oisive à la suite des innombrables troupeaux de bisons qui leur donnent la nourriture et l'habillement. Quand on a sous les yeux la vie dégoûtante de ces sauvages, on comprend que le travail qui a été imposé à l'homme comme une pénitence après son péché, l'a été pour son bonheur plutôt que pour son malheur (...) Si les tribus de la prairie sont devenues la sentine de tous les vices qui dégradent l'homme, si le vol, le meurtre et par-dessus tout une dissolution épouvantable, sont devenus une occupation journalière pour le grand nombre de ces barbares, c'est qu'un travail assidu leur est inconnu[16] ».

Dans la société amérindienne, de façon générale, la jeune fille choisissait son futur mari et les mariages étaient facilement rompus, mais dans tous les cas les enfants demeuraient la propriété de la mère. Il nous faut donc voir la famille amérindienne dans le sens d'une famille élargie dont l'axe reste la mère, certains historiens parlant même de société matriarcale chez des peuples indiens de l'Amérique du Nord. Il s'agit d'un phénomène à notre connaissance peu exploré. Toutefois, nous verrons au cours de ce récit que l'arrivée de l'homme blanc, plus particulièrement dans l'Ouest, viendra bouleverser cet ordre des choses.

Les Amérindiens possédaient un goût marqué pour la guerre et certaines tribus étaient presque continuellement en conflit.

Dans l'Ouest canadien, les conflits entre tribus étaient aussi assez fréquents et certaines vivaient en guerres continuelles. Ce phénomène prit un caractère encore plus meurtrier avec les armes à feu que les Blancs fournissaient aux indigènes. Les vainqueurs traitaient très souvent les vaincus avec cruauté et les exemples de massacres sont légion, femmes et enfants étant supprimés sans pitié. Parfois certains prisonniers étaient épargnés mais ils étaient alors incorporés aux familles des vainqueurs ou réduits en esclavage.

« Presque toutes les guerres qui avaient lieu entre les tribus différentes, avaient, pour principale cause, le désir chez l'une d'entre elles, de s'emparer des chevaux de l'autre[17]. » Le cheval, qui avait fait son apparition dans l'Ouest au XVIIIe siècle, venant du Mexique, avait révolutionné la chasse au bison. Les chasseurs pouvaient désormais évoluer plus rapidement. « Le courrier sert également d'unité monétaire, et la fortune, comme le prestige, s'évalue en bêtes de somme[18]. »

L'Amérindien ne connaissait pas l'écriture, mais la tradition orale, le chant et la danse occupaient une large part de sa vie.

L'Amérindien du Canada croyait généralement à un Créateur, une divinité supérieure, un *Grand Esprit* qui selon les groupes portait un nom différent. Chez les Algonquins, par exemple, c'était *Michabou* ou le *Grand Lièvre* ou encore *Manitou*, tandis que chez les Iroquois, on l'appelait *Orenda* ou *Okki*.

Pour l'Amérindien, les objets, les animaux, les phénomènes naturels comme les saisons, les précipitations, les cours d'eau, le climat, enfin tout ce qui influençait sa vie quotidienne et dont il dépendait pour sa survie était lié à des forces surnaturelles qu'il tentait, avec l'aide et par l'entremise du sorcier, d'amadouer par des sacrifices, des jeûnes, des invocations, des danses sacrées, des festins, rituels qui variaient selon les circonstances et qui lui permettaient soit de se concilier des forces hostiles ou menaçantes, soit de rendre grâce aux forces favorables.

Les rêves, dans la spiritualité indienne, jouaient un rôle capital. L'Indien, en effet, les interprétait comme une communication privilégiée entre lui et la volonté de la divinité supérieure, et cette interprétation le guidait dans sa vie quotidienne. Le sorcier, quant à lui, exerçait une influence considérable sur le clan. Il interprétait les songes, prédisait parfois l'avenir et guérissait la maladie, attribuée à un maléfice, un sort jeté par les mauvais esprits. L'Indien croyait à l'immortalité de l'âme et au paradis qu'il concevait comme un lieu à la température clémente où l'hiver n'existait pas et où le gibier abondait, un endroit où la vie, éternellement, s'écoulait en des jours faciles et agréables.

Si, pour les premiers missionnaires et nombre de leurs successeurs, l'Indien semblait dépourvu de « foi », il est de nos jours connu que même s'ils ne possédaient ni culte très organisé ni clergé structuré, les Amérindiens vivaient néanmoins une spiritualité d'une très grande richesse qui marquait chacun des gestes de leur vie.

Soulignons à nouveau qu'il ne faut pas nous surprendre de la réaction de l'Européen à son arrivée en Amérique et nous scandaliser du fait que, pendant des centaines d'années, la spiritualité de l'Amérindien ait été considérée comme insignifiante. Comment l'homme blanc et ses descendants auraient-ils pu réagir autrement, eux qui connaissaient une foi et une religion hyper-structurées?

L'Amérique connaîtra avec la conquête européenne un effondrement biologique colossal. « La population indigène (du Canada) avant l'arrivée des Blancs restait... en équilibre, malgré le taux de mortalité élevé. Les maladies contagieuses nouvelles, introduites par les Européens, provoquèrent une chute catastrophique de la population [19]. »

La petite vérole, la rougeole et la grippe ont fait des coupes sombres dans la masse amérindienne. Les indigènes, qui s'étaient adaptés à leurs propres microbes pathogènes, n'ont pu résister à « certaines maladies apportées de l'Europe, notamment la petite vérole, qui deviendra chez eux plus mortelle que toutes les guerres [20] ».

Cet effondrement démographique n'est pas uniforme. « Les études les plus sérieuses sur la population indigène de l'Amérique, au nord du Mexique, en fixent le nombre à 1,150,000, dont 220,000 pour le Canada et Terre-Neuve, à l'époque de la découverte. En 1910, ils sont réduits à 403,000, soit une baisse de 65 pour cent. Depuis ils s'accroissent; on en compte actuellement (1958) 150,000 au Canada, ce qui ne représente plus qu'une chute de 32 pour cent par rapport à la population du XVIᵉ siècle. Des tribus entières sont disparues, mais d'autres ont augmenté [21]. »

Précisons que la population indienne du Canada est actuellement d'environ 225 000 âmes, c'est-à-dire légèrement supérieure à la population amérindienne du Canada au moment de l'arrivée des Blancs, au XVIᵉ siècle.

Pour certaines tribus le contact des Blancs aura été catastrophique. L'explorateur de l'Ouest canadien Samuel Hearne « a prétendu que la petite vérole avait fauché les neuf dixièmes des Chipewyan, en 1781. Leur population, avant les premiers contacts avec les Blancs, n'aurait pas dépassé 3,500 âmes ; aujourd'hui, elle s'élève à un millier [22]. »

On a longtemps faussement attribué exclusivement à la guerre la décroissance démographique des Amérindiens « quand la plupart succombèrent d'abord aux maladies nouvelles pour eux et apportées par les Blancs. Au début de leur alliance avec les Français, les Hurons étaient au nombre de 30 000 contre 15 000 Iroquois. La rougeole sévit chez les premiers en 1634, suivie bientôt par la variole et une autre épidémie. En 1640, ils n'étaient plus que 12 000, quand le nombre des Iroquois restait sensiblement le même. La disparité épidémiologique s'explique. Les alliés hurons et algonquins visitent régulièrement les établissements de la Nouvelle-France avec leurs familles et campent de longues semaines, en contact avec les colons, s'exposant ainsi à une contagion nouvelle. Les missionnaires et commerçants français, d'autre part, fréquentent librement leurs bourgades, tandis que les Hollandais et les Anglo-Saxons pénètrent plus rarement chez les Iroquois [23]. »

Les Blancs se sont livrés parfois à l'extermination systématique de tribus indiennes. Ils agissaient sans doute au nom d'un axiome bien connu dans les colonies américaines : « Il n'y a de bon Indien qu'un Indien mort. » Philippe Régis de Trobriand confiait à son journal en 1867 : « La destinée de la race blanche en Amérique est de détruire la race rouge [24]. » Il y avait déjà belle lurette que les Blancs avaient mis cette politique de génocide en application !

À Terre-Neuve, les Béothuks en furent les premières victimes. En 1508, le capitaine Thomas Aubert explore la région et rentre en France avec sept Béothuks [25]. Les indigènes « firent sensation à Rouen avec leurs costumes, leurs armes et leurs canots [26]. » Pour leur malheur, ils avaient été les premiers Amérindiens du Nord à prendre contact avec les Européens. « Les Blancs ne se sont pas donné la peine d'apprendre leur langue et aucun missionnaire n'a vécu parmi eux... Repoussés et même pourchassés comme du gibier par les Anglais, ils ont fini par disparaître complètement au siècle dernier : le dernier d'entre eux meurt en 1829 [27]. »

Les Français et les Canadiens tentèrent également de détruire méthodiquement la nation des Renards qui au XVIII⁰ siècle vivait au nord-est du Wisconsin, mais ils ne réussirent toutefois pas à « éteindre la race » ennemie. « D'un commun accord, tacitement, entre Canadiens, il avait été érigé en dogme, que, quel qu'il fût, aucun Renard n'avait droit à la pitié. Torturer un Renard, c'était agir en bon Français et qui sait ? acquérir peut-être des mérites pour la vie éternelle[28]. »

En 1733, le roi de France recommandait encore une fois de prendre les mesures qui s'imposaient afin de « parvenir à l'entière destruction de cette nation[29]... » Un historien a fait observer qu'« il convient de remarquer que c'est là, à notre connaissance, presque la seule fois que les Français ont entrepris une guerre de destruction systématique contre les tribus indigènes[30]. »

De même, l'arrivée du Blanc dans l'Ouest canadien verra le peuple amérindien dévasté par l'apparition presque instantanée et simultanée de l'arme à feu, de l'alcool et du commerce à grande échelle de la fourrure. Du choc de la rencontre de ces deux civilisations aux valeurs diamétralement différentes naîtra un nouveau groupe ethnique qui deviendra en quelque sorte l'incarnation d'un échec dont l'écho retentit encore jusqu'à nous aujourd'hui, les Métis.

Notes

1. Fernand Braudel, *Civilisation matérielle, économie et capitalisme*, XVᵉ-XVIIIᵉ siècle, tome 1, Paris, 1979, p. 147.
2. Samuel Eliot Morison, *The Oxford History of the American People*, New York, 1965, p. 3.
3. Eugène Pittard, *Les Races et l'Histoire*, Paris, 1953, p. 533.
4. Jacques Rousseau, *Les premiers Canadiens*, dans *Cahiers des Dix*, Montréal, 1960, p. 14.
5. C.W. Ceram, *The First American*, New York, 1971, p. 291.
6. Gustave Lanctot, *Histoire du Canada*, Tome 1, Montréal, 1959, p. 29.
7. Henri-V. Vallois, *Les races humaines*, Paris, 1948, p. 96.
8. R. Douville et J.-D. Casanova, *La vie quotidienne des Indiens du Canada à l'époque de la colonisation française*, Paris, 1967, p. 11.
9. Gustave Lanctot, *op. cit.*, p. 30.
10. Jacques Rousseau, *op. cit.*, p. 21.
11. Cité par Dom Benoit, *Vie de Mᵍʳ Taché*, tome 1, Montréal, 1904, p. 43.
12. W.H. McNeill, *The Rise of the West*, New York, 1965, p. 26.
13. Dom Benoit, *op. cit.*, p. 77.
14. Rév. P. Jonquet, *op. cit.*, pp. 70-71.
15. Douville et Casanova, *op. cit.*, p. 115.
16. Cité par Nive Voisine, *Louis-François Laflèche*, tome 1, Saint-Hyacinthe, 1980, p. 44.
17. Rév. P. Jonquet, *op. cit.*, p. 195.
18. Jacques Rousseau, *op. cit.*, p. 22.
19. Jacques Rousseau et Georges W. Brown, *Les Indiens du Nord-Est de l'Amérique*, dans *Dictionnaire biographique du Canada*, tome 1, Québec, 1966, p. 9.
20. Douville et Casanova, *op. cit.*, p. 20.
21. Jacques Rousseau, *Ces gens qu'on dit sauvages*, dans *Cahiers des Dix*, Montréal, 1958, p. 54.
22. Jacques Rousseau, *op. cit.*, p. 18.
23. Jacques Rousseau et George W. Brown, *op. cit.*, p. 9.
24. Cité par Joseph Kinsey Howard, *Strange Empire*, New York, 1952, p. 14.
25. W.L. Morton, *The Kingdom of Canada*, Toronto, 1963, p. 12.
26. Gustave Lanctot, Thomas Aubert, dans *Dictionnaire biographique du Canada*, tome 1, Québec, 1966, p. 73.
27. Marcel Trudel, dans l'ouvrage collectif *Canada: unité et diversité*, Montréal, 1968, p. 16.
28. Claude de Bonnault, *Histoire du Canada français*, Paris, 1950, p. 194.
29. Cité par Guy Frégault, *La civilisation de la Nouvelle-France (1713-1744)*, Montréal, 1944, p. 61.
30. *Ibid.*, p. 62.

II

LES MÉTIS

Les Territoires du Nord-Ouest et la Terre de Rupert formaient jadis, en raison de leur immensité, un véritable empire mais n'étaient peuplés que d'une cinquantaine de milliers d'habitants. Leur superficie équivalait à peu près à celle de l'Europe et si les historiens parlent souvent des « Territoires du Nord-Ouest » ou de « Terre de Rupert », ils n'en précisent pas toutefois les limites géographiques. Lors d'un débat aux Communes canadiennes, en 1905, le premier ministre d'alors, Sir Wilfrid Laurier, définit ainsi les deux termes: « La Terre de Rupert est tout le territoire arrosé par les eaux qui se déversent dans la baie d'Hudson. Qu'est-ce que le Nord-Ouest? C'est tout le territoire qui n'est pas compris dans la Terre-Rupert[1]. »

Dès 1690, l'explorateur et marin Henry Kelsey se rendit auprès de quelques tribus indiennes de l'Ouest dans le but de nouer des relations commerciales dans le domaine de la fourrure. Si l'on en croit son journal, il a atteint le pays des Assiniboines et des Cris dans la région sud-est de ce qui est aujourd'hui la Saskatchewan. L'année suivante, au cours d'un voyage, Kelsey « donne les descriptions du bison et de l'ours grizzly. Il se trouve ainsi le premier Blanc à donner ces précisions sur l'Ouest canadien[2]. »

Vingt ans plus tôt était fondée la Compagnie de la baie

d'Hudson qui dominerait un jour cette immense région, s'y livrant au commerce de la fourrure et devenant ainsi une sérieuse rivale de la Nouvelle-France dans le commerce des pelleteries sur lequel reposait la plus grosse partie de l'activité économique du continent. C'est grâce à l'initiative de deux Canadiens, Médard Chouart des Groseilliers et son beau-frère, Pierre-Esprit Radisson, et à la bêtise d'un gouverneur français que cette compagnie britannique vit le jour.

« Des indications dignes de foi permettent d'affirmer que le voyage dans l'Ouest des deux beaux-frères sauva la colonie de la ruine économique, et même en préserva probablement l'existence, mais le gouverneur d'Argenson saisit les pelleteries des explorateurs, leur imposa une amende et, selon Radisson, jeta Des Groseilliers en prison, apparemment parce qu'il était parti sans sa permission. Ce traitement souleva la fureur des deux hommes qui résolurent, pour exécuter leurs projets de traite et d'exploration, de faire appel aux ennemis et aux rivaux de la Nouvelle-France[3]... »

Le 2 mai 1670, la Compagnie de la baie d'Hudson recevait sa charte et le cousin du roi d'Angleterre, le prince Rupert, en l'honneur de qui la Terre de Rupert porte son nom, en devint le premier gouverneur. La fondation de cette compagnie menaçait de « vider facilement, au profit des comptoirs anglais, les riches régions qui alimentaient les comptoirs du Saint-Laurent. Pour parer à ce désastre économique, il fallait s'attacher les indigènes de ces contrées pour qu'ils continuent, en dépit des routes plus difficiles, à venir traiter aux comptoirs français[4]. »

De nombreux explorateurs français ont donc pris la route de l'Ouest, dont le plus important fut Pierre Gaultier de Varennes, sieur de La Vérendrye, qui s'était distingué en Nouvelle-Angleterre, à Terre-Neuve et jusque sur les champs de bataille d'Europe. Si le commerce des fourrures avec les Indiens retenait son attention, une autre préoccupation l'obsédait: c'était la recherche de la mer de l'Ouest, le Pacifique. Verrazzano, Cartier, Champlain et leurs successeurs avaient eux aussi été fortement désireux d'atteindre cette vaste étendue d'eau salée.

Dès 1721, La Vérendrye construit le premier des huit postes qu'il devait établir au Manitoba actuel au cours de ses quatre voyages dans cette région. « Les postes qu'il avait établis à l'ouest du lac Supérieur avaient démontré éloquemment leur importance en 1735 en fournissant, conjointement avec le fort Beauharnois, pour 100 000 livres pesant de peau de castor, soit plus que la moitié de la production totale de cette année-là[5]. »

La Vérendrye ne se borna pas au commerce de la fourrure. Il ramena aussi quantité d'esclaves. Dans son mémoire au ministre français Maurepas, en 1744, il affirme que la colonie a tiré des bénéfices de son expédition à un triple point de vue. « Au surplus, écrivait-il, ne compte-t-on pour rien le grand nombre de gens à qui cette entreprise fait gagner la vie, les esclaves que cela procure au pays et toutes les pelleteries dont les Anglois proffitoient cy devant. » Cette déclaration fournit un indice de l'ampleur de la traite d'esclaves qui se pratiquait. La plupart des historiens, pour des motifs faciles à comprendre, ont préféré passer sous silence cet aspect de la carrière de l'explorateur[6]. »

Un de ses biographes estime que l'oeuvre de La Vérendrye fut nettement positive. « Sans doute, l'explorateur n'est pas parvenu à atteindre la véritable « mer de l'Ouest », le Pacifique, premier but envisagé, mais il a indiqué la vraie route pour y parvenir et il en a parcouru la plus grande partie... Il a conquis par ses procédés les nations sauvages qu'il a rencontrées et s'en est fait des amis et des collaborateurs.

« Grâce à lui, les fourrures ont recommencé à affluer vers Montréal et Québec, revivifiant le commerce de la colonie. Il a jeté les bases d'un empire dont la superficie dépassait de plusieurs fois celle de la France qui n'a pas pu ou su le conserver. Est-ce sa faute? Enfin, il a trouvé sans le savoir un des principaux greniers du monde et il a ouvert d'immenses territoires où devait se déverser plus tard le trop-plein de la population de l'Europe.

« Si donc La Vérendrye ne fut pas un surhomme ni un génie transcendant, il faut reconnaître qu'il a dépassé de loin par ses qualités la moyenne de ses compatriotes et que son oeuvre est immense[7]. »

Avec le début de la guerre de la conquête, les Canadiens qui se trouvent dans l'Ouest rentrent en Nouvelle-France pour combattre les Anglais. Mais peu après la capitulation de Montréal, en 1760, le commerce de la fourrure reprend. Cette fois, les marchands canadiens et anglais, de concert, se lancent à l'assaut de l'Ouest pour se livrer au négoce des pelleteries avec les indigènes. La concurrence entre groupes adverses est trop dure et des rivalités d'intérêts amènent des affrontements. Le sang coule. Pour éliminer un concurrent trop gênant, on n'hésite pas à avoir recours à l'assassinat.

Au cours de l'hiver 1783-1784, huit sociétés fusionnent sous le nom de *North West Company*. « La compagnie du Nord-Ouest ne sollicite aucun enregistrement, aucune charte. L'accord est conclu pour un an, mais il est renouvelable[8]. » Cette fondation survient à un moment fatidique car « 1783 fut probablement l'année la plus importante de toute l'histoire de l'État commercial du Nord[9]. »

La rivalité reprend, mais cette fois entre la Compagnie de la baie d'Hudson et celle du Nord-Ouest. En l'espace de dix ans, des postes de traite essaiment sur cet immense territoire, du lac Supérieur au lac Athabaska et de la baie d'Hudson aux Rocheuses. On estime que les deux compagnies, vers 1800, avaient à leur service de 1 500 à 2 000 employés blancs qui occupaient un poste permanent dans le Nord-Ouest. En général, les employés de la Compagnie de la baie d'Hudson étaient originaires d'Écosse ou des Orcades et ceux de la Compagnie du Nord-Ouest étaient Écossais ou Canadiens français[10].

Avec l'arrivée des Blancs dans l'Ouest canadien, un nouveau groupe ethnique apparaîtra, les Métis. Ce phénomène était inévitable puisque ces hommes, qui étaient sans compagne, ne tardèrent pas à s'unir aux femmes indigènes.

C'est Samuel de Champlain, fondateur de Québec, qui avait pris l'initiative de cette fusion des races. N'avait-il pas dit aux Algonquins : « Nos garçons se marieront avec vos filles et nous ne ferons qu'un peuple[11]. » Le missionnaire jésuite Charlevoix parle « de la passion des Canadiens pour les 'sauvagesses'[12]. » Le roi de France, Louis XIV, ardent partisan du croisement des races, encourage les mariages mixtes.

« Alors qu'il a si peu d'argent pour les plus pressants besoins de la Nouvelle-France, il n'hésite pas à faire un fonds de trois mille livres pour distribuer aux sauvagesses qui sortent des Ursulines et qui se marient avec des Français. Le malheur est que le fonds demeure sans emploi. Les élèves des Ursulines et de mademoiselle Bourgeois sont comme leurs aînées! Elles ne veulent pas des Français. Le roi s'obstine, maintient le crédit. En 1684, devant les réclamations du gouverneur et de l'intendant, il se décide à l'affecter aux mariages entre Français. Pourtant il fait encore cette réserve à M. de la Barre: « Observez que s'il y avait des sauvagesses en état d'être mariées avec des Français, comme il est fort important de les y accoutumer, je veux que vous les préfériez aux Françaises [13]. »

En Nouvelle-France, le métissage ne semble pas avoir donné les résultats désirés. « Les alliances, légitimes ou non, ont été assez nombreuses pour que, déçues de la mauvaise qualité des enfants, les autorités s'efforcent de les restreindre en les interdisant [14]. »

Dans l'ouest du continent, par contre, les Blancs pratiquent la polygamie sur une assez grande échelle et la fusion des races se fait presque sans difficulté. Le gouverneur Philippe de Rigaud de Vaudreuil, « qui est pourtant résolu à prévenir l'union d'« un mauvais sang avec un bon », ne paraît pas avoir songé à étendre ses volontés à ces régions, déjà trop lointaines pour subir les effets de sa législation, et la lecture des registres de baptême de Michilimackinac atteste l'échec des limitations que les missionnaires avaient tenté d'imposer à la libre fréquentation des races [15]. »

Le Canadien, qui connaissait assez bien les Indiens puisqu'il les avait fréquentés dans la vallée du Saint-Laurent où il avait souvent vécu avec eux sous la tente, jouissait d'un incontestable avantage sur les Anglo-Saxons ou les Hollandais qui leur manifestaient, pour la plupart, un mépris et une arrogance non déguisés. Le Canadien, mieux adapté au mode de vie des autochtones, et par là, généralement plus respectueux, était habituellement bien accueilli par les Indiens qui parfois en arrivaient même à le considérer comme un frère de sang.

Il suscitait l'admiration de l'Indien en raison de son habileté à manoeuvrer le canot. En effet, le maniement de cette frêle embarcation n'avait plus de secrets pour lui et il la dirigeait à vive allure sans la briser sur les rochers à fleur d'eau. Il lui arrivait parfois de devoir plonger jusqu'à la ceinture pour empêcher son embarcation d'être emportée par un courant trop rapide, périlleuse manoeuvre dans laquelle bien des compatriotes avaient péri, emportés par les flots tumultueux.

Souvent, pour se rendre à destination, il fallait recourir au portage et les Canadiens manifestaient à cette exténuante tâche beaucoup plus d'endurance que les Indiens, s'attirant ainsi leur estime et leur respect.

Le Canadien ne se laissait pas décourager par les températures les plus extrêmes, se contentant comme l'Indien d'abris de fortune et quand le gibier manquait, il le remplaçait par le cheval ou le chien, dont la chair, à l'égal de celle du porc, faisait aussi bien ses délices que celui de l'Indien. Les hommes de la Compagnie de la baie d'Hudson s'étonnaient d'ailleurs de la facilité avec laquelle le Canadien s'adaptait à la vie dans la nature.

Bien doué pour les langues, il apprenait assez facilement les idiomes indigènes et, naturellement, la connaissance d'une langue commune engendrait une familiarité qui se traduisait en d'importants gains commerciaux. Inconsciemment, l'Indien subissait l'ascendant du Canadien; à ses yeux, il n'existait pas de différences profondes qui les séparaient puisque le Blanc qui le côtoyait parlait la même langue que lui, se nourrissait des mêmes mets et vivait de la même manière, fumant sans la moindre hésitation le calumet qu'on se passait de bouche en bouche, assis autour du feu.

L'attitude du Canadien contrastait violemment avec celle de l'Anglo-Saxon qui, lui, gardait ses distances. Mais l'Indien, indépendant par tempérament, préférait la familiarité du Canadien à la retenue de l'Anglo-Saxon et les dirigeants de la Compagnie de la baie d'Hudson reconnaissaient que le comportement du Canadien était un atout maître pour leur entreprise.

Ce rapprochement entre le Blanc et l'Indien suscite des unions, matrimoniales ou libres, que l'Indienne accepte souvent avec empressement puisqu'il s'agit pour elle d'une promotion sociale qui lui permettra d'accéder à un statut privilégié.

Si le Blanc se comportait, la plupart du temps, conformément à sa culture et à son éducation, il n'en reste pas moins que de nombreux Canadiens adoptaient les us et coutumes des Indiens en soumettant leur femme aux dures tâches qui leur étaient traditionnellement dévolues dans la société indienne.

Dans le Nord-Ouest, des unions avec des Indiennes âgées de dix à quatorze ans étaient chose courante et un explorateur a même signalé un cas extrême de mariage impliquant une fillette de huit ans. Pour contracter un mariage, il suffisait d'obtenir l'assentiment des parents en leur offrant quelques présents, l'alcool, entre autres, était grandement apprécié. Le marché se concluait sans plus de formalités et le consentement de la fillette ou de la jeune fille se révélait de peu d'importance puisqu'on estimait qu'en raison de son jeune âge, elle n'était pas en mesure de se prononcer.

Les parents ne donnaient pas toujours leurs filles en mariage pour des objets de médiocre valeur et il arrivait parfois qu'ils exigeassent gros prix, surtout lorsqu'ils constataient que le futur gendre était amoureux fou. Ils demandaient alors un présent de qualité, comme un ou même plusieurs chevaux et c'était à prendre ou à laisser.

Les Blancs ont surtout épousé des femmes cris. « Elles étaient... censées être les plus belles et les mieux disposées à s'unir aux Blancs[16]. » Aussi, elles embrassaient plus facilement le christianisme que les femmes des autres tribus. Ces unions ont engendré de très beaux types physiques. « Les filles métisses étaient particulièrement séduisantes; les premiers voyageurs signalaient qu'elles étaient souvent d'une « beauté classique »[17] »

Mgr Taché a laissé une description assez intéressante du Métis ou « bois-brûlé », expression employée au commencement du XIXe siècle pour les désigner. « Les métis étaient une race de beaux hommes, grands, forts, bien faits; quoiqu'en général ils aient le teint basané, cependant un très grand nombre sont bien blancs et ne portent aucune trace de provenance sauvage. Les métis sont intrépides et infatigables voyageurs; ils étonnent par leur force et leur agilité dans les voyages d'hiver; ils courent habituellement et paraissent rarement en éprouver même de la fatigue. Les voyages d'été, en barge surtout, exigent un redoublement de vigueur qui ne leur fait point défaut.

« ... Les métis sont sensibles, hospitaliers, généreux jusqu'à la prodigalité, patients dans les épreuves. Leur défaut le plus saillant est la facilité à se laisser aller à l'entraînement du plaisir. D'une nature vive, ardente, enjouée, il leur faut des satisfactions, et si une jouissance se présente, tout est sacrifié pour se la procurer. De là une perte considérable de temps, un oubli trop facile des devoirs les plus importants. De là une légèreté et une inconstance de caractère qui sembleraient l'indice naturel de vices plus considérables que ceux qui existent réellement. Cet amour du plaisir les conduit aussi trop souvent à l'ivrognerie[18]. »

Ce n'est qu'au milieu du XVIIIe siècle qu'on signale la présence de Métis autour des postes de la Compagnie de la baie d'Hudson. Nous sommes donc fort mal informés sur l'origine de la nationalité métisse. Les explorateurs français, tels que Dulhut, Jacques de Noyon, La Vérendrye et bien d'autres, n'ont été d'aucune assistance pour nous éclairer, la naissance de ce nouveau groupe ethnique ne semblant pas les avoir préoccupés. Il nous paraît cependant improbable qu'ils n'aient pas côtoyé quelques Métis lors de leurs explorations dans l'ouest du continent, au début du XVIIIe siècle.

Quoi qu'il en soit, les Canadiens n'ont pas été les seuls à contracter des unions libres ou conjugales avec des Indiennes, puisque des Écossais et des Anglais les ont imités. Au début, la Compagnie de la baie d'Hudson ne voyait pas d'un oeil favorable l'union de ses employés avec des Indiennes mais se voyant dans l'impossibilité d'empêcher le mouvement, elle s'y résigna pour ensuite se rendre compte que ces unions favorisaient les intérêts de la compagnie puisque le rapprochement avec les Indiens facilitait grandement les relations commerciales. La compagnie fit donc volte-face et encouragea les mariages mixtes.

Cependant, avant d'adopter cette politique libérale, elle fit des difficultés aux officiers de la compagnie qui se proposaient de rentrer en Grande-Bretagne avec leur femme et leurs enfants car ces familles n'étaient pas toujours heureuses en Angleterre où parfois elles n'arrivaient pas à s'adapter à la vie sédentaire de ce pays industrialisé. Par ailleurs, des officiers qui avaient abandonné leur famille pour rentrer au pays natal le regrettaient et la séparation leur devenant insupportable, ils demandaient la permission de revenir sur le territoire de la compagnie afin d'y vivre le reste de leurs jours avec leur famille métisse.

Les half-breeds, c'est-à-dire les Métis anglophones, terme que nous utiliserons désormais pour la clarté de l'exposé, afin de ne pas les confondre avec les francophones, contrastaient avec les Métis. D'une manière générale, ils tenaient plus de leur père que de leur mère, tandis qu'on observait l'inverse chez les Métis. Les half-breeds étaient plus instruits que leurs compatriotes francophones, étant dans bien des cas les enfants d'officiers supérieurs de la Compagnie de la baie d'Hudson, ils avaient l'avantage, s'ils étaient bien doués, de faire des études en Angleterre ou en Écosse. Par contre, les enfants métis, qui étaient issus de parents occupant des postes subalternes, et partant plutôt pauvres, ne pouvaient donner à leur progéniture le même degré d'instruction.

L'intégration du Blanc à la société indigène comportait sans doute des avantages considérables mais aussi d'importants inconvénients. En épousant une Indienne, le Canadien s'assimilait, dans une certaine mesure, à la tribu, et s'il en tirait d'incontestables bénéfices économiques, ses relations commerciales s'en trouvant grandement facilitées, par contre, il devenait du même coup l'objet de l'hostilité des tribus qui étaient à couteaux tirés avec celle à laquelle il s'était identifié. Il participait donc aux guerres de sa tribu et il semble que beaucoup de Canadiens périrent au cours de ces conflits.

De cette intégration au milieu aborigène allait découler une autre conséquence qui ne se manifesterait que des décennies plus tard. Les enfants des Canadiens, ayant adoptés les coutumes et les moeurs d'une société archaïque, se verraient incapables de faire face à la révolution économique de l'Ouest et l'affrontement entre les Métis et les Blancs deviendrait inévitable.

Les half-breeds, en revanche, pourront plus facilement s'adapter à la culture des Blancs et par conséquent offriront une moins grande résistance aux bouleversements liés à la colonisation de l'Ouest. Insensiblement, les conflits de l'avenir commençaient déjà à se dessiner.

Au début du XIXe siècle s'effectua, dans la vallée de la Rivière-Rouge, la première tentative de colonisation agricole de l'Ouest. Un Écossais de religion anglicane, Lord Selkirk, est le protagoniste de ce mouvement. Philanthrope, il voit dans la mise en valeur de cette région la solution aux maux qui affligent les Écossais des *Highlands* de même que les Irlandais. Son initiative, qui aura de grandes répercussions, inaugure, à un moment où on croyait cette région exclusivement vouée à l'économie nomade, l'ère de l'économie sédentaire dans l'Ouest du continent. Par son audace, Lord Selkirk fait aujourd'hui figure de précurseur et se classe parmi les principaux novateurs du bouleversement économique qui se produira quelques années plus tard dans l'Ouest canadien.

Important actionnaire de la Compagnie de la baie d'Hudson, il se fit octroyer un domaine de cent seize mille milles carrés pour établir une colonie agricole. Lord Selkirk devenait ainsi le propriétaire d'« une des régions les plus fertiles du continent nord-américain qui renfermaient des territoires qui font partie aujourd'hui du Manitoba, du Dakota Nord et du Montana[19]. »

La Compagnie de la baie d'Hudson espérait retirer de cette concession d'importants avantages économiques. Elle comptait, par exemple, puiser dans la colonie une partie de son personnel mais elle espérait surtout que la colonie lui fournirait les denrées alimentaires qu'elle devait jusqu'alors importer à grands frais d'Angleterre ou de la vallée du Saint-Laurent. Il ne semble pas toutefois que la Compagnie de la baie d'Hudson ait perçu les dangers que comportaient ces initiatives et estimés à leurs justes mesures les risques d'affrontements avec sa rivale, la Compagnie du Nord-Ouest.

En effet, la Compagnie du Nord-Ouest perdrait à coup sûr une partie de sa clientèle indienne de la Rivière-Rouge ainsi que des quantités importantes de viande de bison qui, au lieu de pourvoir aux besoins alimentaires des employés de la compagnie montréalaise, seraient absorbées par la colonie. La situation était d'autant plus grave que les affaires de la Compagnie du Nord-Ouest diminuaient, en raison de sa trop grande expansion et de sa mauvaise gestion. Il n'est donc pas surprenant que dès les premiers jours de la colonie, la Compagnie du Nord-Ouest se soit mise en devoir de la détruire.

À la fin d'août 1812, les premiers colons s'établirent au confluent de la Rivière-Rouge et de l'Assiniboine. Cette année vit donc « le commencement systématique de la colonie agricole de la vallée de la Rivière-Rouge[20]. » La population de la région se composait d'Indiens, de Métis, de half-breeds écossais et de Canadiens, pratiquant une économie nomade, se livrant surtout à la chasse au bison.

« Pour réaliser leur programme de destruction, les North-Westers ne pouvaient compter sur les Indiens. Ils savaient les difficultés qu'il y aurait à les embrigader en une armée cohérente. D'ailleurs, la colonie promettait de devenir rapidement pour les indigènes de la Rivière-Rouge une source de bénéfices commerciaux. Elle leur offrait la perspective d'une protection efficace contre les incursions des Sioux du territoire américain, leurs ennemis invétérés. Aussi devaient-ils se confiner dans une attitude de neutralité bienveillante à l'égard des colons.

« Renonçant à les utiliser, les North-Westers jetèrent leur dévolu sur le groupe des métis franco-indiens, plus nombreux que leurs congénères d'ascendance écossaise... Les métis étaient... particulièrement désignés pour entreprendre contre la colonie d'Assiniboia l'action que méditait la compagnie du Nord-Ouest. Sans doute, ils avaient bien accueilli l'arrivée des colons. Plusieurs les avaient assistés dans les moments difficiles et les avaient généreusement ravitaillés. Mais les North-Westers connaissaient leur versatilité. Dénués de formation morale précise, élevés à mi-distance des deux sociétés auxquelles ils devaient leurs origines, dépourvus par suite de culture définie, les métis étaient incapables de résister aux intrigues d'une compagnie qui, à leurs yeux, faisait encore figure de puissance dominante, qui savait recourir à la menace ou à l'intimidation, et dont le personnel supérieur, nanti lui-même de familles métisses, savait leur tenir le langage approprié et leur inspirer confiance.

« Insensiblement, les North-Westers les habituèrent à l'idée de la destruction de la colonie. Ils y parvinrent en exploitant les fautes commises par le gouverneur Macdonell et en éveillant parmi les métis la conviction qu'ils formaient une « nation » indépendante, dont le mode de vie ne pouvait se concilier avec les conceptions introduites par les colons de Lord Selkirk[21]. »

En janvier 1814, le gouverneur de la colonie, Miles Macdonell, qui avait été nommé par Lord Selkirk, apprend que ses adversaires poussent les Métis à pratiquer une chasse intensive du bison dans le but de créer une rareté du gibier dans la région et de réduire ainsi les colons à la famine. En représailles, Macdonell interdit l'exportation du gibier et des légumes au-delà des limites de l'Assiniboia et, pour prévenir des infractions à ses ordres, il fait procéder à des opérations policières qui visent évidemment la Compagnie du Nord-Ouest. Les Métis, qui ne comprennent pas ce stratagème, commencent à s'inquiéter.

« Elles impliquaient en effet l'avènement d'une autorité nouvelle, représentée par des hommes qui ne s'identifiaient pas à leur groupe comme le personnel de la compagnie canadienne, et dont les volontés compromettaient peut-être la liberté sans limite et l'économie de leur existence antérieure. Un conflit parut imminent...

« Leurs appréhensions prirent corps définitivement lorsque Macdonell, en juillet 1814, donnant dans un piège que les North-Westers avaient imaginé pour lui aliéner les Métis, interdit de poursuivre désormais les bisons à cheval. Sa proclamation démontrait aux Métis qu'ils n'étaient plus maîtres d'organiser leur existence à leur gré. Au régime de liberté dont ils avaient joui sous la domination de la Compagnie du Nord-Ouest, ils opposèrent la perspective de leur prochain asservissement. D'autant plus que les North-Westers s'appliquèrent aussitôt à leur démontrer que leur expulsion du territoire d'Assiniboia suivrait à brève échéance la confiscation de leurs terres: ce serait, leur disaient-ils, une politique de spoliation, car ils étaient, par droit de naissance, les maîtres incontestables de la région. Séduits par cet argument, les métis se considèrent dès lors comme les membres d'une nation libre, autorisés à proclamer ses droits de propriété souverains sur le sol d'Assiniboia[22]. »

En dressant les Métis contre les colons blancs de l'Assiniboia, les dirigeants de la Compagnie du Nord-Ouest jetaient les bases du nationalisme métis. Les Métis, presque tous illettrés, acquerront rapidement la conviction que le dessein du Blanc est de les dépouiller de leurs terres et de les priver de leurs libertés. Et on retrouve cette conviction dans la chanson de leur poète « national », Pierre Falcon, quand il écrit, dans l'un de ses couplets, que les Blancs ne sont venus que « pour piller leur pays ».

La Compagnie du Nord-Ouest était déterminée, coûte que coûte, à supprimer la colonie afin que les habitants de la région reviennent à l'économie nomade. Elle incita même un de ses employés, Cuthbert Grant, half-breed écossais, à organiser une force métisse et, en juin 1816, un affrontement se produisit entre les Métis et les colons, dirigés par le nouveau gouverneur, Robert Semple. Vingt-deux colons, dont Semple, perdirent la vie tandis que Grant n'eut qu'un mort. Quatre ans après l'arrivée des premiers colons, le massacre de Seven Oaks, ou de la Grenouillère, pour employer l'expression des Métis, mettait virtuellement fin à la tentative d'établissement d'une économie sédentaire dans l'Ouest.

En 1820, Lord Selkirk, épuisé et malade, mourait à Pau, en France, où il s'était retiré. Sa mort supprimait le principal obstacle à la réconciliation des deux compagnies rivales qui fusionnèrent en 1821. Cette union eut pour conséquence la fin de l'économie sédentaire dans la vallée de la Rivière-Rouge. Les deux compagnies jugèrent en effet que la colonisation et le commerce de la fourrure étaient incompatibles si on voulait que ce dernier continue à prospérer. Dès 1836, le territoire de l'Assiniboia passa de nouveau sous la direction de la Compagnie de la baie d'Hudson. Les Métis, d'ailleurs, sinon quelques-uns, ne furent jamais attirés par la culture de la terre.

« Les Métis sont nomades. Ils n'ont pas de goût pour la culture du sol ou de l'élevage du bétail. Retourner des mottes de terre ou tondre de stupides moutons ne les tente absolument pas. C'est par dérision qu'ils appellent les colons des jardiniers et Miles Macdonell « le chef des jardiniers ». Mais parlez-leur de la chasse au bison, des grandes expéditions de chasse, effectuées sous les ordres d'un chef, suivant une technique et des règlements non écrits qui font partie de la « loi de la prairie »[23]. »

Lord Selkirk, quelques années avant sa mort, avait demandé à l'évêque de Québec, Joseph-Octave Plessis, de lui envoyer des prêtres afin de fonder une mission dans sa colonie. « Lord Selkirk qui, bien que protestant, se faisait une haute idée de l'influence civilisatrice de la religion catholique[24]. » Des raisons politiques ne sont pas étrangères à la demande de Lord Selkirk qui n'ignorait pas que l'Église catholique constituait une force stabilisatrice considérable dont l'action pourrait contribuer à apaiser les Métis et à instaurer enfin la paix dans sa colonie.

Mgr Plessis se rendit à sa requête et à celle des catholiques de la colonie en désignant deux jeunes prêtres pour cette aventure, Joseph-Norbert Provencher (qui deviendra le premier évêque de Saint-Boniface), et Sévère Dumoulin. Pour franchir les 2 200 kilomètres qui les séparaient de leur destination, les deux missionnaires, qui étaient partis de Lachine en canot, mirent près de soixante jours.

Vers le milieu du XIXe siècle, la durée d'un voyage dans l'Ouest qui ne s'effectuait évidemment qu'en été, était de deux mois environ. « On se rendait dans l'Ouest par eau. Non point en vaisseau, car il n'y a pas d'océan entre Montréal et Saint-Boniface, mais en canot, sur les fleuves, les rivières et les lacs qui se suivent presque sans interruption entre ces deux points.

« ... il fallait passer une rivière dans une autre, distante de la première ; ou bien il fallait franchir une chute ou un rapide que le canot ne pouvait monter ou descendre : chaque fois, il fallait faire portage : ce n'était plus le canot qui portait les voyageurs et les bagages ; c'était les voyageurs qui portaient le canot et les bagages. Ailleurs les rapides étaient moins violents ; le canot pouvait les franchir, mais à condition d'être allégé. Les voyageurs descendaient à terre ; on déchargeait les bagages en tout ou en partie et on les portait. C'était ce qu'on appelait un demi-portage. Entre Montréal et Saint-Boniface, il y avait 72 portages et presque autant de demi-portages.

« La journée se passait ordinairement en canot, la nuit sur terre. Le matin quand le temps était favorable, le guide donnait de bonne heure le signal du réveil ; au bout d'un quart d'heure, tous étaient dans le canot et les avirons jouaient. Vers huit heures, le canot faisait halte, on descendait à terre et on déjeunait. On se rembarquait ensuite jusque un peu après midi. On débarbarquait alors de nouveau pour dîner, puis on remontait une troisième fois en canot. Le soir, il fallait quelquefois prolonger la marche pour trouver un lieu favorable au campement de la nuit. Enfin, à une heure plus ou moins avancée, les rames s'arrêtaient de nouveau, tous débarquaient, élevaient la tente, allaient à la chasse ou préparaient le repas. Quand les apprêts du festin étaient terminés, on se réunissait autour de la marmite, et on faisait honneur au cuisinier et à la cuisine, car le rude métier de rameurs et le grand air des rivières, des lacs et des forêts stimulaient l'appétit plus efficacement que les apéritifs des pharmacies.

« ... Les passagers passaient la nuit sous la tente, quelquefois sur les rochers nus ; les hommes de l'équipage renversaient le canot sur la terre et se couchaient dessus, précaution qu'ils prenaient pour que le vent ne leur enlevât pas à leur insu leur nécessaire véhicule. Tous dormaient d'un sommeil profond jusqu'à ce que la voix du guide vînt convoquer tout le monde à de nouveaux labeurs. Les journées étaient loin d'être uniformes: le mauvais temps, le vent contraire prolongeaient quelquefois les haltes pendant des journées entières ; des maladies, des avaries faites à l'embarcation, des accidents divers imposaient des campements imprévus et quelquefois prolongés.

« La Compagnie de la Baie d'Hudson avait établi depuis longtemps un service régulier de canots entre la capitale commerciale du Canada et les immenses territoires qu'elle exploitait à l'ouest du lac Supérieur. Deux fois par année, les lettres, les journaux même et les voyageurs se rendaient du Bas-Canada dans les Pays d'en haut par la voie des canots[25]. »

C'est par cet épuisant moyen de locomotion que d'autres missionnaires, à la suite des abbés Provencher et Dumoulin, se rendirent à la Rivière-Rouge. L'Église joua, dans cette partie du continent, un rôle civilisateur et sans aller jusqu'à condamner l'existence de chasseur des Métis, elle tenta, vainement toutefois, de faire d'eux des agriculteurs sédentaires. Il est fort plausible que l'Église, dès le début du XIXᵉ siècle, se soit rendue compte que le nomadisme était appelé à disparaître et qu'il fallait, afin d'assurer leur survivance, préparer les Métis à un nouveau mode de vie.

Les missionnaires assistèrent aux expéditions de chasse des Métis qui se déroulaient deux fois l'an, à l'été et à l'automne. « La Grande Chasse qui avait lieu durant l'été était l'événement le plus important dans la vie des Métis. Des centaines de personnes y prenaient part. Elle exigeait une organisation soignée, même militaire, dans ses règlements, son déploiement et son progrès. Avant le départ, les chasseurs élisaient le conseil qui dirigerait la chasse, élaborerait les plans et prendrait les décisions nécessaires. Une discipline sévère était de rigueur pour assurer la sécurité de tous les participants...

« Le Métis était un cavalier intrépide, un chasseur infatigable et un tireur d'élite. Il avait lui-même dompté son cheval pour qu'il obéisse à son moindre commandement. Pendant la chasse, qui se faisait en un tourbillon de mouvements et de poussière, le cavalier dépendait de sa monture pour le tirer de danger.

« Une fois le signal de la chasse donné par le maître, les cavaliers en groupe de dix, sous l'ordre d'un capitaine, se dirigeaient vers le troupeau, attendant cette fois le commandement de leur capitaine pour s'aligner et affronter les bisons. Le Métis gardait la poudre à fusil dans une corne et il se remplissait la bouche de balles. Quand le bison voyait s'approcher le chasseur, il rebroussait chemin pour lui échapper. À ce moment, le Métis choisissait sa victime... Il tirait et le bison tombait. Le Métis ratait rarement son tir.

« Une fois la journée finie, le chasseur rentrait au camp où l'attendaient sa femme et ses enfants. C'est alors que leur rôle dans la chasse commençait. Femmes et filles se rendaient dans la prairie en charrette. Elles retrouvaient les bisons abattus par le mari ou le père et elles dépeçaient les bêtes. Pendant ce temps, les enfants, qui étaient souvent nus, s'amusaient, paraît-il, en glissant sur les énormes côtes de la bête fraîchement dépecée.

« Le lendemain, on coupait la viande en lisières qu'on faisait sécher au soleil. Une fois séchée, la viande était émiettée et placée dans un sac, fait d'une partie de la peau de bison. On vidait de la graisse fondue sur la viande émiettée et on mélangeait cette pâte. La confection de 45 kilos de pemmican était terminée. Quant à la fourrure du bison, il ne restait qu'à la transformer en couverture, appelée robe, qui se vendait tout aussi bien aux comptoirs de la Hudson's Bay Company que le pemmican...

« Si la chasse avait été un succès, la monnaie sonnait dans les goussets des chasseurs. Seule, la chasse avec son pemmican et ses robes, rapportait de l'argent. Tous les autres travaux et produits de la colonie d'Assiniboia se payaient en marchandises plutôt qu'en espèces sonnantes...

« Les Indiens confectionnaient le pemmican depuis des milliers d'années, mais ils n'avaient pas l'habitude de le faire en quantité suffisante pour répondre aux demandes des traiteurs et des voyageurs. Ce sont les Métis qui ont relevé le défi et ont organisé l'exploitation industrielle du pemmican. Ainsi ils ont découvert leur raison d'être dans l'économie des Pays d'en haut[26]. »

Un historien a qualifié de « massacre [27] », la chasse entreprise par les Métis à l'été et l'automne de chaque année. On estime que les chasseurs abattaient à chaque expédition autant que 2500 bisons [28].

Notes

1. Cité par Lionel Groulx, *L'enseignement français au Canada*, tome 2, Montréal, 1935, p. 73.
2. K.G. Davies, Henry Kelsey, dans *Dictionnaire biographique du Canada*, tome 2, Québec, 1969, p. 322.
3. Grace Lee Nute, Médard Chouart des Groseilliers, *op. cit.*, tome I, Québec, 1966, p. 231.
4. Marcel Trudel, dans l'ouvrage collectif *Canada : unité et diversité*, Montréal, 1968, p. 39.
5. Yves F. Zoltvany, Pierre Gaultier de Varennes de la Vérendrye, dans *Dictionnaire biographique du Canada*, tome 3, Québec, 1974, p. 270.
6. *Ibid.*, p. 270.
7. Antoine Champagne, *Les La Vérendrye et le poste de l'Ouest*, Québec, 1968, pp. 475, 476.
8. Robert Rumilly, *La compagnie du Nord-Ouest*, tome 1, Montréal, 1980, p. 93.
9. Donald Creighton, *The Empire of the St. Lawrence*, Toronto, 1956, p. 87.
10. George F.G. Stanley, *The Birth of Western Canada*, Toronto, 1966, p. 5.
11. Cité par Lionel Groulx, *La naissance d'une race*, Montréal, 1938, p. 25.
12. Cité par Marcel Trudel, *Introduction à la Nouvelle-France*, Montréal, 1968, p. 147.
13. Emile Salone, *La colonisation de la Nouvelle-France*, Trois-Rivières, 1970, p. 263.
14. Marcel Trudel, *op. cit.*, p. 147.
15. Marcel Giraud, *Le Métis Canadien*, Paris, 1945, p. 330.
16. Grant MacEwan, *Metis Makers of History*, Saskatoon, 1981, p. 4.
17. Joseph Kinsey Howard, *The Strange Empire*, New York, 1952, p. 39.
18. Cité par Dom Benoit, *Vie de Mgr Taché*, tome 1, Montréal, 1904, pp. 38-40.

19. E.E. Rich, *The History of the Hudson's Bay Company*, tome 2, Londres, 1959, p. 301.

20. W.L. Morton, *Manitoba. A History*, Toronto, 1967, p. 46.

21. Marcel Giraud, Lord Selkirk, dans *Les techniciens de la colonisation*, Paris, 1947, pp. 167-168.

22. *Ibid.*, p. 168.

23. Robert Rumilly, *op. cit.*, tome 2, p. 65.

24. Aegidius Fauteux, *Trois siècles de missions canadiennes*, dans les *Cahiers des Dix*, Montréal, 1941, p. 37.

25. Dom Benoit, *op. cit.*, pp. 57-58.

26. Lionel Dorge, *Le Manitoba, reflets d'un passé*, Saint-Boniface, 1976, pp. 72-73.

27. Auguste-Henri de Trémaudan, *Histoire de la nation métisse dans l'Ouest canadien*, Montréal, 1936, p. 64.

28. Arthur S. Morton, *A History of the Canadian West to 1870-71*, Londres, 1939, p. 805.

III

LE FILS DU « MEUNIER DE LA SEINE »

C'est dans la colonie de la Rivière-Rouge (aujourd'hui au Manitoba) que vit le jour, le 22 octobre 1844, Louis Riel, l'un des personnages les plus controversés de l'histoire canadienne. Il est né dans la matinée et fut baptisé dans l'après-midi, à la cathédrale de Saint-Boniface, par Mgr Joseph-Norbert Provencher, premier évêque de cette région. Comme son père, on l'a prénommé Louis.

On ignore toujours le lieu exact où naquit Louis Riel. Certains historiens ont affirmé, avec beaucoup de vraisemblance, qu'il était né à Saint-Boniface. Bien d'autres n'osent les suivre sur ce terrain. Les registres d'état civil (naissances et mariages) ont disparu dans l'incendie de la cathédrale de Saint-Boniface, le 14 décembre 1860, ce qui explique l'hésitation de certains auteurs à se montrer catégoriques. Quoi qu'il en soit, il est certain qu'il naquit dans la colonie d'Assiniboia. Il est aussi certain qu'il avait un huitième de sang indien. Sur ce point, l'accord règne entre historiens.

La mère de l'enfant, Julie Lagimodière, était également originaire de l'Ouest. Elle était la fille de Marie-Anne Gaboury et de Jean-Baptiste Lagimodière, tous deux de Maskinongé, au

Bas-Canada, qui s'étaient mariés dans leur village natal, en 1807. Jean-Baptiste, qui avait passé plusieurs années dans l'Ouest en qualité de voyageur, décida, quelques mois après son mariage, de reprendre le chemin de cette région qui l'avait toujours fasciné.

Il avait toujours préféré la vie libre de la prairie à la vie sédentaire d'une exploitation agricole du Québec. Le couple s'était installé à plusieurs endroits avant de s'établir à la Rivière-Rouge où Marie-Anne Gaboury donna naissance, en 1819, à son sixième enfant, Julie, la mère du chef métis des années 1870-1885. Julie s'adapta assez facilement dans ce milieu métis. Ne parlant que le français, elle y apprit le cris[1]. Elle a vécu dans une atmosphère de foi et de simplicité d'âme et dès sa plus tendre enfance, elle montra un goût marqué pour la prière. Elle tenait ses inclinations religieuses de sa mère. Sa foi intense étonna Mgr Provencher qui espérait qu'elle se vouerait à la vie religieuse.

À l'été de 1843, Louis Riel, le père du futur chef métis, revint du Bas-Canada et s'établit à la Rivière-Rouge sur un lot voisin de la famille Lagimodière. Il tomba amoureux de Julie et offrit de l'épouser, mais celle-ci refusa. Les parents de la jeune fille étaient favorables au mariage, mais elle inclinait vers la vie religieuse. Tiraillée entre ces deux tendances, elle hésitait. Un événement mit fin à ses hésitations: au cours d'une vision, elle eut la certitude que la voix de Dieu s'était fait entendre. Le 21 janvier 1844, dans la cathédrale de Saint-Boniface, Mgr Provencher bénissait le mariage de Julie Lagimodière et de Louis Riel.

Soulignons qu'à l'époque, il était assez rare qu'une Canadienne s'unisse à un Métis, à moins que ce dernier ait une assez bonne formation, ce qui était le cas de Louis Riel. Les cas inverses étaient, par contre, très fréquents, les Blancs ayant cessé d'épouser des Indiennes s'unissaient désormais à des femmes métisses.

Le mari de Julie était né, en juillet 1817, à l'Île-à-la-Crosse (aujourd'hui en Saskatchewan). Il était le fils aîné de Jean-Baptiste Riel, dit l'Irlande, car selon une tradition il avait du sang irlandais, et de Marguerite Boucher, métisse franco-chipewyan. En 1822, Jean-Baptiste Riel et sa femme se fixent au Bas-Canada. Le 23 septembre, leur fils Louis fut baptisé à Berthierville, soit plus de cinq ans après sa naissance. L'enfant fréquenta l'école locale et apprit le métier de cardeur de laine.

En 1838, âgé alors de vingt et un ans, il retourna dans l'Ouest pour y travailler pour le compte de la Compagnie de la baie d'Hudson. « Cette date, ainsi que l'apparition chez les Métis, d'un drapeau appelé « l'étendard de Papineau » — mentionnée par Alexander Ross, dans *The Red River Settlement* — nous amènent à nous demander si Louis Riel, père, n'avait pas pris part à la rébellion de 1837[2]. »

En 1842, il revint au Bas-Canada et entra au noviciat des oblats de Marie-Immaculée, à Saint-Hilaire, non loin de Montréal. N'ayant pas la vocation religieuse et cédant sans doute à l'appel de la prairie, il réintégra l'Ouest et s'établit à la Rivière-Rouge où il fit la connaissance de sa femme, Julie Lagimodière, qui lui donna onze enfants, dont Louis était l'aîné. Il exploita sur son lot un moulin à blé, d'où son surnom de « meunier de la Seine ». Rappelons incidemment que la Seine est un affluent de la rivière Rouge.

En 1844, année de la naissance du chef métis Louis Riel, l'agitation règne en maître dans l'Assiniboia et dans tout le territoire soumis à la Compagnie de la baie d'Hudson, où se trouvaient des Métis et des half-breeds. Les Métis, dont le mécontentement était parfois encouragé par des Blancs désireux de susciter des difficultés à la compagnie britannique, étaient les plus violents.

Les Métis, qui étaient la majorité, se plaignaient qu'ils n'étaient pas représentés au conseil d'Assiniboia, gouvernement de la colonie de la Rivière-Rouge. Cette exclusion se justifiait en raison de leur faible degré d'instruction. Ils n'étaient pas en mesure à cause de leur absence presque totale de formation d'être bien utiles au conseil. Par contre, l'élément canadien-français reçut une représentation équitable en la personne de Mgr Provencher et de l'abbé Georges-Antoine Belcourt. Pour atténuer l'effet pénible et humiliant que comportait l'absence de sang-mêlé francophones, le conseil invita, en 1839, Cuthbert Grant, half-breed écossais en excellentes relations avec les Métis, à y faire partie. Cet expédient ne satisfaisait qu'une partie des Métis. Les plus excessifs s'estimèrent victimes de discrimination.

En 1839 également, le gouverneur de la colonie, George Simpson, posa un geste très maladroit en désignant Adam Thom à la fonction de premier magistrat et de conseiller juridique de la compagnie. Cet avocat compétent et cultivé était d'une arrogance qui le rendait maître dans l'art de se faire des ennemis.

D'origine écossaise, il s'était fixé à Montréal, en 1832, et avait été admis au barreau du Bas-Canada. En 1837, rédacteur au *Montreal Herald*, il avait combattu les partisans de Louis-Joseph Papineau et critiqué les Canadiens français en termes sanglants. Lord Durham l'avait pris à son service et il aurait collaboré à la rédaction de son Rapport[3].

Avant le départ d'Adam Thom pour l'Ouest, sa réputation de francophobe et de fanatique l'y avait précédé et son arrivée dans la colonie d'Assiniboia suscita l'hostilité des Métis. Ils lui reprochaient notamment son ignorance de la langue française.

Pour ces gens simples et sans instruction, cette nomination représentait un complot. De fil en aiguille, ils en arrivèrent à la conclusion que le but de sa désignation était de compliquer l'interprétation des lois afin de les duper. Son protestantisme aggravait la méfiance de cette population fondamentalement catholique. Pour faire crouler ce mur de méfiance, il eût fallu un homme souple et habile, deux qualités essentielles que ne possédait pas Adam Thom.

Il n'avait que mépris pour l'élément francophone et il ne dissimulait pas ses préjugés. À ses yeux, la masse francophone ne disposait que d'un centième de « l'intelligence et des capacités du groupe anglo-saxon[4]. » Il se fit des ennemis au sein de toute la population par ses paroles déplacées et son attitude tranchante. Bien des protestants le prirent également en grippe, réduisant ainsi à presque rien son appui populaire.

Un haut fonctionnaire de la Compagnie de la baie d'Hudson estimait, en 1850, que les neuf dixièmes des colons détestaient Adam Thom. Le gouverneur Simpson était sur la corde raide. La haine dont Adam Thom était l'objet rejaillissait sur la compagnie qui l'avait désigné. Il fallut que Simpson lui fasse part à maintes reprises de ses appréhensions et l'engage à faire preuve de plus de souplesse. Ce fut peine perdue. Un jour, la population, furieuse, menaça de le noyer: ses jours étaient comptés.

Le grief le plus important que les Métis formulaient à l'endroit de la Compagnie de la baie d'Hudson avait trait à son monopole. Elle ne leur permettait pas de vendre à des étrangers les pelleteries et, évidemment, c'était elle qui fixait les tarifs. Les chasseurs ne recevaient qu'une faible rétribution qui était, toutefois, plus élevée que celle que recevaient les Indiens.

« Par exemple, une peau qu'on payait vingt shillings à un Blanc ou à un Métis, on ne la payait qu'un shilling à un Indien. Ceci amena naturellement les Indiens à faire leurs échanges par l'entremise de leurs cousins métis, ce qu'apprenant la compagnie toute puissante fit publier un ordre défendant, sous peine de prison, d'échanger des fourrures avec les Indiens[5]. »

Mais la compagnie, qui n'avait en fait de police que des effectifs squelettiques, ne pouvait réprimer les infractions. Parfois, elle fit des perquisitions et des saisies de pelleteries au domicile des Métis. Ces mesures coercitives n'avaient pour objectif que de les intimider. On ne pouvait en effet aller trop loin sans risquer de provoquer la colère des Métis qui étaient nombreux. Aussi des magistrats refusaient-ils d'entamer des poursuites contre les délinquants de crainte d'engendrer la révolte. Adam Thom lui-même, dont la fonction était de protéger les intérêts de la Compagnie de la baie d'Hudson déconseilla à maintes reprises d'avoir recours aux perquisitions et aux saisies. Mais la compagnie ne pouvait renoncer à ses privilèges sans risquer de péricliter. Elle était donc devant une situation sans issue. La ruine la menaçait.

C'est d'ailleurs ce qui va se produire. À partir des débuts du XIXe siècle, la compagnie s'engage lentement dans la voie de la désintégration. C'est la colonie de l'Assiniboia qui sera à la pointe du combat en vue de supprimer son monopole. Bien des Blancs s'associèrent aux Métis, unanimes, à entreprendre la destruction de la Compagnie de la baie d'Hudson.

Les Américains avaient établi des postes le long de la frontière, non loin de Pembina, au Dakota du Nord, qui n'est aujourd'hui qu'un village, mais qui était à l'époque un centre de commerce important. Le traiteur Norman Wolfred Kittson, originaire de Chambly, au Bas-Canada, avait établi un poste à Pembina, en 1844[6]. Grâce à la collaboration de nombreux Métis, il fit affluer vers le territoire américain des quantités énormes de pelleteries, privant ainsi la Compagnie de la baie d'Hudson de stocks de fourrure qu'elle était en droit de réclamer comme sa propriété.

La contrebande se faisait sur une grande échelle. Les chasseurs étaient d'autant plus attirés vers les postes au sud du 49e parallèle — frontière internationale qui avait été fixée, en 1818, depuis le lac des Bois jusqu'aux Rocheuses — qu'ils recevaient pour leurs marchandises un prix plus élevé que ne leur offrait la compagnie britannique. Par exemple, pour une peau de castor, les Américains offraient le double[7].

Pour les habitants de la colonie de la Rivière-Rouge, il était avantageux de s'approvisionner aux États-Unis. Par exemple, les magasins de Saint-Paul, au Minnesota, offraient un choix de marchandises et de produits beaucoup plus varié et à des prix parfois moins élevés que ceux des magasins de la Compagnie de la baie d'Hudson. Ainsi, la compagnie ne pouvait concurrencer avec les Américains pour le whisky et le sucre, car elle devait importer ces produits d'Europe. Les Américains détruisaient graduellement la domination économique de la Compagnie de la baie d'Hudson.

Les Métis, qui trouvaient avantageux la vente de leurs pelleteries aux États-Unis et les achats qu'ils y faisaient, voulaient que ce régime continue. Ils se rebellèrent contre la Compagnie de la baie d'Hudson qui voulait les contraindre à leur vendre leurs pelleteries et à faire leurs achats dans les établissements de la compagnie. James Sinclair, un half-breed, et Andrew McDermott, un Irlandais, qui étaient à couteaux tirés avec la compagnie en raison de leur opposition commerciale, encouragèrent les Métis à la résistance.

Ils avaient d'autant plus d'emprise qu'ils engageaient à leur service de nombreux sang-mêlé. Ils affichaient toujours une grande sympathie pour leur cause, ce qui coïncidait parfaitement avec leurs intérêts. En bons démagogues, ils exploitèrent les mêmes thèmes que ceux utilisés par la Compagnie du Nord-Ouest afin de les soulever contre les Blancs.

Ils leur répétaient qu'en vertu de leur naissance, ils avaient le droit de chasser où ils voulaient et de vendre leurs pelleteries au plus offrant. Ils les comparaient à une race opprimée, les prévenant que s'ils ne résistaient pas aux entraves des Blancs, ils seraient éventuellement dépouillés de leurs droits. Cette semence tombait en bonne terre. Ces gens peu instruits, sinon illettrés, qui s'étaient toujours crus les victimes des Blancs, buvaient ces propos comme paroles d'évangile. Il ne pouvait en être autrement, car on leur avait dit si souvent que les Blancs ne travaillaient que pour leur malheur.

Les Américains eurent recours aux mêmes arguments pour les dresser contre la société britannique. Ils stimulèrent également le nationalisme des Métis, « race opprimée ». Conscients de leur force numérique, les Métis se rendirent compte qu'ils pouvaient menacer le gouvernement de l'Assiniboia si on s'opposait à leurs revendications.

Ils entravèrent parfois l'administration de la justice. Sous la menace, ils forcèrent le tribunal à rendre un jugement favorable quand un de leurs compatriotes se trouva au banc des accusés. Il était difficile pour un magistrat d'imposer une peine à un Métis, qu'elle soit justifiée ou non, car cette décision risquait d'être interprétée par les sang-mêlé comme un affront à leur « nation ». Les autorités de la Compagnie de la baie d'Hudson étaient contraintes de faire preuve d'une grande souplesse avant d'intenter des poursuites contre un Métis ou bien de procéder à son arrestation.

En août 1845, les Métis présentent une pétition au gouverneur de l'Assiniboia. Ils affirment que leur naissance leur donne le droit de chasser les animaux à fourrure où ils veulent et de les vendre à ceux qui offrent les tarifs les plus élevés. Ils demandent aussi si les Métis ont des droits ou des privilèges au-dessus des colons européens, en matière de chasse et de traite.

Les Métis « mettaient ainsi en question toute la souveraineté économique et politique de la Compagnie de la Baie d'Hudson. Pour la première fois depuis les événements de 1815-1816, ils posaient sur une base nationale leurs prétentions au libre exercice de la traite des fourrures. Le gouverneur Christie ne pouvait admettre la discrimination qu'ils suggéraient entre leur groupe racial et les autres éléments de la population: c'eût été reconnaître aux métis une indépendance qui eût consacré la ruine de l'autorité de la Compagnie. Aussi répliqua-t-il que, les métis étant admis, en Écosse ou en Angleterre, en leur qualité de sujets britanniques, aux mêmes droits que la population de ces pays, il y aurait injustice à les placer à la Rivière-Rouge sur un plan supérieur aux immigrants d'origine européenne[8]. »

N'étant pas satisfaits de la réponse du gouverneur, les Métis et les half-breeds adressèrent une pétition au gouvernement britannique, en 1846. C'est un half-breed, fils d'un officier de la compagnie britannique, qui pratiquait le droit à Londres, qui se fit le porte-parole des pétitionnaires. Alexander Kennedy Isbister, né à Cumberland House (aujourd'hui en Saskatchewan), en 1822, avait commencé ses études à la Rivière-Rouge et les avait poursuivies aux universités d'Aberdeen et d'Edimbourg. Il n'a jamais renié ses origines et s'est toujours fait le défenseur de ses compatriotes.

Le secrétaire aux Colonies, Lord Grey, demanda au gouverneur général du Canada, Lord Elgin, son opinion sur l'administration de la Compagnie de la baie d'Hudson. Lord Elgin lui fit savoir que les résultats de son enquête étaient favorables à la compagnie. Le colonel Crofton, qui avait séjourné à la Rivière-Rouge, fit également l'éloge de la compagnie. Lord Grey informa donc Isbister qu'aucune mesure ne serait soumise au Parlement britannique. Malgré l'échec de la pétition, les sang-mêlé ne se tinrent pas pour battus. Ils décidèrent de continuer la lutte. Quant à la compagnie, elle était prête à faire un exemple pour conserver son monopole.

Trois ans plus tard les Métis auront gain de cause. Les habitants de la Rivière-Rouge mettront alors fin, non sans menaces de violence, au monopole de la compagnie.

Un jeune Métis, Guillaume Sayer, est arrêté pour commerce illégal de la fourrure : les Métis s'agitent et sont bien déterminés à se porter à la défense de leur compatriote. Le procès est fixé au 17 mai 1849.

En apprenant la date du procès, une délégation de Métis se rend à Pembina pour solliciter les conseils de l'abbé Georges-Antoine Belcourt. Ce dernier est un ardent partisan des revendications métisses et un adversaire du monopole de la baie d'Hudson. Se solidarisant avec l'inculpé, le missionnaire engage la délégation à résister aux autorités de la Rivière-Rouge. Dans une lettre à un des leaders du mouvement, Louis Riel (père), il l'exhorte à la révolte. Le 13 mai, à l'issue de la messe, cette lettre est lue devant la cathédrale de Saint-Boniface. Belcourt affirme que « chacun devrait se présenter en armes ».

À l'ouverture de la cour, deux cents Métis armés sont sur les lieux, prêts à imposer leur volonté. Adam Thom préside les débats. Il déclare qu'en vertu de sa charte, la Compagnie de la baie d'Hudson a le monopole du commerce de la fourrure. Il précise que tant qu'une loi du Parlement ne l'aura pas modifiée, personne n'a le droit de la violer.

James Sinclair répond au magistrat que bien des grands hommes, dans les deux chambres du Parlement, ont mis en doute la validité de la charte. Comme il n'y a pas d'avocats dans la colonie, Adam Thom propose à Sinclair de se faire le défenseur de Sayer. L'accusé est reconnu coupable par le jury, mais avec recommandation à la clémence du tribunal. Le magistrat se borne à réprimander Sayer sans lui imposer de peine.

En principe, le monopole de la baie d'Hudson est maintenu, mais personne n'y croit. Pour les Métis, l'absence d'imposition de peine a une signification évidente: la compagnie avait capitulé et le monopole de la baie d'Hudson avait vécu. La libération de Sayer fut saluée par des cris de triomphe: « Le commerce est libre! le commerce est libre! Vive la liberté! »

Le commerce entre la colonie de la Rivière-Rouge et les postes du Dakota du Nord et du Minnesota se poursuivit et même s'accrut avec les années. Il est incontestable que le héros de la journée historique du 17 mai fut le half-breed James Sinclair. L'abbé Belcourt et Louis Riel (père) ont eux aussi joué un rôle considérable dans cet événement. Victorieux, les Métis ne se reposent pas sur leurs lauriers.

Ils exigent la tête d'Adam Thom, et ils l'auront. D'ailleurs la compagnie n'a guère prisé l'attitude du magistrat au cours du procès Sayer. Par son comportement, n'avait-il pas désavoué la compagnie qui l'avait engagé pour servir ses intérêts? Sans l'ombre d'un doute, mais pouvait-il faire autrement quand 200 Métis bien armés étaient prêts à lui dicter sa conduite et qu'il n'avait aucune police pour assurer la liberté du tribunal?

Il a néanmoins fait preuve de courage, car un de ses adjoints, effrayé par la présence des hommes en armes et leur attitude menaçante, s'est discrètement faufilé dans la foule, a sauté sur son cheval et s'est enfui. Par contre, Adam Thom a conservé son calme, a présidé dignement aux débats et a rendu justice en sauvegardant les apparences de la loi et de l'ordre.

Les Métis continuent leur agitation et ils exigent la présence d'un magistrat qui parle les deux langues. Une pétition en ce sens est présentée au gouverneur de la Terre de Rupert, Sir George Simpson. Elle porte dix signatures, dont celle de Louis Riel. Simpson a recours à un expédient. Il prie Adam Thom de s'abstenir de siéger pendant quelque temps, espérant que les esprits s'apaiseront et que le magistrat pourra reprendre ses fonctions sans susciter d'agitation.

Quand Adam Thom reprend son poste, les protestations se font de nouveau entendre. Riel et ses partisans réclament encore une fois un magistrat bilingue. Les esprits s'échauffent. Les plus modérés se disent à bout de patience. Mgr Provencher, voyant grandir l'agitation, craint une révolte. Les pressions exercées par Louis Riel sont couronnées de succès. Adam Thom est relevé de ses fonctions et réduit au poste subalterne de greffier à la cour de l'Assiniboia, sans modification de salaire.

« Pendant ses heures de loisir à la Rivière-Rouge, Thom avait écrit *The Claims to the Oregon Territory considered (1844)*, un texte où il réfutait d'une manière détaillée les prétentions des Américains à la mainmise sur la côte ouest, et... un traité sur la Bible dans lequel il donnait libre cours à ses talents pour la littérature et la critique. De plus, à titre de greffier de la cour, il collabore avec John Bunn et Louis-François Laflèche (futur évêque des Trois-Rivières) à la rédaction d'un rapport qui réclamait la mise à jour du système juridique de la colonie[9]. »

En 1854, Adam Thom quitte la colonie. Il meurt à Londres en 1890 à l'âge de quatre-vingt-huit ans. Thom avait été remplacé à Rivière-Rouge par le magistrat F.G. Johnson, qui parlait couramment le français et l'anglais. C'était un autre succès pour Louis Riel et les Métis. Avec le départ d'Adam Thom et la nomination d'un magistrat bilingue, la tension s'apaisa quelque peu dans la colonie de l'Assiniboia.

Mais les Métis avaient une autre revendication. Ils déploraient leur absence totale au conseil de la colonie. Pour Mgr Provencher, c'était un de leurs principaux griefs, mais l'évêque de Saint-Boniface reconnaissait que cette exclusion s'expliquait en grande partie. Il n'était pas facile de trouver dans leurs rangs des hommes assez instruits pour remplir la fonction de conseiller. Pour apaiser la population, le gouverneur Simpson demanda à Mgr Provencher de choisir six représentants canadiens et métis que le conseil de l'Assiniboia accepterait comme conseillers. La liste que lui fournit le prélat ne créa pas une forte impression sur le gouverneur. Il écrivit qu'à l'exception du « prêtre Laflèche, ils sont illettrés et ignorants ».

Cette attitude nous donne sans doute l'explication de la lenteur des nominations au conseil. Par contre, la désignation de l'abbé Laflèche fut acceptée avec empressement. Le missionnaire siégea à côté de son supérieur hiérarchique. Trois ans plus tard, en 1853, François Bruneau, que Mgr Provencher destinait à la prêtrise, fit partie du conseil. Ce n'est qu'en 1857 que cette affaire fut réglée. Grâce au magistrat Johnson, qui avait accédé au poste de gouverneur de la colonie, des Métis entrèrent au conseil.

Louis Riel n'était pas du nombre. Certes la Compagnie de la baie d'Hudson avait d'excellentes raisons de ne pas proposer sa candidature. Il avait combattu le monopole de la compagnie, joué un rôle dominant lors du procès de Guillaume Sayer et réclamé la destitution d'Adam Thom. Mais Mgr Provencher également ne l'avait pas recommandé. Comment expliquer l'attitude de l'évêque de Saint-Boniface ? Faute de documents, nous en sommes réduits aux conjectures. Il n'est pas impossible que le prélat ait ignoré son nom pour ne pas offusquer les dirigeants de la compagnie en leur soumettant une candidature qu'ils auraient sans doute jugée inacceptable.

Les Métis avaient eu gain de cause sur presque toute la ligne. Dépourvue de force militaire et même policière, la Compagnie de la baie d'Hudson était contrainte de céder quand les sang-mêlé menaçaient. Ils avaient contribué à affaiblir la compagnie britannique, ce qui serait à leur détriment, et le gouverneur Simpson, en 1856, prévoyait la ruine et l'effondrement prochain de cette grande entreprise.

« Or, au moment où il formulait ces prédictions, une autre

agitation se répandait dans la colonie d'Assiniboia, plus vigou-reuse que l'agitation des années précédentes, moins intimement rattachée à la vie intérieure de la colonie, mais complément logique du travail de désagrégation qui s'y était déjà opéré, puisqu'elle visait à substituer à l'autorité d'une puissance désor-mais condamnée celle d'un gouvernement nouveau. À l'effon-drement de cette puissance, le groupe métis, dominé par son ambition d'indépendance nationale, trop souvent guidé par des étrangers qui sacrifiaient, sans le vouloir peut-être, son avenir à leurs intérêts personnels, avait contribué dans une large mesure.

« Mais trop peu clairvoyant et trop faiblement instruit pour prévoir les conséquences d'une hostilité que le présent justifiait, il avait sapé la seule puissance qui lui permet de satis-faire ses tendances et de poursuivre ses habitudes de vie, et il avait préparé l'avènement d'une domination qui ne transigeait pas avec le mode d'existence anachronique où il s'était fixé. On le vit alors, à mesure que de nouvelles tendances se précisaient autour de lui et qu'une société différente se constituait dans la colonie, se départir graduellement de l'hostilité qu'il avait long-temps témoignée à la Compagnie de la Baie d'Hudson, et se rapprocher, mais trop tard et sans succès, de l'organisme qu'il avait combattu [10]. »

Après le redressement des injustices dont ses compatriotes se prétendaient les victimes, Louis Riel revint à ses activités en tant que « meunier de la Seine », surnom par lequel le désignait la population anglaise. Il se lança dans diverses entreprises, dont une de textile, qui n'eut guère de succès. Il semble, cepen-dant, avoir été assez ingénieux. « La meilleure preuve de son industrie se trouve dans le fait qu'il avait eu assez de persévé-rance pour creuser un canal de quatre pieds de large et douze milles de long pour amener l'eau à son moulin [11]. »

En mars 1857, Riel acceptait de présider une assemblée favorable à l'annexion de l'Ouest au Canada. Nous n'avons aucune indication qu'il ait pris lui-même la parole à cette ré-union. Il mourut, le 21 janvier 1864, à l'âge de quarante-six ans. « Si Riel, père, n'avait pas réussi comme homme d'affaires, il avait établi une tradition de meneur d'hommes que son fils devait suivre et qui allait modifier l'histoire du Nord-Ouest [12]. »

Le jeune Louis Riel, aîné de la famille, a toujours été le

préféré de sa mère. Il a passé les premières années de son enfance à la Rivière-Rouge, non loin de Saint-Boniface, où il a vécu dans une ambiance très religieuse, qui explique son catholicisme ardent. Sa foi lui a été communiquée par sa mère qui lui a appris, dès qu'il a commencé à parler, à prononcer les noms de Jésus, Marie et Joseph. Tous les soirs, avant de se mettre au lit, il récitait ses prières.

À l'âge de sept ans, ses parents l'envoyèrent à Saint-Boniface, chez les Soeurs Grises qui enseignaient aux jeunes filles. Il n'y avait pas encore d'établissement scolaire pour les garçons. Les Soeurs Grises étaient établies à la Rivière-Rouge depuis juin 1844, soit quelques mois avant la naissance de Louis. La population métisse les avait accueillies avec le même enthousiasme que lors de l'arrivée des premiers missionnaires, en 1818. Ces religieuses s'empressèrent de se consacrer à l'enseignement des jeunes filles.

Mgr Taché, qui avait succédé à Mgr Provencher, à la mort de ce dernier en 1853, se préoccupa du sort des garçons. Il incita quelques frères des écoles chrétiennes du Canada à venir s'installer dans son diocèse. La première école pour garçons s'ouvrit au presbytère de l'évêché dans une pièce si étroite que l'enseignant, dit-on, était contraint de rester debout pendant les cours. Le jeune Louis quitta les Soeurs Grises et poursuivit ses études sous la direction des frères.

En mars 1857, le garçon alors âgé de douze ans fit sa première communion. À cette époque, les enfants n'étaient admis à s'approcher de la sainte table que vers l'âge de douze ans, souvent après leur confirmation. Les progrès du jeune Riel dans ses études et sa piété fervente attirèrent l'attention du prélat qui surveillait de près l'école des garçons. Mgr Taché était à la recherche de nouvelles recrues pour oeuvrer dans son diocèse. Il voulait surtout que des Métis se destinent au sacerdoce afin qu'il ne soit plus dans l'obligation de réclamer des prêtres du Canada.

Il avait pris ses dispositions avec quelques collèges classiques de la vallée du Saint-Laurent pour qu'ils acceptent de jeunes Métis qui lui semblaient d'excellents candidats à la prêtrise. Il fixa son choix sur Louis Riel, Louis Schmidt et Daniel McDougall. Le 1er juin 1858, les trois aspirants, réunis à Saint-

Boniface, reçurent la bénédiction de leur évêque, et firent leurs adieux à leurs parents et à leurs amis.

Louis Riel ne prit congé que de sa mère et de sa soeur Sara, avec laquelle il s'entendait très bien et qui deviendra religieuse chez les Soeurs Grises, son père ayant été obligé de s'absenter pour affaires, à Montréal. La séparation fut d'autant plus pénible qu'on savait qu'elle s'étendrait sur quelques années. En raison de la distance, Louis ne pourrait revenir au milieu des siens durant les vacances d'été. Julie, qui était très croyante, espérait sans doute que son fils, à son retour dans la colonie de l'Assiniboia, serait prêtre. Cet espoir atténua probablement son chagrin de voir partir son garçon qui entreprenait, pour la première fois, un voyage dans un pays lointain.

Louis n'avait pas encore quatorze ans. La première étape du trajet se fit en charrette. Pour franchir la distance de la Rivière-Rouge à Saint-Paul, au Minnesota, il fallut vingt-deux jours. On faisait de vingt-quatre à trente-deux kilomètres par jour. Sur les rives du Mississipi, Louis rencontra son père qui revenait de Montréal et rentrait à la colonie. Ce serait la dernière fois qu'ils se voyaient. Louis et ses compagnons, accompagnés de soeur Valade, de la communauté des Soeurs Grises de Saint-Boniface, firent le reste du voyage par train. Ils visitèrent Chicago et Detroit avant de fouler le sol canadien. À Hamilton, les trois garçons « mangèrent des oranges pour la première fois de leur vie[13] ». Le 5 juillet, après un voyage fatigant de cinq semaines, le groupe arriva à Montréal, la grande ville. Quel contraste avec l'Ouest!

Peu après son arrivée, Riel apprend qu'il fera ses humanités au collège de Montréal, l'établissement d'enseignement le plus ancien de l'île de Montréal, fondé par les messieurs de Saint-Sulpice près d'un siècle plus tôt. Le cours classique avait une durée de huit ans, comme dans les autres collèges du Bas-Canada. L'adolescent était assuré d'y recevoir un enseignement presque complet et une éducation certainement plus soignée que dans son milieu.

On ne possède pas beaucoup de renseignements sur son séjour au collège. Il ne semble pas qu'à cause de ses origines, il ait été la victime des moqueries de ses compagnons. Encore tout jeune, loin de sa famille, arraché à son pays, il y a tout lieu de croire qu'il se soit tout de même assez bien adapté. Quant au climat, presque analogue à celui de l'Ouest, cela ne lui a causé aucun inconvénient.

En 1870, au moment où Louis Riel tenait la vedette dans l'Ouest, un de ses condisciples chez les messieurs de Saint-Sulpice, Eustache Prud'Homme, a communiqué à un journal montréalais ses impressions sur le chef métis. « L'entrée au collège de Louis Riel... fut tout un événement pour les élèves. Un jeune homme, venant de si loin, qui connaissait le pemmican, le tomahawk, qui avait vu flotter les chevelures sur les épaules des Sioux, des Pieds-noirs ou des autres guerriers appartenant aux tribus sauvages de ces vastes contrées; un jeune homme qui avait peut-être failli se faire scalper, il y avait là plus qu'il n'en fallait pour piquer la curiosité de ses compagnons, petits espiègles de douze à quinze ans. Dans les heures de récréations, quand l'effervescence des jeux et la dissipation s'étaient un peu calmées, on se groupait autour de lui, et les jeunes figures traduisaient l'expression de tous les sentiments que le narrateur voulait leur donner par les phases de son récit.

« Il leur racontait quelque histoire comique sur les us et coutumes de son pays ou quelque aventure terrible dont il n'était jamais la victime. C'étaient des scènes déchirantes d'incendie dans les prairies de l'Ouest, d'enfants broyés ou emportés par des chevaux sauvages, de chasseurs intrépides qui sautaient d'un seul bond, une grande rivière *(sic)*, pour couper court aux poursuites acharnées des animaux féroces.

« Durant tout le cours de ses études, Riel sut se concilier l'estime et l'amitié de ses compagnons; et il était certainement l'un des meilleurs talents de sa classe; les prix qu'il a remportés en font foi.

« Le jeune Métis était d'une nature fière, mais noble et généreuse. Il maniait habilement l'ironie et malheur à qui le provoquait à dessein; la riposte était une morsure qui allait à la moelle des os. Généralement en conversation, il en imposait par sa gaieté grave et digne. Il connaissait à merveille l'art de charmer par sa faconde intarissable.

« ... Mais ce que le public ignore, c'est qu'il est un excellent poète... Nous l'avions surnommé le Victor Hugo de la classe[14]... »

Riel a été un assez bon élève et ses notes en font foi. Il ne semble pas avoir causé de sérieux ennuis à ses professeurs. D'ailleurs il n'y a aucun indice qu'il ait gardé un mauvais souvenir de ses années de collège. Il avait cependant un défaut évident: le jeune Louis s'emportait assez facilement. Par exemple, il ne pouvait subir la contradiction: il suffisait de prendre le contrepied de ses opinions pour l'irriter et il était tellement convaincu de la justesse de ses jugements qu'il ne pouvait comprendre que ses confrères de classe les contestent. Il y avait chez lui une grande absence de modestie qui l'empêchait d'admettre qu'il avait tort.

En février 1864 le jeune Louis Riel apprend la mort de son père, survenue le mois précédent à la Rivière-Rouge. Cette nouvelle le terrasse et son chagrin est si profond que son directeur spirituel l'engage à ne pas écrire à sa mère avant d'avoir pu maîtriser sa douleur. Ce n'est qu'à la fin de février qu'il écrit à sa mère et lui fait part de l'affliction que lui a causée le décès de son «cher papa». Il a fallu plusieurs semaines avant qu'il se remette de ce choc brutal.

Les règlements du collège qu'il avait acceptés de bon gré lui pèsent désormais. Le régime de l'internat lui paraît insupportable. Il demande la permission de devenir externe et de résider chez les Soeurs Grises. L'autorisation lui est accordée, non sans hésitation, par le directeur de l'établissement. Les religieuses se plaignent bientôt auprès du directeur du collège que l'adolescent ne se conforme pas aux règlements de la communauté et qu'il découche parfois. Il s'absente des cours de temps à autre et même quelques jours de suite.

On le prévient que cette situation ne peut durer. Il prend l'engagement de ne plus récidiver, mais ne tient pas ses promesses. Les messieurs de Saint-Sulpice décident d'avoir recours aux grands moyens. On l'informe le 8 mars 1865 que sa présence au collège n'est plus désirée. Il doit donc quitter le collège avant la fin de ses études classiques.

Il alla habiter chez sa tante, Mme John Lee, la soeur de son père, qui avait épousé un Canadien d'origine irlandaise. L'adolescent commença à s'intéresser à la politique, question qui était peu abordée au collège où la lecture des journaux n'était pas autorisée. Nous savons qu'il tenta d'obtenir une entrevue avec

Sir George Étienne Cartier, alors à l'apogée de la gloire. Nous ignorons cependant si l'homme politique consentit à rencontrer Louis Riel. Ce dernier se souvenait de Sir George qui avait visité son *alma mater,* en juin 1860. L'auteur du chant: « Ô Canada, mon pays, mes amours » (écrit avant la rébellion de 1837), avait parlé de leur avenir aux élèves du collège de Montréal.

Peu après avoir quitté le collège, Riel se trouva un emploi au bureau de Rodolphe Laflamme, avocat de Montréal, appelé à jouer un rôle assez important dans la politique canadienne. Laflamme était un nationaliste, anticlérical et adversaire de la Confédération. Après l'établissement de la Confédération, il occupera les fonctions de ministre du Revenu dans le gouvernement Mackenzie, puis de ministre de la Justice. Après la défaite des libéraux et sa défaite personnelle dans la circonscription de Jacques-Cartier, aux élections générales de 1878, il abandonnera la politique.

Laflamme avait été un des fondateurs de l'Institut canadien de Montréal, en 1844, dont il fut le président en 1852. L'Institut aura souvent maille à partir avec l'évêque de Montréal, Mgr Ignace Bourget, qui finira par triompher, mais dans l'affaire Guibord, c'est l'Institut qui aura gain de cause. Laflamme et Joseph Doutre qui jusqu'à sa mort refusera de « pardonner au clergé le mal qu'il nous a fait », intentent des poursuites contre la fabrique de l'église Notre-Dame qui refuse d'inhumer Joseph Guibord dans le cimetière catholique de la Côte-des-Neiges, où la famille du défunt a un terrain. L'affaire va jusque devant le Conseil privé de Londres qui oblige, en 1875, la fabrique à laisser inhumer dans le cimetière catholique Guibord, mort sous le coup de l'excommunication. Menacée de saisie, la fabrique a dû verser « la somme de $6.044.00 pour couvrir les frais des procès au Canada et en Angleterre[15] ».

Riel a travaillé un an environ au bureau de Laflamme qui fut « une des lumières du barreau[16] ». Il est certain que l'anticléricalisme de Laflamme n'a exercé aucune influence sur le jeune homme, dont les convictions religieuses étaient trop profondes. Par contre il est très vraisemblable que le nationalisme de l'avocat montréalais ait agi sur l'esprit de son employé. Il est aussi probable que la politique l'ait intéressé davantage au contact de ce grand avocat.

Après avoir passé plus d'une année à Montréal, Louis décida de rentrer dans son pays. Une déception sentimentale expliquerait son départ. Il était amoureux d'une jeune fille, Marie-Julie Guernon, voisine de la famille Lee où il demeurait. Le 12 juillet 1866, les deux jeunes gens signèrent un contrat de mariage devant le notaire A.C. Décary, à Montréal. Les bans furent ensuite publiés à l'église du Saint-Enfant-Jésus du Mile-End. Les parents de Marie, qui n'étaient pas au courant des intentions de leur fille, firent objection dès que la proclamation solennelle du futur mariage fut annoncée. Ils s'opposèrent catégoriquement à l'union de leur fille avec un Métis. Cette opposition amena la rupture.

Louis quitta alors Montréal pour l'Ouest. Selon Louis Schmidt, qui l'avait accompagné de la Rivière-Rouge vers l'Est, en 1858, Riel se fixa d'abord à Chicago où il fit la connaissance du poète Louis Fréchette et écrivit des vers dans le style de Lamartine. Cette assertion n'est confirmée par aucun autre témoignage, mais nous savons qu'à cette époque, il y avait un groupe de Canadiens français qui vivaient à Chicago, et que Fréchette était du nombre. Riel travailla dans cette grande ville américaine comme journalier et, par la suite, à Saint-Paul, au Minnesota, avant de rentrer à Saint-Boniface, le 28 juillet 1868.

Après cette longue séparation de dix ans, il fut bien heureux de revoir les membres de sa famille. Parti du foyer à l'âge de quatorze ans, il en avait maintenant vingt-quatre et Mgr Taché, qui le destinait au sacerdoce, fut sans doute déçu mais le jeune homme avait tout de même acquis une formation supérieure, et de loin, à celle de la plupart de ses contemporains et presque unique pour un Métis.

Cela, compte tenu des années troubles qui s'annonçaient, le désignait fort naturellement à devenir sinon le leader, du moins le porte-parole des Métis.

Notes

1. Joseph Kinsey Howard, *Strange Empire*, New York, 1952, p. 64.

2. W.L. Morton, Louis Riel, dans *Dictionnaire biographique du Canada*, tome IX, Québec, 1977, p. 732.

3. Arthur S. Morton, *A History of the Canadian West to 1870-71*, Londres, 1939, p. 807.

4. Marcel Giraud, *Le Métis Canadien*, Paris, 1945, p. 906.

5. Autuste-Henri de Trémaudan, *Histoire de la nation métisse dans l'Ouest canadien*, Montréal, 1935, p. 125.

6. Arthur S. Morton, *op. cit.*, pp. 806-807.

7. Joseph Kinsey Howard, *op. cit.*, p. 58.

8. Marcel Giraud, *op. cit.*, p. 916.

9. Kathryn M. Bindon, Adam Thom, dans *Dictionnaire biographique du Canada*, tome XI, Québec, 1982, p. 970.

10. Marcel Giraud, *op. cit.*, p. 944.

11. A.G. Morice, *Dictionnaire historique des Canadiens et des Métis français de l'Ouest*, Montréal, 1908, p. 247.

12. W.L. Morton, *op. cit.*, p. 732.

13. Hartwell Bowsfield, *Louis Riel, le patriote rebelle*, Montréal, 1973, p. 27.

14. *L'Opinion Publique*, 19 février 1870. Cité par P. de M., *L'oeuvre véridique de Louis Riel*, Montréal, 1934, pp. 50-52.

15. Théophile Hudon, *L'Institut canadien de Montréal et l'Affaire Guibord*, Montréal, 1938, p. 136.

16. L. Le Jeune, *Dictionnaire général du Canada*, tome I, Ottawa, 1931, p. 832.

IV

UN MOUVEMENT
IRRÉVERSIBLE

Au XIXᵉ siècle, l'expansion américaine vers l'Ouest s'intensifia. Afin d'éviter que ce mouvement ne s'étende vers le Nord, Londres et Washington conclurent une série d'accords, de 1818 à 1846, qui fixèrent au quarante-neuvième parallèle la frontière entre les États-Unis et l'Amérique du Nord britannique.

En 1867, le Québec, l'Ontario, la Nouvelle-Écosse et le Nouveau-Brunswick s'unissaient et formaient le Dominion du Canada. Une des causes fondamentales de la Confédération fut sans conteste la crainte des visées annexionnistes du puissant voisin, les États-Unis. « Sans cette union, devenue nécessaire au lendemain de la guerre de Sécession, les colonies britanniques, dispersées de l'Atlantique au Pacifique, n'eussent pas résisté à la menace latente d'absorption d'un puissant voisin[1]. »

Le jour où la reine Victoria signait l'Acte de l'Amérique du Nord britannique, le 29 mars 1867, le secrétaire d'État américain, William Seward, et le ministre russe à Washington, Stoeckl, négociaient l'achat de l'Alaska par les États-Unis. À trois heures, le lendemain matin, la Russie cédait l'Alaska pour la somme de 7 200 000 $. Ces deux événements presque simultanés étaient sans doute une coïncidence mais Alexander Galt, qui deviendra ministre des Finances dans le premier gouvernement Macdonald, y vit une menace et déclara que l'achat de « l'Alaska est la réponse américaine à la Confédération[2]. »

À Washington, le sénateur Charles Sumner, favorable à la ratification du traité, laissait entendre que «l'Amérique du Nord britannique suivrait l'Alaska dans le giron de l'Union américaine[3]. » Des membres de la Chambre des représentants affirmaient « qu'avec l'Alaska au nord et les États-Unis au sud, la Colombie-Britannique (et avec elle le Canada) serait serrée dans un étau et contrainte de s'unir à l'Amérique[4]. » Certains historiens canadiens ont affirmé que Washington s'était porté acquéreur de l'Alaska purement et simplement dans le but d'annexer la côte occidentale de l'Amérique du Nord afin d'écraser dans l'oeuf la Confédération. Cette hypothèse n'est confirmée par aucune preuve.

Les Canadiens avaient de sérieuses raisons de se méfier des visées des États-Unis. Depuis les environs de 1840, le nationalisme américain avait pris une forme expansionniste et agressive. Au nom de la doctrine de la *Manifest Destiny*, bien des leaders américains soutenaient que les États-Unis avaient la mission d'étendre leur domination à toute l'Amérique du Nord.

L'affaire de l'Oregon avait clairement montré que si les Canadiens n'occupaient pas les territoires de l'Ouest, ils risquaient de tomber aux mains des Américains. Au début du XIXe siècle, l'Oregon comprenait ce qui est aujourd'hui environ la moitié de la Colombie-Britannique, les États de Washington, d'Oregon et d'Idaho ainsi que des fractions importantes des États du Montana et du Wyoming[5]. Ce territoire était administré en commun par les États-Unis et la Grande-Bretagne. Les colons américains avaient commencé à s'y établir. Bientôt, ils exigeaient que Washington annexe l'Oregon en entier. L'Angleterre, de son côté, invoquait ses droits et réclamait une partie du sol.

En 1844, le président Polk accéda à la Maison-Blanche. La campagne électorale avait porté sur le slogan: « 54°40 ou la guerre ». Après la consultation populaire, il fut évident que ni les Américains ni les Britanniques ne désiraient la guerre. En 1846, les deux gouvernements en arrivaient à un compromis, fixant la frontière au 49ᵉ parallèle. Le différend était terminé, mais l'alerte avait été chaude.

Après l'établissement de la Confédération, le 1ᵉʳ juillet 1867, et la formation du premier cabinet Macdonald, le ministre des Colonies, à Londres, engagea vivement le gouvernement du Dominion à ouvrir des négociations avec la Compagnie de la baie d'Hudson pour l'annexion des territoires de l'Ouest[6]. En raison de ses faibles ressources financières, le gouvernement d'Ottawa n'était pas en mesure, à ce moment-là, de prendre des initiatives en ce sens, même si les États-Unis constituaient une menace pour l'Ouest.

« Le sol, le climat et les conditions socio-économiques des deux côtés du 49ᵉ parallèle étaient tellement identiques que la faible frontière politique semblait une risée[7]. » Dans l'Est les partisans de l'annexion étaient à Washington. Ils étaient peu nombreux, mais ils s'agitaient beaucoup. Le leader du mouvement était le sénateur Alexander Ramsey du Minnesota, qui désirait l'annexion de la colonie de la Rivière-Rouge. Celle-ci constituait en effet une importante source d'activité commerciale pour son État. Il avait l'appui des sénateurs Zachariah Chandler et Jacob M. Howard du Michigan, porte-parole des marchands de Detroit qui voyaient dans l'annexion de l'Ouest britannique la possibilité d'accroître le commerce et de développer grandement leur puissance économique.

Mais le Minnesota était sans doute le plus ardent partisan de l'annexion. Il proposait que la Grande-Bretagne cède aux États-Unis le Nord-Ouest, à titre d'indemnité, pour l'affaire de l'*Alabama*. Washington réclamait de Londres des réparations pour les dommages que ce navire sudiste, construit dans les chantiers navals britanniques, avait infligé aux États du Nord, au cours de la guerre de Sécession.

La législature du Minnesota adopta même une résolution, réclamant l'annexion du Nord-Ouest aux États-Unis et déplorant la décision du Canada de vouloir prendre possession de ces territoires sans en consulter les habitants. Après l'adoption du texte, le 6 mars 1868, le sénateur Ramsey fut chargé d'en communiquer le contenu à la commission sénatoriale des Affaires étrangères, mais cette dernière ne prit aucune initiative.

La population du Minnesota s'accrut assez rapidement.

Elle passa de « 6 077 en 1850 à 157 037 en 1857[8]. » Le commerce entre Saint-Paul et la colonie de la Rivière-Rouge était assez important pour l'époque. « En 1870, la valeur totale du commerce régional, comprenant les marchandises soumises aux droits de douane ou non, excédait probablement $1,000,000[9]. »

Les partisans de l'annexion avaient aussi d'actifs adeptes à Pembina, au Dakota du Nord. Plusieurs d'entre eux visitaient la Rivière-Rouge et entretenaient des contacts avec les Métis dans l'espoir de les associer à leur projet. Leurs succès furent cependant assez médiocres. Malgré leur force militaire et leur marine, dont la puissance créait un malaise dans les milieux britanniques, les États-Unis, sous la présidence de Grant, « n'ont jamais envisagé la possibilité de faire la guerre pour conquérir l'Amérique du Nord britannique[10]. »

Bien des Américains étaient établis à la Rivière-Rouge et se faisaient les zélés propagandistes de l'annexion aux États-Unis. Leur nombre s'accroissait. Certains se livraient à la culture de la terre tandis que la plupart se consacraient au commerce de la fourrure ou autres activités similaires. Un Germano-Américain, George Emmerling, qui s'était fixé dans la colonie de l'Assiniboia aux environs de 1860, exploitait le principal hôtel de l'endroit. Le bar était le lieu de ralliement des Américains, qui méprisaient la Compagnie de la baie d'Hudson, et espéraient voir le jour où ce territoire britannique passerait sous la domination de la grande république voisine.

Trois autres Américains s'agitaient assez fébrilement. Il s'agissait du « général » Oscar Malmros, consul à Winnipeg; W.F.B. O'Donoghue, mystérieux aventurier, qui épousera ouvertement la cause de Louis Riel, et Enos Stutsman. O'Donoghue naquit en Irlande et émigra aux États-Unis où il se fit naturaliser. Irréductible ennemi de la Grande-Bretagne en raison de son ascendance irlandaise, il se manifesta brusquement à la Rivière-Rouge peu avant la rébellion des Métis. Toujours en haine de l'Angleterre, il se fit un ardent annexionniste et tenta de convaincre les Métis de le suivre dans cette voie. Les plus lucides ne tardèrent pas à comprendre qu'il servait la cause de ses compatriotes avant la leur.

Enos Stutsman, lui, était un curieux personnage. En effet, malgré la privation de ses membres inférieurs, il était né sans jambes, il se déplaçait à cheval avec assez de facilité et entreprenait parfois de longues courses. Devenu enseignant assez jeune, il étudia le droit et fut admis au barreau. Politiquement actif pour le parti démocrate, il obtint le poste d'agent des douanes à Pembina, dans le Dakota du Nord, où il se lia d'amitié avec les Métis. Il fit de nombreux voyages à la Rivière-Rouge pour propager l'évangile de l'annexion.

Un autre mouvement encore plus puissant se dessinait, mais cette fois en faveur de l'annexion au Canada. Les partisans de la fusion étaient originaires du Haut-Canada. À partir de 1859, ils publièrent un journal, *The Nor'Wester*, qui propagea leurs idées et mena une lutte féroce à la Compagnie de la baie d'Hudson qui constituait le seul obstacle majeur à la réalisation de leur projet.

Dès 1864, le journal passa aux mains de John Christian Schultz, qui en garda la direction jusqu'en 1868. Schultz était originaire de Amherstburg, dans le Haut-Canada. Après avoir terminé ses études en médecine, il s'établit à la Rivière-Rouge en 1860, non pas dans l'intention de pratiquer sa profession, mais plutôt de se lancer en affaires. Il exploita une pharmacie et se fit par la suite agent immobilier et commerçant de fourrure. Schultz, un impressionnant colosse de près de deux mètres, à la voix puissante, en imposait.

Il était sans conteste le chef du parti canadien, c'est-à-dire des immigrants du Haut-Canada qui voulaient unir l'Ouest au Canada. Schultz cependant n'avait aucun charme. Arrogant et dénué de scrupules, il ne tarda pas à se rendre impopulaire, même au sein de la communauté half-breed écossaise ou anglaise. Quant aux Métis, ils nourrissaient à son endroit une vive antipathie. Bien qu'il parlât assez bien le français, il ne manqua jamais une occasion de manifester son mépris pour les Métis aussi bien dans son comportement que dans son journal.

Dans l'Ouest, les abonnés du journal étaient assez peu nombreux mais « ce fut son tirage dans l'Est qui rendit le *Nor'Wester* si important[11] ». Le *Globe* de Toronto, le plus important journal du Haut-Canada, publiait fréquemment des extraits du *Nor'Wester*[12]. Il n'était donc pas surprenant que les anglophones du Haut et du Bas-Canada manifestassent un intérêt pour l'Ouest.

George Brown, dans le *Globe*, et William McDougall dont le *North American* fusionna avec le *Globe*, étaient à l'avant-garde du mouvement annexionniste. George Brown cherchait à détruire l'équilibre entre le Haut et le Bas-Canada afin de sortir de l'impasse politique au Parlement. Il préconisait le « Rep by Pop », c'est-à-dire la représentation selon la population. Depuis 1851, le recensement avait révélé, pour la première fois, « une marge à l'avantage des anglophones : 60 000 sur une population de deux millions[13]. » Et les deux sections du Canada avaient le même nombre de députés.

Brown avait l'assurance que, si sa proposition était acceptée, « elle donnerait au Haut-Canada une position prédominante et lui permettrait d'imposer sa volonté au Bas-Canada francophone. Ceci, évidemment, serait doublement assuré si l'Ouest était annexé au Canada et peuplé d'immigrants, car ce ne serait qu'une expansion du Haut-Canada anglo-saxon[14]. »

Le mouvement prit rapidement de l'ampleur dans le Haut-Canada. Les nombreuses assemblées en faveur de l'annexion sensibilisèrent la population. La crainte que ces vastes territoires ne tombent aux mains des États-Unis et les risques qui en découleraient pour les deux Canadas, suscitèrent des réactions favorables à l'union avec l'Ouest. Les milieux financiers du Haut-Canada comprirent que la mise en valeur des territoires du Nord-Ouest ouvrirait d'immenses perspectives économiques.

Le mouvement devenait presque irrésistible et les hommes politiques devraient tôt ou tard en tenir compte. George Brown, qui était au nombre des Pères de la Confédération, se fit auprès de ses collègues le plus ardent partisan de l'annexion. D'ailleurs l'Acte de l'Amérique britannique du Nord prévoyait, à l'article 146, l'entrée éventuelle de « la Terre de Rupert et le Territoire du Nord-Ouest, ou l'une ou l'autre de ces possessions dans l'union... »

En 1868, le premier ministre du Canada, Sir John A. Macdonald, décida d'entamer des pourparlers avec les autorités impériales en vue d'unir au Dominion les territoires de l'Ouest. Il n'ignorait pas les risques auxquels il s'exposait en s'engageant dans cette entreprise. L'expansion américaine avait provoqué des affrontements avec les Indiens. Il savait sans doute que le même phénomène s'était produit en Nouvelle-Zélande et en Afrique australe avec les autochtones. Le nationalisme métis, que les Blancs avaient suscité, se heurterait à l'expansionnisme canadien. Le décalage chronologique entre les deux groupes ethniques, que divisaient en plus la langue et la religion, laissait prévoir des affrontements importants aux esprits tant soit peu perspicaces. Au XIXᵉ siècle, on était moins tolérant qu'aujourd'hui, au plan religieux, ethnique ou racial.

Les pressions démographiques se faisaient sentir, notamment à la Rivière-Rouge, où la population totale s'élevait à quelque 10 000 habitants. Le Minnesota devenait un des États unis en 1858. Sa population continuait à s'accroître à un rythme effarant: le recensement de 1860 avait dénombré 172 000 habitants, celui de 1870, 440 000[15]. « Macdonald aurait été prêt à se désintéresser du Nord-Ouest, si les Américains en faisaient autant. Mais il était évident que les Américains ne le feraient pas[16]. »

En janvier 1870, la menace semble se préciser pour Macdonald. Il écrit que « les États-Unis sont résolus à faire tout ce qu'ils peuvent, sauf la guerre, pour acquérir les territoires de l'Ouest[17]. » Trop d'éléments convergent pour que le Canada puisse se soustraire à l'annexion de l'Ouest. Le mouvement était irréversible.

Le premier ministre désigne George Étienne Cartier et William McDougall pour représenter le gouvernement d'Ottawa à Londres. Le gouverneur général du Canada, Lord Monck, désapprouve le choix de Cartier. Il a la conviction que le ministre canadien-français est opposé à l'annexion de l'Ouest. Ses soupçons sont apparemment justifiés. En 1860, alors qu'il était premier ministre, Cartier aurait, dans un entretien avec le futur secrétaire des Colonies, Sir Edward Bulwer Lytton, manifesté son objection à l'annexion de l'Ouest au Canada. Il lui avait dit qu'en tant que chef de son parti dans le Bas-Canada, il ferait une opposition déterminée à toute suggestion en ce sens[18].

« Mais Macdonald convainquit Monck qu'il se trompait sur la position de Cartier[19]. » Le vice-roi s'inclina. Cartier et McDougall s'embarquèrent pour Londres où ils arrivèrent le 12 octobre pour négocier avec les autorités impériales et avec les représentants de la Compagnie de la baie d'Hudson « un des plus importants transferts de souveraineté territoriale de l'histoire[20] ». Sa superficie était supérieure de plus de sept fois à celle des quatre provinces qui constituaient le Canada[21]. Soulignons que le Québec et l'Ontario, notamment, étaient alors d'une étendue de beaucoup inférieure aux deux provinces d'aujourd'hui.

Quelle serait l'attitude des Métis face au mouvement annexionniste? Normalement ils auraient dû faire alliance avec les adeptes du parti canadien qui combattaient la Compagnie de la baie d'Hudson et se souvenir du vieil adage selon lequel les ennemis de nos ennemis sont nos amis. Les gens de l'Ontario, qui seront les premiers à vouloir sacrifier les droits des sang-mêlé, faisaient miroiter à leurs yeux les avantages de l'annexion. Ils faisaient valoir qu'étant les premiers occupants du sol, leurs droits de propriété seraient respectés. Ils abusaient de leur ignorance pour les rallier à leur cause.

Les Métis, qui naguère avaient fait grande confiance à ceux qui les montaient contre la compagnie britannique, firent, cette fois, preuve d'une plus grande prudence. L'explication de leur comportement nous paraît assez simple. Il n'y a aucun doute que la grande influence du clergé en soit la raison. Sur l'union avec le Canada, le clergé catholique était presque aux antipodes du clergé protestant. Ce dernier s'était prononcé dès le début pour le rattachement tandis que le clergé catholique manifestait une grande réserve sans toutefois pouvoir s'y opposer carrément, puisqu'il n'était pas en mesure d'enrayer cet irréversible mouvement.

Le clergé avait plusieurs raisons de craindre l'annexion de l'Ouest au Canada. Celle-ci risquait de réduire son influence, car, avec la venue des immigrants de l'Ontario, l'élément anglo-saxon et protestant supplanterait l'élément catholique et français, le ravalant à un rang subalterne. Mgr Taché écrivit à Sir George Étienne Cartier, au début d'octobre 1869: « J'ai toujours redouté l'entrée du Nord-Ouest dans la Confédération, car j'ai toujours cru que l'élément français catholique serait sacrifié[22]... »

Dans la colonie de l'Assiniboia, les francophones et les anglophones entretenaient d'assez bonnes relations. L'arrivée des gens de l'Ontario, dont certains nourrissaient des préjugés ethniques et religieux, ne risquait-elle pas de détruire cette harmonie? L'attitude de certains membres du parti canadien tendait à confirmer cette hypothèse. La rivalité qui opposait le Québec et l'Ontario s'étendrait à l'Ouest où elle atteindrait un plus grand degré d'âpreté, car des éléments hétérogènes s'y mêleraient.

Mgr Taché, qui a succédé à Mgr Provencher en 1854, profita de la première occasion pour se porter à la défense de la Compagnie de la baie d'Hudson. Sous le régime de cette société paternaliste, le clergé avait toute liberté d'action. Le prélat était en très bons termes avec William Mactavish, gouverneur de la compagnie et gouverneur de l'Assiniboia. Ce dernier avait épousé une Métisse catholique pratiquante, Mary Sarah McDermott. Elle était la fille d'Andrew McDermott, né en Irlande, qui, à sa mort en octobre 1881, passait pour l'homme le plus riche du Manitoba, et d'une Indienne. Les enfants Mactavish fréquentaient l'école catholique, même si le gouverneur était protestant.

Mgr Taché se prononça nettement pour le Conseil d'Assiniboia, qui n'était pas électif. Il en fournissait les raisons et elles étaient valables. « Notre population, disait-il, n'a pas d'éducation politique suffisante pour se gouverner seule, elle nourrit envers les officiers de la Compagnie et les membres du Conseil d'Assiniboia des sentiments de gratitude, de respect et d'affection, et les ressources du pays ne sauraient suffire à défrayer les dépenses d'une administration plus compliquée[23]. »

L'arrivée des immigrants de l'Ontario inquiétait Mgr Taché à cause de leur « influence démoralisatrice ». Et il savait que les premières victimes seraient les Métis. Les boissons enivrantes commençaient à circuler un peu plus librement et la Compagnie de la baie d'Hudson, qui avait fait de grands efforts pour limiter ce fléau, constituait, pour l'instant, un rempart contre ce débordement.

Quant à l'appréhension de voir les Métis dépouillés de leurs terres, elle était plus que justifiée. Les événements lui donneront raison. Bien des Blancs s'emparaient des terres des sang-mêlé, en échange de boissons enivrantes ou de sommes d'argent peu importantes, après les avoir enivrés. La colonisation de la Rivière-Rouge se faisait aux dépens des Métis. Pour contrebalancer cette poussée colonisatrice, Mgr Vital Grandin avait proposé la venue de Canadiens français du Bas-Canada.

Dès 1866, avant qu'il soit question du rattachement de l'Ouest au Canada, il écrivait : « Que je voudrais voir de bonnes familles canadiennes se fixer ici (Saint-Boniface)... (Elles) nous dédommageraient de ces paresseux qui abandonnent leurs terres aux Anglais pour aller vivre en sauvages dans la prairie[24]. »

La vie mi-nomade, mi-sédentaire des Métis était praticable sous le gouvernement de la Compagnie de la baie d'Hudson mais elle ne le serait plus avec l'avènement d'une société de type exclusivement sédentaire. N'étant pas préparés à ce bouleversement, les Métis ne pourraient s'y adapter et feraient face au cruel choix de vivre en parias ou, afin de conserver leur mode de vie, de s'installer ailleurs, jusqu'à ce que la civilisation blanche ne les y rejoigne de nouveau... En ce sens, les craintes du clergé catholique de voir l'Ouest passer sous la domination du Canada étaient fondées.

L'attitude de Mgr Taché, qui était originaire du Québec, était presque conforme à celle de ses compatriotes. Sachant que le rattachement de l'Ouest au Dominion avantagerait notamment l'Ontario, les Canadiens français étaient plutôt opposés à cette mesure.

Par contre, les half-breeds, qui subissaient également l'influence de leur clergé, étaient sympathiques à l'immigration ontarienne. Les plus instruits d'entre eux avaient pris la tête du mouvement et réclamaient l'union de l'Ouest avec le Dominion. La communauté de langue et de religion les rapprochait des Ontariens, qui ne semblaient nullement les menacer. Les Écossais, qui étaient beaucoup plus attachés à leurs terres que les Métis, ne craignaient pas la spoliation. Dans le passé, les deux groupes de sang-mêlé avaient collaboré étroitement parce qu'ils avaient des intérêts communs. Désormais ils divergeaient. D'ailleurs il n'y avait jamais eu de véritable solidarité nationale entre les Métis et les half-breeds.

Notes

1. André Siegfried, *Le Canada, puissance internationale*, Paris, 1956, p. 35.
2. P.B. Waite, *The Life and Times of Confederation (1864-1867)*, Toronto, 1967, p. 306.
3. Julius W. Pratt, *A History of United States Foreign Policy*, Englewood Cliffs, N.J., 1955, p. 327.
4. Thomas A. Bailey, *A Diplomatic History of the American People*, New York, 1946, p. 402.
5. *Ibid.*, p. 228.
6. E.E. Rich, *The History of the Hudson's Bay Company*, tome 2, Londres, 1959, p. 876.
7. Donald F. Warner, *Drang Nach Norden: The United States and the Riel Rebellion*, dans *The Mississippi Valley Historical Review*, mars 1953, p. 693.
8. *Concise Dictionary of American History*, New York, 1962, p. 615.
9. Alvin C. Gluek, Jr., *The Riel Rebellion and Canadian-American Relations*, dans *Canadian Historical Review*, septembre 1955, p. 200.
10. *Ibid.*, p. 220.
11. E.E. Rich, *op. cit.*, p. 875.
12. J.M.S. Careless, *Brown of the Globe*, tome 2, Toronto, 1963, p. 7.
13. Georges Langlois, *Histoire de la population canadienne-française*, Montréal, 1934, pp. 140-141.
14. Arthur S. Morton, *A History of the Canadian West to 1870-71*, Londres, 1939, p. 837.
15. P.B. Waite, *Macdonald, His Life and World*, Toronto, 1975, p. 78.
16. *Ibid.*, p. 78.
17. Alvin C. Gluek, Jr., *op. cit.*, p. 211.
18. J.M.S. Careless, *op. cit.*, p. 8.
19. W.L. Morton, *The Critical Years (1857-1873)*, Toronto, 1977, p. 233.
20. Morris Zaslov, *The Opening of the Canadian North (1870-1914)*, Toronto, 1971, p. 1.
21. George R. Parkin, *Sir John A. Macdonald*, Toronto, 1908, p. 156.
22. Dom Benoit, *Vie de Mgr Taché*, tome 2, Montréal, 1904, p. 17.
23. Marcel Giraud, *Le Métis Canadien*, Paris, 1945, p. 956.
24. *Ibid.*, p. 957.

V

LE GOUVERNEMENT PROVISOIRE

En 1868, la colonie de la Rivière-Rouge fut gravement touchée par la famine, provoquée par la nature capricieuse. Des nuées de sauterelles s'étaient abattues sur les champs, causant d'immenses dégâts et contraignant les bisons et les lapins à quitter la région. Les rivières devinrent moins poissonneuses. Ce fut donc un désastre.

Un témoin oculaire nous en parle : « Durant l'été de 1867, les nuées de sauterelles, qui s'abattirent sur la vallée de la Rivière-Rouge, y détruisirent la plus grande partie de la moisson, mais là ne se borna pas le dommage qu'elles causèrent. Après avoir gâté le peu qui restait de légumes, dans les jardins, et d'herbes dans les prairies, elles déposèrent dans la terre, des oeufs qui, le printemps suivant, devaient faire éclore des myriades de ces voraces insectes.

« Au printemps de 1868, les sauterelles, sorties de terre, étaient en si grande quantité qu'elles couvraient littéralement tout le sol; dans toute la vallée de la Rivière-Rouge, il ne restait plus aucun vestige de végétation ni d'aucune plante; les champs restèrent aussi nus que si le feu eut ravagé tout le pays. À la fin d'août, il n'y avait pas, dans toute la colonie, de quoi nourrir vingt personnes. Il faut avoir été témoin de ce fléau dévastateur pour s'en faire une idée [1]. »

Des invasions de sauterelles avaient déjà causé des dégâts dans le passé, mais elles n'avaient pas atteint, semble-t-il, l'ampleur de celles des années 1867-1868. Des contemporains ont raconté que des familles avaient même mangé leurs chevaux tant ils étaient tiraillés par la faim.

Cette catastrophe économique engendra un mouvement de sympathie. Des dons furent recueillis aux États-Unis, au Québec et même en Grande-Bretagne, afin de venir en aide aux victimes. « Pour le moment, ce fut la Compagnie de la Baie d'Hudson, cette Compagnie si vilipendée... qui fournit le plus généreusement et le plus promptement. À elle seule, elle donna gratuitement, sans rien exiger en retour, plus que tous les autres ensemble, puisqu'elle paya comptant la somme de six mille louis sterling, comme l'affirme Alexandre Begg, dans son ouvrage intitulé : *Red River Troubles* [2]. »

L'Ontario s'était engagé à verser un montant en espèces, mais un témoin a noté dans le registre des délibérations du conseil de l'Assiniboia : « Cet argent ne fut jamais reçu [3]. »

Cette famine amena la première prise de contact officieuse avec le Dominion depuis 1857. Pendant plusieurs années, les gouvernements qui s'étaient succédé avaient songé à construire une route dont le tracé avait été préparé en 1859 par l'ingénieur S.J. Dawson, reliant le lac des Bois à la Rivière-Rouge. Pour atténuer la gravité du malaise qui sévissait dans la colonie, le gouvernement d'Ottawa décida d'entreprendre les travaux de la route Dawson. Cette mesure avait, au moins en partie, un but humanitaire. Elle fournirait du travail aux hommes de la région, ce qui leur permettrait d'acheter des denrées alimentaires et des graines de semence.

Le ministre des Travaux publics, William McDougall, un des principaux artisans de l'annexion de l'Ouest, confia la direction des travaux à John A. Snow qui, à l'automne de 1868, arriva à la Rivière-Rouge avec un groupe d'Ontariens.

Avant de dépêcher des hommes dans la colonie, le ministre n'eut même pas le souci de solliciter l'autorisation de la Compagnie de la Baie d'Hudson qui, légalement, était encore propriétaire du sol, l'accord sur le transfert de souveraineté n'étant pas conclu. La compagnie protesta sans toutefois s'opposer à la poursuite des travaux.

Snow engagea une quarantaine d'hommes. Dans les mois qui suivirent, les travailleurs, qui recevaient mensuellement vingt dollars, firent la grève pour obtenir une hausse mensuelle de cinq dollars. L'arrêt de travail ne dura qu'un jour et demi, mais les ouvriers exigèrent d'être payés pour cette période de temps. Sur le refus de Snow d'obtempérer à leur demande, ils le traînèrent jusqu'à la Seine où Thomas Scott menaça de le jeter dans la rivière.

Snow céda, mais dans la soirée il porta plainte contre quatre de ses agresseurs. Deux furent déclarés coupables, dont Scott, et condamnés à l'amende. Louis Riel affirmera en 1874 que Scott « avait mis un pistolet sur la tête de Snow au cours de l'incident de la Seine et que celui-ci n'avait eu la vie sauve que grâce à l'intervention de quelques Métis [4]. »

Les Ontariens, qui faisaient partie du groupe de Snow, se lièrent rapidement d'amitié avec le parti canadien du docteur Schultz. Ce rapprochement était bien naturel, les deux groupes étant originaires de la même province. Il provoqua cependant un grave malaise dans la colonie. « Ils se brouillèrent avec les métis... et leur donnèrent la ferme impression qu'il était peu probable que le gouvernement canadien accorde des titres aux terres qu'ils occupaient [5]. »

Charles Mair, trésorier de Snow, se rendit lui aussi impopulaire par son manque de tact. Il écrivit des lettres, dont certaines furent publiées dans le *Globe* de Toronto, dans lesquelles il exprimait des commentaires défavorables aux sang-mêlé. Mair, qui était poète, avait atteint une certaine notoriété en Ontario et il était un ami de William McDougall. Par sa maladresse, il jeta le discrédit sur tous les Ontariens. Les Métis, qui ne prisaient guère le parti canadien, devinrent encore plus méfiants envers les éléments de ce groupe.

Le Nouveau Monde, journal de Montréal, publia le 3 février 1869, une lettre ouverte venant de la Rivière-Rouge. Elle était signée: « L.R. » Bien des historiens sont convaincus que l'auteur du texte qui répondait à celui de Charles Mair, était le jeune Louis Riel.

« Un mois à peine après son arrivée dans ce pays, écrit

L.R., M. Mair a voulu en faire le tableau et celui de ses habitants. Il y a réussi à peu près comme ce navigateur qui passant à une lieue des côtes, écrivait à son journal : *les habitants de ce pays nous ont paru assez traitables.*

« Le climat de la Rivière-Rouge, dit M. Mair, dans sa lettre, est des plus agréables. Au 19 novembre il n'y a pas trois degrés de froid... Il ne sait pas que très souvent les glaces sont prises à la Toussaint ; que nous avons des tempêtes de neige, même au milieu d'octobre ; que l'année dernière, durant le mois de janvier, le thermomètre a marqué continuellement de moins 25 à moins 40 degrés centigrades et que très souvent nous avons des froids de 40 degrés. Cette année, la Providence qui nous avait déjà bien éprouvés, a voulu nous épargner le froid, mais il ne faut pas dire pour cela que nous vivons sous la zone torride.

« Le pays, ajoute-t-il, est d'une richesse inconcevable : ceux qui veulent cultiver sont tous riches ; les Métis seuls sont dans la misère.

« Eh! bien, je suis métis moi et je dis qu'il n'y a rien de plus faux que ces paroles. Je connais presque tous les noms de ceux qui reçoivent des secours cet hiver, et je puis vous assurer qu'il y en a de toutes les couleurs. Il y a des métis qui n'implorent pas la charité, comme il y a des Anglais, des Allemands et des Écossais, qui la reçoivent chaque semaine[6]. »

Pendant l'hiver de 1868-1869, Cartier et McDougall poursuivaient à Londres, les négociations pour l'acquisition des territoires de l'Ouest. En mars, l'accord était conclu. Le transfert de souveraineté était fixé au 1er décembre suivant mais le Canada devait verser à la Compagnie de la Baie d'Hudson, par l'intermédiaire des autorités impériales, la somme de 300 000 livres sterling. Dès le mois de mai, la nouvelle se répandit à la Rivière-Rouge qu'Ottawa annexerait éventuellement l'Ouest, l'accord ayant été signé dans la capitale britannique.

Elle accrut l'incertitude dans la colonie, plus particulièrement dans la communauté métisse. Les rumeurs allaient bon train, ce qui ne fit qu'aggraver la situation. Bien des contemporains ont compris l'erreur colossale des autorités, entre autres, le gouverneur William Mactavish, l'évêque de Saint-Boniface, Mgr Taché, et l'évêque anglican de la Terre de Rupert, Robert Machray. Il eût fallu qu'une mission impériale fît connaître au gouvernement de l'Assiniboia et au peuple, les intentions du gouvernement canadien après l'acquisition de l'Ouest, afin de les rassurer et de prévenir des affrontements. Une mission impériale s'imposait d'autant plus qu'elle aurait été la seule à avoir une crédibilité suffisante auprès du peuple.

Il y a tout lieu de croire que si on avait eu recours à cette élémentaire prudence, on aurait peut-être prévenu la résistance métisse. Il ne semble pas que quiconque en autorité ait eu l'idée de proposer une telle mission.

L'initiative des Métis de s'opposer à l'annexion au Canada, avant d'être consultés, fut provoquée avant tout par la crainte de perdre leurs terres. En effet, la très grande majorité des sang-mêlé (dans une proportion de 19/20) ne possédaient aucun titre légal de propriété[7]. La Compagnie de la baie d'Hudson avait, depuis longtemps, tenté de remédier à cette situation, mais en vain.

« Toute tentative de la Compagnie pour mettre fin à la confusion qui existait dans le régime de la propriété, aux abus qu'entraînait la négligence de beaucoup de métis, était interprétée par ces derniers comme une atteinte à leur souveraineté. C'est ainsi qu'en 1835, lorsque G. Simpson (le gouverneur), à la demande même des métis, entreprit de régulariser le système des concessions de terre, il ne réussit qu'à augmenter leur ressentiment et à fortifier leur volonté d'opposition. Déjà, en 1830, la question avait irrité les colons et provoqué des troubles. Elle se posa avec plus d'acuité en 1835.

« Cette année-là, Simpson voulut interdire la pratique du « squatting », qui consistait à s'établir sur une terre vacante pour en être reconnu le propriétaire, ainsi que l'usage, trop répandu parmi les métis, de céder la terre ainsi occupée pour en prendre une autre et recommencer librement le même procédé. Toute prise de possession d'un lot de terre, tout transfert de propriété devait, pour être valable, être officiellement approuvé par la Compagnie [8]. »

Une autre préoccupation hantait les Métis. Ils craignaient qu'en passant sous la domination du Canada, ils auraient moins de droits que sous le régime de la baie d'Hudson. Ils voulaient, en somme, s'assurer qu'au sein de la Confédération, ils jouiraient des mêmes droits que les Canadiens français du Québec.

Ces aspirations étaient légitimes. Les contacts qu'ils avaient eus avec les Ontariens leur avaient laissé de mauvais souvenirs.

À la Rivière-Rouge, la perspective d'une invasion anglo-protestante de l'Ontario soulevait de vives inquiétudes. Le clergé contribuait à entretenir ces craintes. Il était évident qu'avec l'arrivée en masse d'Ontariens, les Métis seraient relégués au second plan.

Pour contrebalancer la pénétration ontarienne, il eût fallu une pénétration canadienne-française, mais « géographiquement et psychologiquement, l'expansion canadienne-française vers le Nord-Ouest ne pouvait se comparer à celle du Haut-Canada. Il n'y avait pas non plus au sein du clergé ou des intellectuels du Canada français un groupe nationaliste expansionniste comparable à celui qui s'était formé à Ottawa et à la Rivière-Rouge, le groupe de nationalistes haut-canadiens connu sous le nom de Canada d'abord [9]. »

En juillet 1869, l'agitation commence à s'organiser. Un Métis, William Dease, membre du conseil de l'Assiniboia, convoque ses compatriotes à une assemblée à Fort Garry. Les Métis réclament alors le partage, entre les Indiens et les sang-mêlé du Nord-Ouest, des 300 000 livres sterling que le Canada doit verser à la Compagnie de la baie d'Hudson. Pour justifier leur revendication, ils s'affirment les propriétaires légitimes du sol. Dease aurait déclaré que si on ne faisait pas droit à la demande, le peuple n'aurait d'autre choix que de se faire justice lui-même et de prendre possession des biens de la Compagnie de la baie d'Hudson.

John Bruce, un autre Métis, aurait désapprouvé l'attitude de Dease et aurait reçu bien des appuis. Cette assemblée s'est révélée un échec. Selon une version, elle aurait été inspirée par John C. Schultz, leader du parti canadien. Cette interprétation est plausible : Dease, même s'il était Métis, était soupçonné par ses compatriotes d'être à la solde du docteur Schultz. En faisant miroiter aux yeux des Métis la perspective de recueillir une partie de la somme versée par le Canada à la compagnie, il les dissuadait du même coup de s'opposer à l'annexion de l'Ouest au Dominion, car sans annexion, il n'y avait aucun espoir d'obtenir de l'argent.

S'il y a eu piège, la plupart des Métis n'y sont pas tombés, car l'agitation a continué afin d'obtenir des garanties avant que l'Ouest ne s'unisse au Canada. En juin, l'évêque de Saint-Boniface avait quitté la Rivière-Rouge pour Rome, afin d'assister au Concile convoqué par Pie IX. Avant son départ, toutefois, il fit savoir au gouverneur Mactavish qu'il ferait halte à Ottawa pour informer les autorités de la situation.

Selon Mgr Taché, le gouverneur lui dit : « Monseigneur, je souhaite votre succès, mais je crains fort que vous perdiez votre temps et votre peine. J'arrive justement d'Ottawa, et quoique j'aie résidé quarante ans dans le pays et que j'en aie été quinze ans le gouverneur, je n'ai pu faire accepter aucun de mes avis par le gouvernement canadien. »

Il ajouta : « Ces messieurs pensent connaître le pays bien mieux que nous. Cependant, que vous réussissiez ou non, vous aurez travaillé consciencieusement, et vous aurez la satisfaction de savoir que vous avez fait votre devoir [10]. »

Dans la capitale canadienne, le prélat rencontra Sir George Étienne Cartier et le mit au courant de ses appréhensions. L'homme politique lui dit « qu'il était à ce sujet beaucoup mieux renseigné que je pouvais l'être et qu'il n'avait pas besoin d'autres informations [11]. » Peu après Mgr Taché s'embarqua à destination de la Ville éternelle.

Peu après le départ du prélat, de nouveaux arpenteurs arrivèrent à la Rivière-Rouge. Le ministre William McDougall avait confié la direction des travaux au colonel John S. Dennis. Les instructions données aux arpenteurs risquaient d'irriter les Métis qui se méfiaient déjà de tous les hommes qui venaient du Canada, en particulier de l'Ontario. Bien que les dirigeants de la Compagnie de la baie d'Hudson, à Londres, aient autorisé les travaux, le gouverneur de la colonie, William Mactavish, considérait cette « décision peu judicieuse [12] ». Il déplorait aussi qu'on se soit lancé dans cette entreprise avant qu'ait eu lieu le transfert de souveraineté.

Le gouvernement commit une erreur encore bien plus grave. « Les équipes de Dennis devaient tirer les lignes de méridien et poser les bases des futurs arpentages sur le principe américain de superficies carrées de 640 acres, avec espace réservé pour les routes autour des quatre côtés. La Compagnie de la Baie d'Hudson avait divisé ses terres d'après le système en usage au Bas-Canada, en traçant de longues bandes étroites, en bordure d'un fleuve ou d'une rivière. Les arpenteurs canadiens taillaient partout des carrés uniformes, sans prendre soin d'expliquer qu'on n'avait pas l'intention de déranger ceux déjà en possession de maisons et de fermes.

« Aussi les Métis français étaient-ils justifiés de croire qu'ils allaient être dépossédés au profit des nouveaux arrivants[13]. » Le 21 et le 28 août, le directeur des travaux fit connaître au gouvernement d'Ottawa « qu'il y avait beaucoup d'irritation parmi la population native de la colonie à cause des arpentages[14] »... Mais le colonel Dennis reçut instruction du Conseil privé de continuer « à arpenter d'après le plan adopté[15]. »

Le 29 août, le directeur du collège de Saint-Boniface, l'abbé Georges Dugas, écrit à Mgr Taché pour le mettre au courant de la situation à la Rivière-Rouge. Si on en juge par le ton de sa missive, la température montait dans la colonie. « Je vous ai déjà annoncé l'arrivée de cet arpenteur qui se dit envoyé par le gouvernement pour mesurer les terres... Son plan a mis le pays en feu. Lundi dernier, il a annoncé qu'il allait commencer ses opérations à la Pointe de Chêne au lieu de commencer au Fort Garry comme il l'avait dit tout d'abord. Aussitôt que la nouvelle a été connue les gens de la Pointe de Chêne (sont) tous venus l'avertir de ne pas mettre le pied de ce côté-là s'il tenait à garder sa tête sur ses épaules.

« Tout cela devient très sérieux. Un rien peut aujourd'hui faire éclater des troubles, qui auront les plus funestes conséquences. Le gouvernement Canadien en laissant agir ainsi le Haut-Canada se ferme toute voie aux accommodements, et peut dire adieu à la Confédération d'ici à longtemps. On est tout étonné ici de voir le peu d'intérêt que semble porter le Bas-Canada à la colonie de la Rivière Rouge[16]. »

Au cours du mois de septembre, le bruit court à la Rivière-Rouge que William McDougall serait nommé lieutenant-gouverneur des territoires du Nord-Ouest. À la fin du mois, le choix était fait. McDougall n'entrerait en fonction, toutefois, qu'au 1er décembre, date fixée pour le transfert de souveraineté. La nouvelle fut mal accueillie dans la colonie où les Métis étaient mal disposés envers l'ancien ministre des Travaux publics, responsable des arpentages dans la région.

La plupart des historiens anglophones ont exprimé l'opinion que dans les circonstances ce fut un choix malheureux. L'un d'eux a écrit, sans doute avec raison, que ce fut « le dernier homme qu'on aurait dû envoyer pour diriger le pays [17]. »

Dans une région où régnait une situation explosive, il fallait un diplomate, un homme de tact, deux qualités que McDougall, hélas, ne possédait pas. On lui reconnaissait volontiers certaines qualités, dont la compétence et sa connaissance des problèmes de l'Ouest (n'avait-il pas, avec Cartier, négocié l'entrée de l'Ouest dans la Confédération?), mais cet homme de haute stature, parfois arrogant, sec et ombrageux, ne conviendrait pas comme premier lieutenant-gouverneur.

Les qualités de McDougall expliquent sans doute le choix de John A. Macdonald, mais d'autres raisons éclairent également la décision du premier ministre. McDougall ne s'entendait pas très bien avec ses collègues et ses relations avec le premier ministre étaient parfois tendues, ce qui compliquait la vie du cabinet. Le chef du gouvernement avait là une belle occasion de se défaire d'un compagnon gênant. Ce qu'il fit d'ailleurs.

La démission de McDougall fut un soulagement au sein du gouvernement et elle permit à Macdonald de procéder à un remaniement ministériel qui s'imposait depuis quelque temps. Le premier ministre du Canada était libéré de certains problèmes mais certains autres surviendraient à la suite de cette nomination qui accentuera la résistance métisse.

Mgr Taché avait déjà suggéré au gouvernement de nommer à cette fonction le gouverneur Mactavish. Le biographe du prélat a noté que « si le Gouverneur de la colonie d'Assiniboia, respecté et aimé de tous pendant sa longue administration, avait été pris pour le Gouverneur de la nouvelle province, la colonie de la Rivière-Rouge serait devenue province de la Puissance sans trouble ni secousse [18]. »

Cette hypothèse est intéressante et grandement plausible. Le gouverneur aurait eu l'appui du clergé qui joua un rôle considérable dans la communauté métisse et Mactavish entretenait des relations cordiales avec Mgr Taché. On peut toutefois se demander si le gouverneur, qui mourut le 23 juillet 1870, aurait eu le temps de résoudre tous les problèmes avant son décès?

Quoi qu'il en soit, le 28 septembre 1869, ignorant qu'il ne

se rendrait jamais à destination, McDougall quittait Ottawa pour la Rivière-Rouge. Il était accompagné de sa femme, fille de Charles Tupper, un des Pères de la Confédération et futur premier ministre du Canada, du capitaine D.R. Cameron et d'un seul Canadien français, Norbert Provencher, ancien rédacteur en chef au journal conservateur *La Minerve*, de Montréal. À la Rivière-Rouge, personne ne connaissait Provencher. Il n'avait qu'un titre de notoriété : il était le neveu du premier évêque de Saint-Boniface.

L'équipage du lieutenant-gouverneur désigné comportait une soixantaine de charrettes qui contenaient ses bagages ainsi que trois cents fusils. À la colonie de la Rivière-Rouge, la nouvelle de la présence de ces armes n'aida en rien à calmer les appréhensions des Métis.

Ceux-ci vivaient dans l'inquiétude et le gouvernement d'Ottawa en portait une part de responsabilité, laissant courir la rumeur selon laquelle le Nord-Ouest deviendrait une chasse gardée de l'Ontario et non du Dominion. Par son erreur, il poussait les sang-mêlé à s'ancrer davantage dans la voie de la résistance.

Un ministre du cabinet Macdonald eut assez de sens politique pour dissiper cette impression. Il s'agissait de Joseph Howe qui était à la veille d'accéder à l'importante fonction de secrétaire d'État aux affaires provinciales et dont le Nord-Ouest ferait partie de ses attributions. Howe, qui s'était opposé à l'entrée de la Nouvelle-Écosse dans la Confédération, s'était rallié après la formation du Dominion. Sollicité par Macdonald, il avait accepté d'entrer au gouvernement.

Au début d'octobre, il effectue une visite officieuse à la Rivière-Rouge afin de se rendre compte sur place de la situation. C'était un esprit ouvert qui voulait que l'union de l'Ouest avec le Canada se fît sans incident. Dans la colonie, il refusa l'hospitalité du docteur Schultz. Il refusa également de prendre la parole à une réunion organisée par le parti canadien, sachant sans doute que ce groupe était impopulaire non seulement auprès des Métis, mais aussi auprès de bien des half-breeds.

Il s'entretint avec le père Jean-Marie Lestanc, O.M.I., administrateur du diocèse de Saint-Boniface en l'absence de Mgr Taché, et le pria de conseiller la modération aux Métis. Par l'intermédiaire du religieux, il tenta de prendre contact avec Louis Riel, mais celui-ci, pour des raisons qu'on ignore, refusa de le rencontrer[19]. Dans des conversations avec des Métis, Howe leur donna l'assurance qu'ils jouiraient rapidement de droits politiques dès que l'union avec le Canada serait effectuée.

Plus tard, McDougall accusera Howe d'avoir été l'instigateur, sinon le principal instigateur des troubles de la Rivière-Rouge. C'est un jugement excessif inspiré bien plus par la déception que par l'objectivité. Il semble que dans des conversations, Howe aurait conseillé aux Métis d'imiter les Néo-Écossais qui, l'année précédente, avaient obtenu du Dominion, à la suite de négociations, de « meilleures conditions » pour rester dans la Confédération. Ces suggestions ne constituaient certes pas un appel à la rébellion. Bien au contraire, elles montraient que Joseph Howe possédait le sens de la justice et désirait que les Métis fussent traités avec autant de générosité que ses compatriotes de la Nouvelle-Écosse.

Howe laissa la colonie pour regagner Ottawa le 16 octobre. Il rencontra McDougall dans les plaines du Minnesota mais en raison d'une pluie torrentielle, l'entretien entre les deux hommes ne fut que de courte durée. De Saint-Paul, il écrivit une lettre à McDougall pour lui donner ses impressions de son séjour dans la colonie. Son appréciation était très juste. Il prévint le lieutenant-gouverneur désigné de la possibilité d'affrontements et du risque de s'identifier avec le docteur Schultz et du groupe connu sous le nom de parti canadien. On ne sait, toutefois, si cette lettre a atteint son destinataire.

À la Rivière-Rouge, un jeune homme commençait à s'imposer. C'était le fils de celui qui, vingt ans auparavant, avait lutté pour la liberté du commerce dans le Nord-Ouest. Le jeune Louis Riel n'avait que vingt-cinq ans, mais il était un des Métis les plus instruits de la colonie. Les Métis n'avaient donné à la colonie aucun médecin, avocat ou prêtre, les trois jeunes gens que Mgr Taché avait envoyés étudier au Québec, Louis Riel, Louis Schmidt et Daniel McDougall, n'ayant pas embrassé de profession.

Il n'est donc pas surprenant que Louis, doté d'un certain bagage intellectuel et auréolé du prestige de son père, ait fait bonne impression sur les Métis. Sa piété fut également un autre atout auprès de son peuple qui était profondément religieux. Comme de plus il était éloquent et doué de charisme, les Métis ne tardèrent pas à voir en lui le vrai leader qui les guiderait dans ces moments difficiles où leur avenir se jouerait.

Un contemporain, Louis Schmidt, nous a laissé de Riel cette description : « Riel était né orateur. Son caractère le pré-disposait à cela. D'une nature enthousiaste et un peu exaltée, ses discours faisaient une grande impression sur les foules. Et puis, la cause qu'il avait à défendre — cause noble et juste comme il en fut rarement — était déjà par elle-même un sti-mulant naturel à l'enthousiasme. Aussi il n'est pas étonnant de voir l'effet qu'il faisait sur ces natures simples et honnêtes com-me l'étaient les Métis, lorsqu'il leur démontrait leurs droits les plus sacrés foulés aux pieds par l'envahissement de leur pays par le Canada [20]. »

Son meilleur biographe anglophone a écrit pour sa part : « Riel avait un caractère très complexe. C'était un personnage déroutant : il était fier, facilement irritable, un peu pharisaïque, sans humour, et boudeur[21]. »

Louis Riel et John Bruce, qui était très peu instruit, com-mencèrent à organiser la résistance. Ils se réunissaient de temps à autre avec d'autres Métis au presbytère de l'église Saint-Nor-bert, qui deviendra le quartier général des Métis. Le curé, l'abbé Noël-Joseph Ritchot, était le conseiller de Riel. Il fut très probablement le prêtre le plus engagé dans le mouvement. C'était un homme qui n'aimait pas se mettre de l'avant. Il pré-férait travailler dans l'ombre. Il fut en d'autres termes l'éminen-ce grise de Riel.

L'abbé Ritchot était né à l'Assomption au Québec, le 25 décembre 1825. Il fréquenta l'école élémentaire et se livra à l'agriculture sur la ferme paternelle. Ce n'est qu'à l'âge de vingt ans qu'il commençait ses études au collège de l'Assomption. Il fallait sans doute un certain courage pour entreprendre des étu-des à un moment où habituellement on les termine. Il a dû s'asseoir à côté de garçons qui avaient la moitié de son âge. Malgré cette humiliation, il persista et à l'âge de trente ans, il était ordonné prêtre.

Il fit du ministère en qualité de vicaire à Berthierville,

mais en 1861 l'évêque de Montréal, Mgr Ignace Bourget, le chargea de fonder, dans les Laurentides, une paroisse qui deviendra Sainte-Agathe-des-Monts. L'année suivante, l'abbé Ritchot arriva à la Rivière-Rouge où Mgr Taché le nomma aussitôt curé de la paroisse Saint-Norbert, cure qu'il occupera jusqu'à sa mort en 1905.

Son biographe le décrit avec une grande précision: « Figure patriarcale, l'oeil perçant qui s'attachait à son interlocuteur comme pour y surprendre le fond de sa pensée, front large respirant l'austérité, lèvres épaisses que voilait à demi une longue barbe de Capucin, buste fort, torse vigoureux, tel était au physique M. Ritchot.

« Il était doué d'un grand sens pratique. Son esprit de discernement étonnait ceux qui venaient le consulter sur des problèmes ardus ou des questions hérissées de difficultés.

« Il avait la parole lente et nette des hommes réfléchis et résolus. Son jugement n'était jamais en défaut. Il avait le talent d'induire ses visiteurs à causer longuement et à épuiser le sujet qui les amenait à lui, avant d'exprimer son opinion. Puis pressé de questions, il consentait enfin à rompre le silence. Il s'attachait à une phrase — phrase lapidaire qui formulait sa pensée. Cette pensée devenue sa chair, il la triturait en tous sens, étudiant ses à-côtés, attaquant corps à corps les objections soulevées et parfois flânant autour du sujet. À un moment donné il semblait s'engager à fond dans des considérations qui trahissaient en apparence sa pensée, mais soudain il revenait sur ses pas. Le sphynx n'avait pas encore dit son dernier mot. Et voilà qu'à la grande surprise de ses interlocuteurs, il se jetait avec le même entrain dans la thèse contraire.

« Mais en fin, de guerre lasse, lui disait-on, quelle est votre opinion? Que suggérez-vous de faire? — Je ne sais rien, moi, pauvre curé de campagne, répliquait-il. Ce n'est pas en chassant le buffalo que j'ai étudié ces questions-là. Tout de même il me semble...

« Dans quelques paroles courtes et limpides, il jetait sur le sujet un flot de lumière qui dissipait tous les nuages. La solution était tellement sûre et évidente qu'on se demandait comment on n'y avait pas pensé avant lui. C'était un intellectuel aux idées originales, pleines de saillies et d'à-propos, dont la conversation était un charme, un ascète qui nourrissait son esprit dans l'étude presque quotidienne des Saints Pères. La Cité de Dieu de saint Augustin était son livre de chevet [22]. »

À l'automne de 1869, les opérations d'arpentage se poursuivaient à la Rivière-Rouge. Les Métis trouvaient que les Canadiens allaient un peu loin. Le 11 octobre, des arpenteurs se mirent en devoir de délimiter le terrain sur la ferme d'un Canadien français de Saint-Vital, André Nault, qui était considéré par les sang-mêlé comme un des leurs. Les Métis, sous la direction de Louis Riel, signifièrent aux arpenteurs l'ordre de se retirer.

Les Canadiens firent la sourde oreille. Ils continuèrent à mesurer le terrain et à enfoncer des piquets. « Exaspérés, les Métis entreprirent de mettre fin à ce manège. Au signal de Riel, un d'entre eux, Jean-Baptiste Ritchot, connu familièrement sous le nom de Janvier Ritchot, un de ces colosses dont la race métisse compte de nombreux types, mit son pied sur la chaîne, marquant par là que cette manoeuvre avait assez duré. Ses compagnons aussitôt l'imitèrent et bientôt tout travail fut interrompu...

« Les arpenteurs eurent beau représenter qu'ils obéissaient à des ordres supérieurs, cette fois les Métis et leur jeune chef ne voulurent rien écouter: force fut aux intrus de ramasser leurs chaînes, outils et autres articles, et de déguerpir [23]. »

Les Métis n'avaient pas agi seulement sous l'impulsion du moment. Leur action avait été réfléchie et ils n'attendaient qu'une occasion pour faire savoir aux Canadiens qu'ils ne toléreraient plus cette violation manifeste de ce qu'ils considéraient comme leurs droits. Riel avait conservé son sang-froid et comme à son habitude, il s'était montré très poli envers les arpenteurs. C'était la première phase de la résistance métisse.

Le colonel Dennis, à qui on avait confié la charge des travaux, alla porter plainte au gouverneur William Mactavish qui convoqua Louis Riel à son bureau. Le jeune leader répondit à l'invitation.

— Je suppose que vous savez pourquoi je vous ai fait venir.

— Pourquoi m'avez-vous fait venir?

— Le colonel Dennis, le chef des arpenteurs du Canada,

est venu voir mon gérant ce matin. Il a déposé une plainte à votre sujet... question d'obstruction au travail de ses hommes. Est-ce vrai?

— Les hommes du colonel Dennis étaient sur la terre de mon cousin. Je leur ai dit de s'en aller. Puisque vous ne protégez pas vos gens contre ces abus, mes amis et moi nous avons décidé que nous avons le droit de nous protéger nous-mêmes.

— Vos amis et vous? Je suppose que l'abbé Ritchot est un de ceux-là. À propos de lui, j'entends dire qu'il y a beaucoup d'activité au presbytère de Saint-Norbert de ce temps-ci.

— L'abbé Ritchot est un bon curé, monsieur, répondit Riel sèchement. Contrairement à d'autres, il s'occupe de ses gens. Mais ce n'est pas lui qui m'a dit d'arrêter les arpenteurs, si c'est ce que vous pensez.

— Monsieur Riel, tout ce que je désire, c'est de ne pas vous voir marcher sur les traces de votre père. Vous devez le savoir, il a causé beaucoup de difficultés à la compagnie dans son temps.

— Mon père et ses amis ont brisé le monopole de la Compagnie. Ils ont donné à mes compatriotes le droit de faire affaires avec qui ils voulaient. Tout le monde ici en a profité. Mais je ne suis pas venu discuter ce que vous appelez les erreurs de mon père.

— Vous avez bien raison. Le passé est le passé, n'est-ce pas? Le fait est, et vous le savez comme moi, que les directeurs de la Compagnie ont jugé bon de céder... tous ses droits et titres dans le Nord-Ouest... Le colonel Dennis et son équipe sont simplement à faire un arpentage, en prévision du transfert. Je vous serais bien obligé si vous évitiez des troubles inutiles.

— ... Je ne cause pas de troubles inutiles, je vous assure. Parce que je tiens à ce que les droits de mes compatriotes soient sauvegardés... Voyez ce qui est arrivé aux métis, aux Indiens, aux États-Unis! Pouvez-vous garantir que la même chose ne nous arrivera pas quand les gens du Canada seront installés ici?

— Je ne peux rien garantir. Les temps changent, monsieur Riel. Je ne saurais pas vous dire pendant combien de temps je serai gouverneur. Tout s'arrange à Londres, et Londres n'informe même plus ses serviteurs fidèles. Ces gens du Canada, ce n'est pas moi qui les ai autorisés à venir ici avec leurs arpenteurs, pas plus que je ne les ai empêchés. L'affaire me dépasse complètement [24].

Aucune action en justice ne sera intentée contre le jeune leader. Pour Riel, le gouvernement d'Ottawa n'avait pas le droit de procéder à des opérations d'arpentage sans l'autorisation explicite de la population de la colonie. Jusqu'à la création de la province du Manitoba, il ne déviera pas d'un iota de cette position.

Le 16 octobre, les dirigeants métis se réunirent au presbytère de Saint-Norbert où ils fondèrent le Comité national des Métis de la Rivière-Rouge. Ils élirent comme président John Bruce et comme secrétaire Louis Riel. Il est évident que Bruce n'était qu'un personnage purement décoratif et que la réalité du pouvoir se trouvait entre les mains de Riel. Le but du Comité était d'unir tous les sang-mêlé de l'Assiniboia, francophones et anglophones, afin de faire savoir au Canada qu'il ne s'agissait pas d'une poignée de mécontents, mais de tous les habitants de la colonie. Ainsi les revendications du Comité auraient plus de chances d'être entendues.

La résistance était vraiment engagée. Pour l'abbé Ritchot, « si le gouvernement du Canada n'accordait pas certaines garanties précises, ses ouailles seraient submergées par une vague d'immigration protestante et anglo-protestante venue de l'Est. Il se ralliait donc à tout ce qu'avait fait Riel jusqu'alors[25]. »

Quant aux autres membres du clergé, qu'elle était leur attitude face à la résistance, même armée? Il est incontestable qu'ils approuvaient Riel.

Le clergé n'usa jamais de son influence en chaire ou dans des conversations privées afin de dissuader les Métis de recourir à la résistance, même armée. Quand les sang-mêlé s'opposeront à l'entrée dans la colonie du lieutenant-gouverneur désigné, William McDougall, le père Jean-Marie Lestang, administrateur du diocèse, prié d'intervenir, refusa de prendre position. Il affirma que le clergé n'avait pas à s'ingérer dans un domaine extérieur à ses attributions spirituelles.

Le père Lestang ne désavouera jamais l'abbé Ritchot et son association étroite avec les Métis armés. Il croyait, comme les autres prêtres et religieux, que la résistance était justifiée. Le 23 octobre, il écrira à son évêque, Mgr Taché : « Pour aller arrêter le peuple, il faudrait savoir que son opposition au Canada est coupable devant Dieu ou désavantageuse au pays [26]. »

Le premier ministre du Canada, John A. Macdonald, était convaincu que le clergé de la Rivière-Rouge ne partageait pas les vues de son gouvernement. Il en fit part à un confident : « Malheureusement la majorité des prêtres... sont de la Vieille France et ne nous sont pas sympathiques [27]. » Cependant, les membres du clergé ne firent jamais de déclarations publiques pour préconiser la résistance. Les plus engagés se bornèrent à agir dans l'ombre.

Un historien anglophone estime qu'« une telle association du clergé et des Métis n'a rien de surprenant : un peuple entouré ou menacé par une culture étrangère trouve souvent dans son Église le principal soutien de ses traditions et de ses aspirations. Homme de grande capacité, Mgr Taché avait déjà fait savoir, dans des textes imprimés, ses opinions sur les Métis pour qui il avait de la sympathie ; selon lui, ceux-ci faisaient partie intégrante de la colonie et se trouvaient maintenant en danger [28]. »

Entre-temps, la situation évoluait dans la colonie. Le 20 octobre, le Comité apprenait que se trouvaient plusieurs caisses d'armes dans les bagages de William McDougall. Le lendemain, Riel et ses conseillers rendaient visite aux abbés Ritchot et Dugas, à Saint-Norbert. À l'issue de l'entretien, il fut décidé de faire parvenir un message au lieutenant-gouverneur désigné, qui était sur le point d'arriver à Pembina, en territoire américain, non loin de la frontière.

La note se lisait comme suit :

Monsieur,
Le Comité national des Métis de la Rivière-Rouge intime à Monsieur W. McDougall l'ordre de ne pas entrer sur le Territoire du Nord-Ouest sans une permission spéciale de ce comité.
Par ordre du président John Bruce

Louis Riel, secrétaire.

Daté à Saint-Norbert, Rivière-Rouge, ce 21e jour d'octobre 1869.

Les Métis dressent une barrière au nord de la rivière Sale, plus précisément sur la route que devaient emprunter les gens qui se rendaient de Pembina à la Rivière-Rouge. Bien armés, ils sont résolus à faire respecter la volonté du Comité, convaincus que leurs droits les plus sacrés sont en jeu.

« Les Métis, parmi lesquels les géants ne sont pas rares, sont de grands enfants spontanés et sympathiques, aux traits osseux, chevelus et barbus, larges d'épaules et minces de taille, prompts au rire et aux jeux de main. Il ne fait pas bon les fâcher, surtout après boire. Entraînés à la chasse au bison, ils sont virtuoses de l'équitation et tireurs d'élite.

« Inconstants comme de grands enfants, ils restent cependant intraitables sur le chapitre de leurs droits, et s'ils décident de maintenir ces droits menacés, rien ne les en fera dévier [29]. »

La décision de Riel d'interdire l'entrée de la colonie à McDougall suscita une violente secousse dans la colonie de l'Assiniboia. Les éléments les plus modérés prirent peur. Ils ne se proposaient pas de prendre les armes, redoutant les conséquences d'un tel geste. À leurs yeux, l'attitude du jeune leader, qui n'avait que vingt-cinq ans, était pratiquement assimilée à un acte de rébellion. Le dimanche suivant, à Saint-Norbert, la messe terminée, les conservateurs et les radicaux s'affrontent, obligeant ainsi l'abbé Ritchot à intervenir dans une querelle politique.

Tous les Métis étaient d'accord pour protester contre l'attitude du gouvernement canadien, mais ils différaient d'opinion quant aux moyens à prendre pour faire connaître leur désapprobation. Pour apaiser les conservateurs, Ritchot leur suggéra de rester neutres et les engagea fortement à ne pas s'opposer au Comité et à Riel. Quant à lui, il se déclara sympathique aux conservateurs et à la neutralité. Dans toute la crise, la plupart des conservateurs s'abstinrent de prendre position et assistèrent, en spectateurs, au succès de Riel.

Le conseil de l'Assiniboia, qui avait eu vent de l'initiative de Riel, le convoqua pour le 25 octobre. Comme le conseil n'avait à sa disposition qu'une force de police squelettique pour faire respecter son autorité, il ne pouvait qu'avoir recours à la persuasion pour convaincre le jeune leader de ne pas s'opposer à l'entrée de William McDougall dans la colonie.

Le conseil était encore le gouvernement légal de la Rivière-Rouge. Le gouverneur Mactavish, déjà gravement atteint par la maladie, n'assistait pas à la réunion. Les Métis membres du conseil étaient absents, à l'exception de William Dease, qui n'avait aucune influence auprès de ses compatriotes. On le soupçonnait d'être de mèche avec le parti canadien du docteur Schultz.

Aux demandes d'explications qui lui furent faites, Louis Riel donna des réponses dignes et sans équivoque :

> « 1- Que ses compatriotes se trouvaient très bien du gouvernement actuel et qu'ils n'en désiraient pas d'autres ;
> « 2- Qu'ils n'admettaient pas que le Canada vînt leur imposer un nouveau gouvernement sans les consulter ;
> « 3- Qu'ils étaient décidés à ne pas laisser entrer le gouverneur qu'on leur envoyait, quel que fût le pouvoir, en dehors de la Compagnie de la Baie d'Hudson ou de la Couronne, qui l'eût nommé, à moins qu'auparavant, on ne leur envoyât des délégués pour discuter les termes et les conditions de son admission ;
> « 4- Que même si les Métis n'avaient qu'une instruction rudimentaire et n'étaient que des «demi-civilisés», ils se rendaient très bien compte que bientôt on les bannirait du pays qu'ils proclamaient leur appartenir en propre ;...
> « 8- Qu'ils ne voulaient pas de lui (McDougall) et qu'ils étaient décidés à tout faire pour empêcher son entrée dans le pays[30]. »

Les membres du conseil tentèrent de convaincre Riel qu'il s'engageait dans une voie dangereuse qui risquait d'avoir des «conséquences désastreuses» pour les sang-mêlé. Ce raisonnement n'eut aucune prise sur le chef métis qui resta inflexible.

Le 30 octobre, McDougall et son groupe arrivent au village-frontière de Pembina. Ils n'étaient qu'à cent douze kilomètres de Fort Garry. Ils traversèrent ensuite la frontière pour passer la nuit dans un poste de la Compagnie de la baie d'Hudson, à trois kilomètres des États-Unis. Le Métis Janvier Ritchot (qui n'a aucun lien de parenté avec l'abbé Ritchot), remit à McDougall la note du Comité national, signée par John Bruce, président, et Louis Riel, secrétaire, lui interdisant d'entrer dans le Territoire du Nord-Ouest «sans une permission spéciale de ce Comité».

Après avoir lu le document, le lieutenant-gouverneur désigné explosa de colère et injuria Janvier Ritchot. Il semble évident que McDougall ne s'attendait pas à un tel accueil. Il avait toutefois eu la prudence de laisser sa femme et quelques membres de son groupe de l'autre côté de la frontière, aux États-Unis.

Le lendemain Ambroise Lépine et des Métis armés s'amènent au poste de la baie d'Hudson. Ils autorisent McDougall à y passer la nuit, mais au matin, ils exigent, sous la menace des armes, qu'il retraverse la frontière. C'était une seconde humiliation pour le lieutenant-gouverneur qui avait tenté vainement d'impressionner les Métis en leur montrant le document de sa délégation de pouvoir.

McDougall avait chargé le capitaine Cameron et Norbert Provencher, son secrétaire, de se rendre à Fort Garry. Les deux hommes furent arrêtés à la barrière de Saint-Norbert. Cameron essaya d'en imposer aux Métis en leur criant sur un ton autoritaire d'abaisser la barrière. Il est très probable que les sang-mêlé, dont la plupart ne parlaient que le français, n'aient, de toute façon, rien compris aux exhortations du capitaine. Ils prirent les chevaux par la bride et reconduisirent, sous bonne garde, les deux émissaires à la frontière.

Quant à McDougall, il s'établit à Pembina, en attendant le 1er décembre, date qui avait été fixée pour le transfert de souveraineté du Nord-Ouest au Canada. Pour Riel, ce fut une réussite qui accrut son prestige auprès des siens.

Après ce succès, Riel décide de frapper un autre coup d'éclat. Le 2 novembre, avec ses partisans, il s'empare de Fort Garry qui «était le centre géographique et stratégique de la colonie de la Rivière-Rouge. Le groupe qui contrôlait Fort Garry contrôlait la colonie[31].» L'opération se fit sans effusion de sang. La Compagnie de la baie d'Hudson n'avait pas assez d'hommes pour empêcher les Métis de prendre possession du fort.

Le gouverneur Mactavish et son adjoint, William Cowan, auraient pu, pour les déloger, faire appel à certains éléments de la colonie, hostiles aux Métis, mais ils n'osèrent prendre ce risque par crainte de déclencher une guerre civile. Ils firent donc contre mauvaise fortune bon coeur.

Riel n'avait pris sa décision qu'au dernier moment. Ainsi, quand ses hommes entrèrent dans le fort, la nouvelle ne s'était pas encore répandue dans le colonie. Combien étaient-ils? Selon certains, ils étaient deux cents; selon d'autres, quatre cents.

Lorsque Cowan protesta contre l'initiative du leader métis, ce dernier lui répondit qu'il était venu pour «protéger le fort».

« Contre qui? demanda Cowan. Contre un danger, répliqua Riel, dont j'ai des raisons de croire qu'il est réel, mais que je ne peux expliquer pour le moment.» Il n'y a aucun doute qu'il s'est emparé de Fort Garry avant que le parti canadien ne l'occupe. Aucune preuve cependant n'a confirmé que les Canadiens avaient un plan analogue à celui de Riel.

Il est très possible que si Riel ne l'avait pas d'abord fait, les Canadiens, en raison de son importance stratégique, auraient éventuellement occupé Fort Garry. D'autre part, la logique de la résistance contraignait Riel à occuper le fort. Ce dernier était bien pourvu en pemmican et pouvait nourrir les Métis pendant tout l'hiver[32]. Comment le chef Métis aurait-il assuré la subsistance de quelque quatre cents hommes en armes, sans Fort Garry?

La capture de Fort Garry constituait une action illégale d'une nature encore plus grave que celle de l'établissement d'une barrière sur la route de Saint-Norbert. La première était un attentat à l'ordre public, mais la seconde était un défi lancé à l'autorité. Il faut reconnaître, toutefois, que Riel ne fit aucun geste pour renverser le conseil de l'Assiniboia, qui était le gouvernement de la colonie.

Maintenant qu'il est fermement établi à Fort Garry, Riel songe à unifier tous les éléments de l'Assiniboia. Une première tentative avait échoué, au début d'octobre précédent mais il croit que désormais la chose soit possible. S'il réussit dans sa tentative, il sera dans une position plus forte pour négocier les conditions du transfert de souveraineté, que ce soit avec William McDougall ou avec le gouvernement canadien.

Le 6 novembre, il émet une proclamation invitant la population anglophone à se choisir douze délégués, soit un représentant pour chacune des paroisses et deux pour le village de Winnipeg. Ces douze délégués et un nombre égal de francophones se rencontreront, à Fort Garry, le 16 novembre, pour étudier leurs problèmes et pour adopter des mesures dans l'intérêt des deux groupes linguistiques.

À priori la réaction fut peu sympathique. Les half-breeds et les colons de l'ancienne colonie de Lord Selkirk estimèrent que les Métis s'étaient engagés un peu loin et jugèrent injustifiée la capture de Fort Garry. Les half-breeds n'avaient jamais manifesté l'intention de s'opposer par la force à l'action des Métis, pas plus qu'à faire cause commune avec eux. Après avoir pesé le pour et le contre, les anglophones décidèrent d'envoyer des délégués à la convention convoquée par Riel. Certains estimant qu'ils pourraient peut-être ramener les Métis sur le chemin de la légalité.

Le 16 novembre, les douze délégués de chaque groupe se réunissent à Fort Garry. Riel avait sans doute agi un peu vite en convoquant cette convention. Il n'était certainement pas prêt à rencontrer ses homologues de langue anglaise et aucun ordre du jour n'avait été prévu. Selon la version de Bruce et de Riel, « les représentants anglais sont salués à leur arrivée au Fort par douze salves de canon pour eux et douze pour les Français.

« Les Anglais se montrent mécontents de ces bruyantes et joyeuses démonstrations d'armes à feu. Ils protestent unanimement contre cette parade d'armes... Les français (sic) se montrent plus gais et leur expliquent qu'ils n'ont aucune intention hostile contre leurs compatriotes anglais[33]. »

Les anglophones réclament la nomination d'un autre président et d'un autre secrétaire pour cette réunion. Les francophones s'opposent à remplacer Bruce et Riel tant que les deux groupes ne se seront pas entendus sur les questions fondamentales. Deux hommes vont dominer les débats, Riel et James Ross.

Ross était un half-breed, fils d'Alexander Ross, ancien chef de poste de la Compagnie de la baie d'Hudson. Journaliste au Nor'Wester jusqu'à la fin de 1863, il s'était donc identifié avec le parti canadien. Il étudia le droit à Toronto et devint avocat. Bien que différant d'opinion avec Louis Riel, il préconisa l'union des francophones et des anglophones à la Rivière-Rouge afin d'éviter la guerre civile. En adoptant cette attitude, il était aux antipodes de celle du parti canadien. Ainsi ses anciens amis ne lui pardonneront jamais d'avoir pris cette position qu'ils considéraient comme une quasi-trahison. Représentant de la paroisse de Kildonan, il se fit l'adversaire de Riel à la première séance de la convention où, selon Bruce et Riel, le dialogue suivant s'échangea entre les deux hommes.

Ross. — Quelle raison vous a portés à prendre le Fort?

Riel. — Pour le conserver aux habitants de ce pays et que

McDougall avec ses étrangers ne viennent pas s'y établir en maître absolu.

Ross. — Les moyens que vous avez pris afin d'arriver à votre but sont inconstitutionnels... La Reine autorise Monsieur McDougall comme il lui plaît... Tout sujet loyal n'a qu'à obéir.

Riel. — Que Mr. McDougall montre son autorisation! Nous n'avons jamais refusé d'obéir à la Reine d'Angleterre.

Ross. — Monsieur Mctavish est encore le représentant de la Reine. Vous occupez le Fort malgré lui.

Riel. — J'ignore si notre occupation du Fort lui est bien désagréable.

Ross (indigné). — Monsieur Mctavish est un digne représentant de la Reine.

Riel. — Nous le croyons encore[34].

Au cours du débat, on donna lecture d'une proclamation du gouverneur, William Mactavish, ordonnant aux Métis de déposer les armes et de rentrer dans leur foyer. Elle avait été rédigée à la demande de William McDougall. La lecture de ce document ne fit que rendre les discussions plus acerbes. Le principal porte-parole des anglophones croisa de nouveau le fer avec Louis Riel.

Ross. — Je suis convaincu que nos compatriotes français obéiront maintenant que la volonté du gouverneur est connue et qu'il ordonne en qualité de gouverneur de laisser le Fort. J'espère qu'ils vont le faire, pour avantage à eux-mêmes et pour la satisfaction de leurs parents et amis les Anglais de la colonie. — Il y a silence. — Ross se relève et dit qu'il attend avec confiance l'évacuation du Fort par les Français de la colonie.

Riel. — Pas encore.

Ross. — Vous ne pouvez plus protester ignorance.

Riel. — Une Protestation emphatique n'a pas encore effacé ce qu'il y a de juste dans nos prétentions.

Ross. — Vos actes sont maintenant des actes de rébellion.

Riel. — Si nous nous rebellons contre la compagnie qui nous vend et veut nous livrer et contre le Canada qui veut nous acheter, nous ne nous rebellons pas contre le gouvernement anglais, qui n'a pas encore donné son approbation pour le transfert définitif de ce pays. Eh! nous reconnaissons le gouvernement d'Assiniboia autant qu'il existe...

Ross. — Vous faites semblant de le reconnaître.

Riel, se tournant vers les Français. « Est-ce que nous faisons semblant de le reconnaître? Voyons, parlez. (Tous.) Non! non! « De plus nous sommes fidèles à notre patrie. Nous la protégerons contre les dangers qui la menacent. Nous voulons que le peuple de la R.R. soit un peuple libre. Aidons-nous les uns les autres. Nous sommes tous frères et des parents dit Monsieur Ross, et c'est vrai. Ne nous séparons pas. Voyez ce que dit Mons. McTavish: Il dit que de cette assemblée et des décisions de cette assemblée peut venir un bien incalculable. Unissons-nous. Le mal qu'il redoute n'aura pas lieu. Voyez comme il parle. Est-ce étonnant? Ses enfants sont des métis comme nous. (ajournement) [35]. »

Le lendemain, 17 novembre, les débats reprirent, mais n'aboutirent à aucun résultat. Il fut impossible de s'entendre sur une politique commune. Les travaux de la convention furent ajournés au 22 du même mois.

À l'ouverture de cette nouvelle séance, Ross et Riel s'affrontent de nouveau. Donald Gunn, homme de science et historien, originaire de l'Écosse, intervient dans le débat. Il estime qu'on a perdu assez de temps et qu'on ne parviendra à aucune entente. Il propose que les francophones déposent les armes afin que les deux sections de la colonie puissent parler sur un pied d'égalité. Il met l'accent sur la nécessité de laisser entrer McDougall « afin que nous puissions lui exposer nos griefs et avoir satisfaction ». Riel rejette les deux propositions.

Le lendemain, 23 novembre, Riel saisit les livres et l'argent du gouvernement de l'Assiniboia. Il prend aussi une autre décision, encore plus importante, soit celle de former un gouvernement provisoire qui succéderait au conseil de l'Assiniboia qui s'avère de plus en plus débile.

Qui a suggéré cette initiative au leader métis? Nous l'ignorons mais l'hypothèse qui nous paraît la plus vraisemblable voudrait que ce soit l'abbé Ritchot. À sa grande surprise, Riel constate une vive opposition au sein du comité national. L'idée est accueillie sans enthousiasme par ses partisans. La plupart voient dans cette action une quasi-rébellion contre la reine.

Non sans difficultés, Riel réussit à faire accepter son projet par ses partisans. À la réunion de la convention, il déclare, en réponse à une question de James Ross : « Vous savez parfaitement ce que nous voulons. Nous voulons ce que chaque paroisse francophone veut. Et elle veut la formation d'un gouvernement provisoire pour notre protection et pour négocier avec le Canada. Nous vous invitons à vous associer à nous en toute sincérité. Le gouvernement sera constitué d'un nombre égal de francophones et d'anglophones. Et il n'aura qu'un caractère provisoire. »

Ross, aussi bien que les autres anglophones présents à la convention, fut pétrifié de surprise. Personne n'osa donner son adhésion à la suggestion de Riel. Les délégués de langue anglaise demandèrent, avant de se prononcer, de consulter leurs compatriotes. Le projet de Riel ne fut guère prisé dans les paroisses anglophones où on lui trouvait des allures de rébellion, d'illégalité. On ne peut guère s'en surprendre quand les partisans même de Riel avaient hésité avant de s'engager dans cette voie.

Pendant ce temps, afin de faire échec aux projets de Riel, les membres du parti canadien s'efforçaient de prévenir l'union des deux sections de la colonie. Ils avaient vainement tenté de convaincre les paroisses anglophones de ne pas répondre à l'invitation lancée par le chef métis, le 6 novembre précédent et ils s'étaient aussi chargés d'assurer une large diffusion à la proclamation du gouverneur Mactavish avant la séance de la convention du 17 novembre, toujours dans le but de provoquer la scission entre anglophones et francophones.

Le docteur Schultz s'évertua, par voie de pétitions, à faire perdre son siège (à la convention) à l'un des deux représentants du village de Winnipeg, Henry McKenney, son demi-frère, avec lequel il était à couteaux tirés. Schultz désirait le faire remplacer par un adepte du parti canadien et McKenney avait poursuivi Schultz en justice. D'ailleurs, en politique, ils étaient aux antipodes. Le premier était un partisan de l'annexion aux États-Unis tandis que le second préconisait l'union avec le Canada. Les efforts du médecin se soldèrent par un échec.

Les Canadiens de la colonie étaient en relations constantes avec William McDougall. Ils avaient réussi à tromper la vigilance des gardes métis qui surveillaient la frontière internationale. Le lieutenant-gouverneur désigné était un peu trop enclin à ajouter foi aux propos des Canadiens qui ne le renseignaient pas avec exactitude sur la situation à la Rivière-Rouge.

Quoi qu'il en soit, McDougall prit une décision qui, politiquement, lui serait fatale. Quand à la fin de septembre, il avait quitté Ottawa pour gagner l'Ouest, on lui avait fait savoir que le transfert de souveraineté s'effectuerait le 1er décembre.

Depuis son départ, personne ne l'avait informé que la date avait été modifiée. Il croyait donc toujours que le transfert se ferait le 1er décembre. Avec son secrétaire, Norbert Provencher, il prépara deux proclamations et avec quelques-uns de ses partisans, il retraversa la frontière. Il annonça dans la première proclamation, au nom de la reine, que le transfert avait eu lieu et que lui, McDougall, était désormais lieutenant-gouverneur des Territoires du Nord-Ouest. Dans la seconde il annonça son entrée en fonction et pria tous les fonctionnaires, à l'exception du gouverneur de l'Assiniboia, de rester à leur poste. Puis McDougall rentra à Pembina.

Deux copies des proclamations avaient été, à l'avance, envoyées à Winnipeg où les membres du parti canadien se chargèrent d'en faire la distribution, sans oublier les délégués anglophones à la convention.

Les deux proclamations de McDougall n'avaient aucune valeur juridique. Quand le premier ministre du Canada, John A. Macdonald, apprit, au mois de novembre, que le lieutenant-gouverneur avait été refoulé en territoire américain par les Métis, il se rendit compte de la gravité de la situation.

Le 26 novembre, il câbla à son représentant à Londres, Sir John Rose, et lui ordonna de ne pas verser les 300 000 livres pour l'achat des Territoires du Nord-Ouest. Ainsi le gouvernement d'Ottawa refusait de prendre possession du Territoire tant que la paix n'aurait pas été rétablie. Mais à la Rivière-Rouge, personne n'était au courant de ces événements.

Le 1er décembre était également la date fixée pour la reprise des travaux de la convention. Riel s'interrogea sur l'authenticité de la première proclamation de McDougall. Que le transfert de souveraineté ait eu lieu ou non, il était bien résolu à ne pas autoriser l'entrée dans la colonie du lieutenant-gouverneur qui confierait les postes importants à Schultz et à ses amis.

Ainsi les Métis n'obtiendraient aucune concession du gouvernement canadien. Il est très probable que Riel voyait juste.

Il était néanmoins disposé à faire d'autres tentatives pour s'assurer le soutien des anglophones. Dès l'ouverture des travaux de la convention, il dit à James Ross: «Si Monsieur McDougall est vraiment gouverneur aujourd'hui, la chance pour nous est plus belle que jamais. Il n'a plus qu'à nous prouver son désir de bien nous traiter. S'il nous garantit nos droits, je suis un de ceux qui iront à sa rencontre pour l'escorter jusqu'au siège du gouvernement. »

Quand Ross s'informa de la nature des revendications, Riel demanda un ajournement de deux heures pour préparer une «liste des droits». Les Métis réclamaient notamment l'élection par le peuple de la Rivière-Rouge de leurs représentants à l'assemblée législative; l'affectation des revenus des terres de la couronne à la construction d'écoles, de routes, de ponts et d'autres travaux publics; l'obligation de reconnaître le français et l'anglais comme langues officielles à l'assemblée législative et devant les tribunaux. Il n'était pas question, cependant, d'écoles confessionnelles ou bilingues. D'une manière générale les anglophones ne furent pas opposés à ces demandes qui leur semblaient raisonnables.

Riel déclara que McDougall ne serait pas autorisé à fouler le sol de la colonie tant qu'il n'aura pas donné l'assurance que ces demandes seraient acceptées ou qu'à tout le moins, il promette d'obtenir l'adhésion d'Ottawa. C'est sur cet écueil que s'échoua la convention, les anglophones refusant d'envoyer des délégués en territoire américain comme l'exigeait Riel.

Avant que les anglophones ne rentrent chez eux, il leur dit: «Allez... retournez-vous en paisiblement sur vos fermes. Restez dans les bras de vos femmes. Donnez cet exemple à vos enfants. Mais regardez nous agir. Nous allons travailler et obtenir la garantie de nos droits et des vôtres. Vous viendrez à la fin les partager. »

La tournure des événements avait favorisé les desseins du docteur Schultz et du parti canadien: les francophones et les anglophones étaient maintenant divisés par suite de l'effondrement de la convention. Mais les ennemis de Riel n'avaient toutefois pas réussi à le renverser et il restait le chef incontesté des Métis.

Schultz et le parti canadien ne perdirent pas espoir. Ils comptaient sur le mandat que William McDougall venait de confier au colonel J.S. Dennis, le chargeant de lever une force armée pour désarmer les colons et maintenir l'ordre. Le lieutenant-gouverneur visait directement Riel. D'ailleurs, le 29 novembre, il avait fait savoir au secrétaire d'État pour les provinces, Joseph Howe, qu'il se proposait de mettre sur pied une force afin de « capturer Riel et ses collègues et de disperser ses simples partisans ».

Le colonel Dennis avait un sérieux handicap. Il n'était pas audacieux comme Schultz. Il n'attaquerait pas Fort Garry avant d'avoir à sa disposition assez d'hommes et de sérieuses raisons de croire qu'il pouvait réussir.

Il sonda « l'opinion pour voir s'il serait possible de lever un contingent, parmi les colons anglais et écossais, en vue d'une opposition armée contre les Métis français. Le résultat fut déconcertant. Nous n'avons été consultés d'aucune manière, lui répondit-on. Le Canada seul a réglé la nature du nouveau gouvernement. Nous sommes prêts à recevoir McDougall avec respect et à devenir de bons citoyens. Mais quand vous nous parlez d'un conflit avec l'élément français, auprès duquel nous avons vécu amicalement, nous sommes peu enclins à y entrer. C'est au Dominion à prendre la responsabilité d'établir ici ce que lui, et lui seul, a décidé[36]. »

Dès que Riel apprend que le colonel Dennis est en train de lever une force armée, il réagit énergiquement. Il ferme les bureaux du *Nor' Wester* et ses hommes s'emparent de toutes les armes et munitions qui se trouvent dans les magasins du village de Winnipeg. Comme il est convaincu que les Canadiens sont prêts à faire flèche de tout bois pour le renverser, il est disposé à les affronter, même avec les armes. Il ne déviera pas de cette position. Son audace accroît le nombre de ses partisans. Bien des Métis qui étaient restés neutres, se ralliant à lui.

Une autre occasion se présente à Riel de faire preuve de la même hardiesse. Le 24 novembre, des approvisionnements de porc, envoyés par le gouvernement canadien, arrivent à Winnipeg. Ils sont entreposés chez le docteur Schultz. Ces denrées alimentaires sont destinées à nourrir les arpenteurs, mais elles peuvent aussi assurer la subsistance d'une force armée, comme le pemmican de Fort Garry permet à Riel de garder ses hommes sous les armes.

Une épreuve de force va donc s'engager entre Riel et Schultz. Ce dernier, qui n'a que mépris pour les Métis, ne veut pas que son adversaire s'empare du porc. Il sait que le chef des sang-mêlé aurait besoin de ces approvisionnements pour diversifier le menu de ses hommes. Il fait donc surveiller sa maison et l'entrepôt par quarante-huit Canadiens armés.

Pressé par son entourage, Riel, qui craint sans doute que le porc ne tombe entre les mains de Dennis, décide de frapper un grand coup. Il fait transporter de Fort Garry à Winnipeg, qui ne sont distants que d'un kilomètre et demi, deux canons. Les Métis cernent la maison de Schultz: ils sont prêts à engager le combat et les Canadiens le savent. Riel leur donne quinze minutes pour se rendre. Schultz et ses hommes capitulent et obtiennent l'assurance qu'ils auront la vie sauve, rien de plus. Les quarante-huit Canadiens sont conduits à Fort Garry où ils sont emprisonnés.

L'opération s'est effectuée sans effusion de sang et a créé un effet psychologique important dans les paroisses anglophones où elle gêne grandement la campagne de recrutement du colonel Dennis.

Le clergé protestant intervient pour désamorcer l'explosive situation. L'évêque Robert Machray, de l'Église d'Angleterre, ainsi que James Ross engagent Dennis à abandonner sa tentative de mettre sur pied une force armée. Dennis, dont l'appel aux recrues n'a pas été un grand succès, cède aux pressions. Il ordonne à tous ceux qui se sont associés à lui ou sur le point de le faire, de rentrer chez eux ou d'y rester.

Quant à McDougall, il attendit vainement à Pembina l'arrivée d'une délégation envoyée par Riel. Il écrit au chef métis, lui proposant de le rencontrer mais sa lettre reste sans réponse. Le 18 décembre, McDougall, ce « roi sans royaume », quitte les États-Unis pour rentrer à Ottawa. Dennis, las d'essuyer des déboires, fait de même.

Le 8 décembre, le lendemain de la capture de Schultz et des autres Canadiens, John Bruce et Louis Riel proclament l'établissement d'un gouvernement provisoire au nom « du peuple de la Terre de Rupert et du Nord-Ouest ». Ils offrent au gouvernement d'Ottawa d'entamer des négociations « pour le bien et la prospérité du peuple ». Deux jours plus tard, le drapeau du gouvernement provisoire, un emblème blanc avec fleur de lys, est hissé à Fort Garry.

Le 27 décembre, John Bruce qui vers le milieu du mois avait été malade, abandonne la présidence qui échoit à Riel. Louis Schmidt devient secrétaire.

L'étoile de Riel est à son zénith. Il a manoeuvré habilement mais il nous paraît invraisemblable qu'un jeune homme de vingt-cinq ans ait été l'âme de toute cette agitation. Il est probable qu'il ait suivi les conseils de son entourage et plus particulièrement ceux de l'abbé Ritchot, ce sage alors dans la force de l'âge.

Notes

1. L'abbé G. Dugas, *Histoire véridique des faits qui ont préparé le mouvement des métis à la Rivière Rouge en 1869*, Montréal, 1905, pp. 15-16.
2. *Ibid.*, p. 17.
3. James A. Jackson, *History of Manitoba*, Toronto, 1970, p. 87.
4. Cité par Hartwell Bowsfield, *John Allan Snow*, dans *Dictionnaire biographique du Canada*, tome XI, Québec, 1982, p. 933.
5. E.E. Rich, *The History of the Hudson's Bay Company*, tome 2, Londres, 1959, p. 895.
6. Cité par W.L. Morton, *Alexander's Begg Red River Journal and other papers relative to the Red River Resistance of 1869-1870*, Toronto, 1956, pp. 567-568.
7. George F.G. Stanley, *The Birth of Western Canada*, Toronto, 1960, p. 14.
8. Marcel Giraud, *Le Métis Canadien*, Paris, 1945, pp. 902-903.
9. W.L. Morton, *The Critical Years (1857-1873)*, Toronto, 1964, p. 235.
10. *Rapport du Comité spécial sur les causes des troubles du Territoire du Nord-Ouest en 1869-1870*, Ottawa, 1874, p. 14.
11. *Ibid.*, p. 10.
12. Cité par George F.G. Stanley, *op. cit.*, p. 56.
13. Donatien Frémont, *Les secrétaires de Louis Riel*, Montréal, 1953, p. 26.
14. Dom Benoit, *Vie de Mgr Taché*, tome 2, Montréal, 1904, p. 13.
15. Donatien Frémont, *op. cit.*, p. 27.
16. Cité par W.L. Morton, *op. cit.*, p. 569.
17. Arthur S. Morton, *A History of the Canadian West to 1870-71*, Londres, 1939, p. 873.

18. Dom Benoit, *op. cit.*, p. 14.

19. Alastair Sweeny, George-Etienne Cartier, Toronto, 1976, p. 196.

20. Donatien Frémont, *op. cit.*, p. 34.

21. George F.G. Stanley, *Louis Riel, Revue d'Histoire de l'Amérique française*, juin 1964, p. 25.

22. L.A. Prud'homme, *Monseigneur Noël-Joseph Ritchot*, Winnipeg, 1928, pp. 1-2.

23. Auguste-Henri de Trémaudan, *Histoire de la nation métisse*, Montréal, 1936, pp. 167-168.

24. E.B. Osler, *Louis Riel, un homme à pendre*, Montréal, 1962, pp. 29-30.

25. *Ibid.*, p. 35.

26. Cité par W.L. Morton, *op. cit.*, p. 49.

27. *Ibid.*, p. 48.

28. Lewis H. Thomas, *Louis Riel*, dans *Dictionnaire biographique du Canada*, volume XI, Québec, 1982, p. 817.

29. Robert Rumilly, *Honoré Mercier et son temps*, tome I, Montréal, 1975, p. 63.

30. Auguste-Henri de Trémaudan, *op. cit.*, pp. 173-174.

31. George F.G. Stanley, *op. cit.*, p. 71.

32. E.E. Rich, *op. cit.*, p. 907.

33. Cité par W.L. Morton, p. 572.

34. *Ibid.*, pp. 572-573.

35. *Ibid.*, p. 573.

36. Donatien Frémont, *op. cit.*, p. 29.

VI

UNE ERREUR CAPITALE

Dès l'automne 1869, le premier ministre du Canada, Sir John A. Macdonald commence à se rendre compte que la situation est sérieuse à la Rivière-Rouge et qu'il faut prendre les moyens qui s'imposent pour y remédier. Le 20 novembre, il fait savoir à McDougall que Riel, qui paraît être l'âme de la résistance, pourrait être amené à des dispositions plus favorables si on lui proposait un poste dans « notre future police ».

Il est incontestable que le chef du gouvernement méjugeait le leader métis qui n'aurait certes pas renoncé à la résistance pour obtenir un poste dans la future police du Nord-Ouest. Par contre, Macdonald fait preuve d'une meilleure connaissance de la situation quand, le 8 décembre, dans une lettre à McDougall, il le prévient que des hommes comme Schultz, Mair, Dennis et Snow risquent de lui causer des ennuis par « leurs indiscrétions » et « leur agressivité ».

Deux solutions s'offraient au premier ministre. La première était de procéder à des préparatifs en vue d'une expédition militaire. Il fallait cependant ajourner ce projet car il était impossible, en hiver, d'acheminer des troupes vers la Rivière-Rouge, à moins de passer par le territoire américain. D'après ce que nous savons aujourd'hui, si une demande d'autorisation avait été faite à Washington, elle aurait certainement été refusée et nous croyons qu'Ottawa, à l'époque, n'ignorait pas le refus probable de Washington.

Dans les circonstances, le premier ministre ne pouvait que se rabattre sur la seconde solution, c'est-à-dire une mission de paix. Il fixa son choix sur l'abbé Jean-Baptiste Thibault et le colonel Charles de Salaberry. À l'automne, il fit approcher l'abbé Thibault, qui avait été missionnaire pendant plus de trente-six ans dans l'Ouest, par son ministre des Travaux publics, Hector Langevin. Pour Macdonald, ce prêtre était un « vieux Canadien français intelligent » et un « vieux gentilhomme clairvoyant et aimable ». Il était convaincu que si cet homme n'obtenait pas de succès notables, au moins il ne commettrait pas de gaffes puisqu'il connaissait bien le pays. L'ancien missionnaire, qui vivait désormais au Québec, avait la réputation d'être un homme réservé et prudent.

Quant au colonel de Salaberry, il est probable qu'il avait été choisi sur la recommandation de Sir George Étienne Cartier. Il était le troisième fils du lieutenant-colonel Charles-Michel de Salaberry, héros de la bataille de Châteauguay. Il s'était rendu populaire dans l'Ouest lors d'une expédition d'exploration organisée par le gouvernement canadien en 1857-1858.

Salaberry et Thibault arrivent à Pembina, au Dakota du Nord, la veille de Noël. Ils avaient des copies de la proclamation du gouverneur général du Canada, Sir John Young, datée du 6 décembre précédent, promettant une amnistie à tous ceux qui déposeraient les armes et s'abstiendraient de toutes actions illégales. Les deux agents du gouvernement, n'étant munis d'aucun pouvoir de négocier, agirent en conciliateurs.

Un troisième émissaire fut aussi choisi en la personne de Donald A. Smith, principal représentant de la Compagnie de la baie d'Hudson au Canada. Macdonald avait pris contact avec George Stephen, de la Banque de Montréal, mais ce dernier refusa d'entreprendre une mission de médiation dans l'Ouest. C'est alors que Donald Smith accepta l'offre du chef du gouvernement qui avait été impressionné par cet homme dont le calme et la détermination lui semblaient de bon augure pour cette mission difficile.

Le colonel Wolseley avait exprimé le désir d'accompagner Smith, mais le premier ministre eut la sagesse de repousser cette offre, estimant avec raison que la présence d'un militaire de haut rang comme Wolseley serait malséante dans une mission de paix. Il eut une formule assez heureuse pour justifier son refus. Smith, disait-il, serait considéré comme un homme « tenant d'une main un rameau d'olivier et de l'autre un revolver [1] ».

Smith « était au service de la Compagnie (de la baie d'Hudson) depuis plus de trente ans, mais il avait passé presque toute sa vie au Labrador, sans jamais aller dans l'Ouest. Venu au Canada à l'âge de dix-huit ans, il avait commencé à travailler pour la Compagnie au bas de l'échelle, à compter les peaux de rat musqué au comptoir de Lachine, près de Montréal. Plusieurs années plus tard, il était devenu le principal actionnaire de la Compagnie et, sous le nom de Lord Strathcona, il devait finir ses jours comme gouverneur de la Compagnie [2]. »

Les instructions de Smith, datées du 10 décembre, consistaient à s'enquérir des causes du mécontentement et de trouver une solution pacifique au transfert de souveraineté. Deux jours plus tard, Macdonald lui dit en confidence qu'il pourrait soudoyer les leaders de la résistance en leur offrant de l'argent ou des emplois.

Quant aux deux autres émissaires, ils suivaient les conseils de Provencher et de Cameron qui étaient restés aux États-Unis après la déconfiture et le départ de William McDougall pour Ottawa. Thibault prit la route de Saint-Boniface tandis que de Salaberry attendit à Pembina. Le jour de Noël, Riel apprit l'arrivée de Thibault dans la colonie et décida que les entretiens se dérouleraient au presbytère du curé Ritchot à Saint-Norbert. Thibault fit part à ses interlocuteurs de la mission dont il était chargé.

Riel accepta la requête du prêtre pour que de Salaberry vienne le rejoindre, mais ce dernier n'atteignit Fort Garry que le 5 janvier. Entre-temps Thibault se retira à l'évêché de Saint-Boniface où il fut étroitement surveillé. Le leader métis s'était emparé de ses papiers, dont ses instructions et les copies de la proclamation d'amnistie du gouverneur général du Canada.

Le 6 janvier, les deux émissaires du gouvernement d'Ottawa sont invités à prendre la parole devant le conseil du gouvernement provisoire. Riel se dit navré d'apprendre que Thibault n'a aucun mandat pour négocier au nom du gouvernement canadien, mais qu'il est néanmoins disposé à l'écouter.

Thibault réplique qu'il est porteur de bonnes nouvelles. Selon lui, le gouvernement est désireux de respecter les personnes et leurs biens et il se propose de travailler à l'amélioration du pays. Si l'on en croit le consul américain à Winnipeg, Oscar Malmros, de Salaberry aurait tenté vainement de soudoyer Riel[3].

Le 7 janvier 1870 paraissait à la Rivière-Rouge le premier numéro du journal *The New Nation,* qui remplaçait le *Nor' Wester* dont la publication avait été interdite par Riel. Le rédacteur en chef était le major Henry Robinson, journaliste américain vivant à Winnipeg. Le nouveau journal se fit le porte-parole des partisans de l'annexion aux États-Unis.

Dans l'éditorial du premier numéro, Robinson laissa clairement entendre quelle serait l'orientation du *New Nation.* Il l'avait intitulé: « Annexation Our Manifest Destiny ». Il précisa sa pensée en soulignant « que l'union avec la république était à l'ordre du jour; qu'un mouvement en ce sens existait des provinces maritimes à l'est jusqu'à la Colombie-Britannique à l'ouest, et qu'il était temps que le Manitoba s'associe au mouvement [4]. »

The New Nation n'était pas l'organe du gouvernement provisoire. Riel n'y a exercé aucun contrôle jusqu'au mois de mars, lorsque Robinson fut expulsé de la rédaction et remplacé par un Montréalais qui résidait à la Rivière-Rouge depuis quelques années, Thomas Spence, « ancien président de la République du Manitoba », république dont la durée fut on ne peut plus éphémère. Pendant trois mois, le journal fut le propagandiste de la cause annexionniste.

Riel, qui avait supprimé le *Nor' Wester* parce qu'il était hostile à son mouvement, a toléré *The New Nation* parce qu'il était sympathique au gouvernement provisoire. Riel, qui n'était pas anti-américain et qui admirait les institutions américaines, avait intérêt à tolérer un journal favorable à l'annexion aux États-Unis. Il se rendait probablement compte que le gouvernement canadien serait bien disposé à négocier avec son gouvernement avant que le mouvement annexionniste ne prenne trop d'ampleur.

Riel, qui n'était pas annexionniste, aurait grandement affaibli sa cause s'il s'était engagé dans cette voie. « La population de la colonie de la Rivière-Rouge préférait le Canada aux États-Unis. Les Métis étaient hostiles à l'annexion parce qu'elle ruinerait les espoirs de l'Église catholique dont la hiérarchie souhaitait faire du Manitoba un nouveau Québec, peuplé avec l'excédent de la population de cette province de l'Est. Si le Manitoba s'unissait aux États-Unis, les colons américains y entreraient en masse et contrecarreraient ce projet. D'ailleurs la constitution américaine n'offrait pas les mêmes privilèges et la situation particulière que l'Église et les autres institutions françaises bénéficiaient en vertu de l'Acte de l'Amérique du Nord britannique [5]. »

Le troisième émissaire, Donald A. Smith, qui était arrivé à Fort Garry le 27 décembre, était un homme beaucoup plus rusé que Thibault ou de Salaberry. Il avait eu la prudence de laisser ses lettres de créance à Pembina avant de se rendre dans la colonie avec son beau-frère, Richard Hardisty. Ce n'est pas sans appréhension que Riel vit arriver l'émissaire spécial du gouvernement canadien qu'il soupçonnait de vouloir miner son autorité.

Le leader métis lui demanda de prêter serment, mais Donald Smith prit l'engagement de ne poser aucun geste visant au renversement du gouvernement «légal ou illégal » sans d'abord prévenir Riel. Ce dernier se contenta de cette déclaration ambiguë et donna l'autorisation à Smith de loger à Fort Garry, mais il prit la précaution de faire surveiller étroitement ses allées et venues.

Smith reconnaîtra, en 1874, qu'il avait distribué 500 livres à des Métis « dont l'assistance lui avait été absolument nécessaire en sa qualité d'émissaire canadien en 1869 et 1870 ». Cet argent avait sans doute été distribué à bon escient, car les résultats ne se firent pas attendre. Certains Métis, qui pouvaient exercer une influence sur leurs compatriotes, cessèrent de soutenir le gouvernement provisoire. Selon une version, Smith aurait même tenté de soudoyer Riel, mais ce dernier ne fit jamais état d'une telle tentative.

Il est clair que le principal objectif de Smith était de susciter, chez les colons anglophones et les Métis, un mouvement anti-Riel. Ce but pouvait facilement être atteint puisque de nombreux Métis, par crainte des conséquences, avaient refusé de s'associer à Riel et s'étaient abstenus de toute action politique. Charles Nolin, parent de Riel, et homme influent dans la communauté, estimait que l'opposition de son cousin au Canada dépassait la mesure.

Quand Riel demanda à Smith de lui montrer ses lettres de créance, ce dernier répondit qu'il les avait laissées à Pembina. Hardisty fut chargé d'aller les quérir aux États-Unis. Il fut accompagné de deux guides que lui offrit Riel. Le leader métis était bien résolu à ne pas autoriser l'émissaire canadien à prendre la parole devant le conseil du gouvernement provisoire tant qu'il n'aurait pas l'assurance que Smith avait reçu d'Ottawa la mission de négocier. Il se proposait aussi de saisir les papiers de l'émissaire.

William Mactavish, qui se doutait des intentions de Riel, envoya trois Métis, dont Pierre Léveillé, pour suivre Hardisty. Au retour de ce dernier à Saint-Norbert, Riel et le curé Ritchot tentèrent de prendre possession des papiers de Smith, mais une bagarre éclata. Pierre Léveillé sortit son revolver et menaça de faire feu sur Riel. Hardisty fut, par la suite, escorté jusqu'à Fort Garry, le 18 janvier.

Riel avait subi une humiliation, mais il n'était pas défait. À Fort Garry, les partisans de Nolin et de Léveillé semblaient presque aussi nombreux que ceux de Riel. On craignait des affrontements entre les deux groupes. Pour éviter que le choc ne se produise, il fallut l'intervention du père Lestanc, de Thibault et de Salaberry. Le leader métis n'occupait plus une position de force.

Smith, qui avait déjà suggéré à Riel, sans succès, de convoquer une assemblée de tous les habitants de la Rivière-Rouge, revint à la charge. Ce que Smith voulait, c'était de donner lecture de ses lettres de créance et d'exposer à la population les intentions du gouvernement canadien. Riel, au pied du mur, céda. La réunion fut fixée au 19 janvier.

Ce jour-là, à Fort Garry, il faisait beau mais très froid. Le thermomètre oscillait aux environs de -28 degrés Celsius. La foule était tellement nombreuse, environ un millier de personnes, qu'il fallût tenir l'assemblée en plein air. Malgré ce froid rigoureux, les auditeurs écoutèrent les discours cinq heures durant.

Riel et Pierre Léveillé, leaders des deux factions francophones proposent à la présidence Thomas Bunn. Riel fait fonction d'interprète car de nombreux Métis ne parlent pas anglais. Ils sont bilingues en ce sens qu'ils peuvent s'exprimer en français et en une langue indienne. Le même phénomène existe chez les half-breeds qui parlent l'anglais et une langue indienne. Le juge John Black, citoyen anglophone bien vu dans sa communauté, agit comme secrétaire.

Au début de son allocution, Donald Smith demande qu'on abaisse le drapeau du gouvernement provisoire. Un mouvement de désapprobation se fait sentir dans la foule. L'orateur, qui a près de deux fois l'âge de Riel et qui a la réputation d'être un excellent meneur d'hommes, comprend qu'il est dangereux d'insister. Il a déjà un solide appui populaire, non seulement chez les anglophones mais aussi chez une fraction des Métis et il ne doit pas perdre cet acquis s'il veut atteindre son objectif.

D'une habileté consommée, il fait machine arrière et aborde une autre question, celle-là de nature à plaire aux Métis. Sachant que William McDougall est impopulaire auprès d'eux, il se dissocie de l'ancien lieutenant-gouverneur et s'identifie avec la population de la colonie en précisant qu'il avait épousé une femme half-breed. Pour donner plus de force à ses propos, il affirme qu'il est disposé à renoncer à ses fonctions à la Compagnie de la baie d'Hudson si cette action répond aux intérêts des habitants de la Rivière-Rouge.

Smith commence à donner lecture d'une lettre que lui a fait parvenir le gouverneur général, Sir John Young, le 12 décembre précédent. Riel s'oppose à la lecture de ce document en raison de son caractère personnel. Dans le brouhaha des conversations, il est finalement décidé que le document est d'intérêt public et qu'on en donnera lecture.

Dans sa lettre le gouverneur général donne l'assurance que les titres de propriété seront respectés. Riel se lève et soulève une autre objection, soulignant que la lettre était signée « John Young » et non « gouverneur ». Smith fait observer que Sir John Young s'était identifié clairement en écrivant « en ma qualité de représentant de Sa Majesté ». Riel cède et traduit en français la lettre du vice-roi.

Avant l'ajournement de l'assemblée, un anglophone, John Burke, réclame la libération des prisonniers qui ont été capturés chez le docteur Schultz, à Winnipeg, le 7 décembre. Riel réplique : « Pas maintenant ». D'autres personnes, dans la foule, partagent les sentiments de Burke et son intervention crée une certaine tension, mais les hommes de Riel sont bien armés. Ceux qui sont favorables à la libération des prisonniers n'insistent pas et le calme revient.

Le lendemain, 20 janvier, à l'ouverture de l'assemblée, John Burke s'excuse pour son attitude de la veille. Même si le froid est aussi vigoureux que la veille, la foule se presse, encore plus nombreuse. L'administrateur du diocèse de Saint-Boniface, le père Lestanc, prend la parole : « Nous avons été de bons amis jusqu'à aujourd'hui dans la colonie, et je désire (vous) assurer... que nous serons de bons amis ce soir[6]. » Ces paroles apaisantes sont ponctuées d'applaudissements.

Quant à Donald Smith, il continue à donner lecture de ses documents. Les auditeurs applaudissent parfois longuement, pas nécessairement parce qu'ils comprennent toujours très bien ce que l'orateur dit, mais bien plus pour combattre le froid qui leur engourdit les membres.

Si à la réunion du 19, Riel avait plutôt tenu un rôle de second plan, à celle du 20 il semblait plus à l'aise et décidé à se mettre de l'avant, se rendant sans doute compte que Smith perdait de son emprise sur la foule. Smith avait constamment parlé des bonnes intentions du gouvernement canadien, mais n'avait soumis aucune proposition concrète pour les mettre en application.

Riel reprend l'initiative et propose que chaque groupe, anglophone et francophone, se choisisse vingt délégués afin d'étudier les instructions de Smith et de travailler ensemble dans l'intérêt du pays. La proposition du leader métis est accueillie par les applaudissements et A.G.B. Bannantyne (qui remplace le juge Black comme secrétaire), seconde la motion. La réunion suivante est fixée au 25 janvier. Riel reprend la parole et reconnaît que ce n'était pas sans appréhension qu'il était venu à cette assemblée. Il ne dissimule toutefois pas sa satisfaction :

« Nous ne sommes pas encore ennemis, dit-il à son auditoire, mais il s'en est fallu de bien peu. Dès que nous avons commencé à nous comprendre, nous nous sommes unis pour exiger ce que nos compatriotes anglophones considéraient, tout comme nous, être nos propres droits. Je ne crains pas de dire droits, parce que nous avons tous des droits. Nous ne demandons pas des demi-droits, mais bien tous les droits qui nous appartiennent. Ces droits, ce sont nos propres représentants qui vont les rédiger et, ce qui est encore mieux, messieurs, ces droits, nous les obtiendrons [7]. »

Son discours fut à maintes reprises interrompu par les applaudissements. « Et, à la fin de l'assemblée, tout le monde croyait que la crise de la Rivière-Rouge venait de se terminer [8]. »

Dans l'euphorie générale, il fut décidé que tous les francophones, à Fort Garry, à l'exception d'une petite garde, seraient licenciés, mais une rumeur courut selon laquelle des colons de Portage-la-Prairie se préparaient à libérer les prisonniers. Sur le moment, cette rumeur faillit remettre cette décision en cause mais elle s'avéra fausse et, le 22 janvier, la plupart des francophones rentraient chez eux.

Le 26 janvier, un jour plus tard que prévu, les quarante délégués, faisant partie de la nouvelle convention, se réunissent à Fort Garry. Riel n'avait que dix-sept délégués, les trois autres, dont Charles Nolin, étant des rivaux. Il était furieux : il savait que si les anglophones formaient un bloc homogène, il risquait d'être mis en minorité si Nolin et ses deux partisans se ralliaient à ces derniers.

À l'ouverture de la convention, conciliant, il proposa à la présidence de l'assemblée le juge Black, avec lequel il avait déjà eu maille à partir et il ne s'opposa pas à l'abandon de la liste des droits du 1er décembre, reconnaissant qu'elle avait été élaborée un peu rapidement. Un comité composé de six personnes, trois francophones et trois anglophones, se chargea de préparer une nouvelle rédaction. Le leader métis accepta de faire partie de ce comité avec Nolin, James Ross et trois autres.

La liste des droits fut ensuite soumise à la convention qui l'étudia article par article pendant plusieurs jours. Le 1er février, Donald Smith écrivit au premier ministre du Canada, John A. Macdonald : « ... Nous avons réussi à faire supprimer les questions les plus inadmissibles dans leurs demandes [9]. » Riel réclamait l'entrée du Nord-Ouest dans le Dominion en tant que province.

Le 3 février, il revient à la charge. Il propose devant la convention l'entrée du Nord-Ouest dans la Confédération, non pas comme un territoire mais comme une province. Le lendemain, il propose l'annulation de l'entente conclue entre le Canada et la Compagnie de la baie d'Hudson pour le transfert de souveraineté et l'ouverture de négociations entre le Canada et le Nord-Ouest.

Les deux propositions sont repoussées. Les appréhensions de Riel n'étaient pas sans fondement puisque les anglophones avaient formé un bloc pratiquement homogène. Il n'y eut en effet qu'une défection, Alfred Scott, garçon de bar de Winnipeg, considéré comme un Américain, mais qui était très probablement d'origine britannique. Par contre, Nolin et ses partisans se rangèrent avec les anglophones. L'attitude de Nolin souleva l'ire de Riel qui eut une vive altercation avec lui. Le leader métis, le père Lestanc et le curé Ritchot étaient convaincus que les actions de Nolin étaient dictées par la Compagnie de la baie d'Hudson. Riel pensait aussi que Smith et Mactavish dirigeaient l'opposition dans la coulisse.

Le 7 février, Smith affirme qu'il est autorisé à lancer une invitation à la convention pour qu'elle envoie une délégation à Ottawa afin de discuter avec les autorités canadiennes de la liste des droits. Il leur donne l'assurance que les délégués seront bien accueillis dans la capitale fédérale. Le lendemain, l'invitation est acceptée. Pour Riel, ce fut une victoire. Le gouvernement canadien était prêt à négocier avec des représentants de la Rivière-Rouge.

Puis Riel s'efforce d'obtenir un autre succès. Il tente de faire reconnaître le gouvernement provisoire par la convention, en soulignant que la Compagnie de la baie d'Hudson ne dispose d'aucun pouvoir. Les anglophones sont passablement hésitants et le 9 février, une délégation est envoyée au gouverneur Mactavish qui répond : « Pour l'amour de Dieu ayez n'importe quelle forme de gouvernement qui rétablira l'ordre public. » Quand on lui demande s'il est disposé à céder son autorité, il répond : « Je suis mourant et je ne déléguerai mon autorité à personne[10]. »

La déclaration de Mactavish a coupé court aux hésitations des anglophones et les a convaincus de rallier le gouvernement provisoire. Si le gouverneur refusait de céder son autorité, il ne s'opposait cependant pas à l'établissement d'un gouvernement parallèle. C'est sans doute dans cet esprit que les anglophones ont interprété les propos de Mactavish.

Un comité de six personnes, représentant en nombre égal les deux groupes linguistiques, fut chargé de rédiger une constitution. Le 10 février, le comité proposa à la convention la création d'un Conseil législatif de vingt-quatre membres, composé de douze francophones et de douze anglophones.

Le président du gouvernement provisoire aura des pouvoirs limités. Son droit de veto pourra être annulé par un vote des deux tiers du Conseil législatif. Il est de notoriété publique que Riel aspire à ce poste, mais les anglophones ne lui sont guère favorables, redoutant ses manières un peu trop autoritaires. Pour prévenir des affrontements, James Ross propose que Riel fasse partie de la délégation qui ira à Ottawa pour négocier. Le leader métis oppose un refus catégorique à cette suggestion.

Pour rallier les anglophones, Riel ordonne la libération immédiate de Mactavish et de Bannantyne qui étaient pratiquement gardés prisonniers à Fort Garry parce qu'il les soupçonnait de travailler contre lui. Puis il promet qu'il libérera les autres prisonniers dans quelques jours. Ces mesures apaisantes lui valent la sympathie de plusieurs anglophones et Riel est élu président du gouvernement provisoire.

Il nomme ensuite les trois délégués chargés de négocier l'entrée de la colonie dans la Confédération. Il s'agit du curé Ritchot, son conseiller et le plus ardent de ses partisans dans le clergé ; Alfred Scott, qui représentera les Américains, et le juge Black, qui sera le porte-parole des autres anglophones.

La reconstitution du gouvernement provisoire, qui se composait désormais de francophones et d'anglophones, a généralement été bien accueillie à la Rivière-Rouge, mais il y avait une fraction de la population, peu nombreuse mais très bruyante, qui était déterminée à le renverser. Il s'agissait des Canadiens venus de l'Ontario.

Quant à Riel, il multipliait les mesures apaisantes afin de donner satisfaction à l'opinion anglophone. Dès le début de janvier, il a commencé à remettre en liberté des prisonniers qui avaient été capturés le 7 décembre, à Winnipeg. Avant de les élargir, il a recours à la persuasion. Il fait venir de temps à autre des captifs et tente de les convaincre de jurer fidélité au gouvernement provisoire. Si ces derniers refusent, il leur propose de quitter le pays ou de prendre l'engagement de ne pas utiliser les armes contre son gouvernement. Le 4 janvier, neuf prisonniers, qui ont accepté ses conditions, sont élargis.

D'autres par contre sont inflexibles et refusent de prendre quelque engagement. Ils n'attendent que la première occasion pour se rebeller contre le gouvernement provisoire. Le 9 janvier, une douzaine de prisonniers s'évadent, dont Thomas Scott et Charles Mair, qui réussissent à regagner Portage-la-Prairie, à quelque soixante-quinze kilomètres de Fort Garry, tandis que quelques fuyards, pris en chasse par les cavaliers métis, sont recapturés.

Le 23 janvier, le docteur John Christian Schultz s'évade à son tour. En sautant de la fenêtre de sa cellule, il se blesse, réussissant néanmoins à regagner péniblement Kildonan, à quelque neuf kilomètres de son lieu de captivité. Dès que la nouvelle de l'évasion de Schultz est connue, les cavaliers métis se mettent à sa poursuite. Considéré comme un des ennemis les plus irréductibles du gouvernement provisoire, Riel tenait à le reprendre.

Schultz s'était réfugié chez Robert MacBeth où il demeura deux jours. Il avait obtenu une arme à feu grâce au fils de MacBeth, Alexandre. Il « était déterminé qu'il ne serait jamais pris vivant... (et) il décida que si les éclaireurs entraient dans la maison il vendrait chèrement sa vie[11]... »

Pendant que Riel continuait à relâcher des détenus, Charles Mair et Thomas Scott recrutaient des volontaires à Portage-la-Prairie afin de hâter la libération des prisonniers de Fort Garry, sinon de renverser le gouvernement provisoire. Le major Boulton, qui manquait d'audace et qui ne croyait pas trop au succès de l'opération, avait tout de même cédé aux pressions et accepté de diriger les hommes. Dans la nuit du 14 février, Boulton et ses partisans arrivent à Winnipeg où ils cernent la maison de Henri Coutu où Riel passe parfois la nuit. Boulton et Scott fouillent la maison, mais ils ne trouvent pas l'homme qu'ils cherchent.

Que serait-il arrivé si Riel s'était trouvé chez Coutu ce soir-là? Nous sommes en présence de deux versions. Selon les uns, l'intention des volontaires était de détenir le leader métis comme otage jusqu'à la libération de tous les autres prisonniers. « D'autres ont dit franchement qu'ils l'auraient supprimé[12]. » La seconde version nous paraît la plus vraisemblable.

De son côté le docteur Schultz s'agitait dans les paroisses anglophones afin de dénoncer la convention et le gouvernement provisoire. Il tentait aussi de recruter des Indiens et des Blancs pour qu'ils se rallient au major Boulton. Le 15 février, Schultz et quelques centaines d'hommes, de 200 à 300, se dirigent vers Kildonan pour rejoindre Boulton et son groupe.

Les deux groupes s'efforcèrent d'accroître leurs effectifs, mais certaines forces travaillaient contre eux. Le clergé protestant, qui exerçait une assez grande influence sur ses ouailles, s'opposait carrément à la violence. Les colons anglophones, notamment ceux d'un certain âge, refusaient de s'engager dans une aventure qui risquait de déboucher sur une guerre civile. Bref, la majorité des anglophones se réfugiait dans l'attentisme. Le mouvement avait déjà du plomb dans l'aile.

Deux événements entraîneront l'échec de la tentative de Schultz et de Boulton. Le 15 février, un jeune Métis, Norbert Parisien, qui était, dit-on, un débile mental, est arrêté à Kildonan par des Canadiens qui le soupçonnent d'être un espion de Riel. Riel, quant à lui, a toujours soutenu que le jeune Métis était un partisan du parti canadien. Échappant à la surveillance de son gardien, Parisien, après s'être emparé d'un fusil, réussit à s'enfuir. Le fuyard aperçoit un homme à cheval qui galope vers lui: croyant qu'il s'agit d'un de ses ennemis qui veut lui barrer la route et le capturer, le jeune Métis tire et blesse mortellement Hugh John Sutherland, fils de John Sutherland, membre de la convention et futur sénateur à Ottawa.

Parisien fut repris et, selon le mot du major Boulton, soumis à un traitement « rigoureux ». Il tenta de s'évader une seconde fois, mais fut atteint par des balles tirées par ses poursuivants. Quelque temps après, Parisien succomba à ses blessures. C'était la première effusion de sang depuis le commencement du mouvement de résistance lancé par Riel.

Ces événements tragiques eurent un effet salutaire. La mère du jeune Sutherland ainsi que d'autres femmes de Kildonan se mirent en devoir de lancer des appels pour la paix. Elles réclamèrent l'intervention des personnalités des paroisses anglophones et prièrent le major Boulton de ne pas commencer une guerre civile. La « petite armée » de Schultz commença à fondre, bien des volontaires la quittant. Boulton, cet indécis, désespérant désormais du succès, décida de rentrer à Portage-la-Prairie.

D'ailleurs, le 15 février, Riel avait libéré tous les prisonniers. Pour la première fois depuis plusieurs mois, toutes les cellules de Fort Garry étaient vides. Les détenus, même ceux qui avaient refusé de prêter serment au gouvernement provisoire ou de ne pas recourir aux armes pour le renverser, furent relâchés. Le leader métis avait ainsi coupé l'herbe sous les pieds de Boulton et de Schultz. Les partisans de ces derniers, qui songeaient exclusivement à obtenir l'élargissement des prisonniers, n'avaient plus aucune raison de s'associer aux deux hommes pour entreprendre une opération militaire contre Fort Garry.

Boulton, pour regagner Portage-la-Prairie, décida de passer par Winnipeg. Cette route était dangereuse, car elle passait à quelques centaines de mètres de Fort Garry où régnait une grande agitation. Dès que la nouvelle s'était répandue que les Canadiens procédaient à des levées de volontaires pour attaquer Fort Garry, l'emplacement avait été renforcé. O'Donoghue et des soldats métis s'étaient emparés des armes et des munitions qui se trouvaient dans le village de Winnipeg. Des sang-mêlé, qui jusqu'alors n'avaient pas voulu se compromettre se rallièrent à Riel, augmentant ainsi ses effectifs.

Dans la matinée du 17 février, les hommes de Boulton, armés, étaient aperçus au loin de Fort Garry. Ambroise Lépine et O'Donoghue ainsi que des Métis à cheval, se mirent à leur poursuite. Ils étaient suivis d'une cinquantaine d'hommes à pied. À la vue des cavaliers, Boulton intima l'ordre à ses hommes de ne faire feu en aucun cas.

Cernés, les hommes de Portage-la-Prairie furent contraints de se diriger vers Fort Garry où ils furent désarmés. Au nombre des quarante-huit prisonniers se trouvaient Boulton et Thomas Scott. Les détenus prirent place dans les cellules qui avaient été évacuées quarante-huit heures plus tôt.

Charles Mair, sachant ce qui l'attendait s'il était capturé, avait pris un autre chemin pour se rendre à Portage-la-Prairie. Quant au docteur Schultz, il s'était enfui à Fort William, en Ontario, ayant probablement eu vent qu'il était toujours recherché par les Métis.

Une question n'a jamais été élucidée, à savoir si Riel a ordonné la capture de Boulton et de ses hommes ou si Lépine et O'Donoghue en ont pris l'initiative. Nous en sommes réduits aux conjectures. Il est vraisemblable que ce soit Riel qui ait pris cette décision, espérant ainsi procéder à l'arrestation du docteur Schultz qu'il considérait comme l'âme dirigeante de la résistance à son gouvernement.

Le premier ministre du Canada, Sir John A. Macdonald, fut profondément troublé par ces événements. « La tentative stupide et criminelle de Schultz et du capitaine Boulton, écrivit-il gravement, pour reprendre le combat, a grandement augmenté la force de Riel. Par deux fois, il a réussi à écraser ceux qui tentaient de renverser son gouvernement. Les sympathisants américains vont commencer à dire que son gouvernement a acquis une légitimité et Riel s'en persuadera facilement lui-même[13]. »

Le jour de sa capture, le major Boulton, qui avait été emprisonné seul dans sa cellule, fut condamné à mort par un conseil de guerre. Peu après le verdict, selon le condamné, Riel ouvrit la porte de la geôle et sans y entrer, lui dit: « Major Boulton, préparez-vous à mourir demain à midi. » Boulton répliqua: « Très bien. »

La nouvelle de l'exécution imminente de Boulton jeta la consternation dans la colonie. Aussitôt, la plupart des personnes qui avaient quelque influence dans le pays se mirent en devoir de solliciter la grâce du condamné. L'évêque anglican Machray, le père Lestanc, John Sutherland et sa femme, dont le fils avait récemment connu une mort tragique, rendirent visite au major Boulton et implorèrent le leader métis d'épargner le condamné. James Ross et le consul américain à Winnipeg, Oscar Malmros, intervinrent dans le même sens.

Riel fut certainement impressionné par ces interventions et notamment par celle des Sutherland qui le connaissaient depuis son enfance. Mais contrairement à la version qui a cours à la Rivière-Rouge, ce ne fut pas l'intercession des Sutherland, mais bien celle de Donald Smith qui amena Riel à gracier le major Boulton.

Pourquoi le leader métis a-t-il cédé aux arguments de Smith? Riel a toujours voulu que son gouvernement soit en mesure de négocier en position de force avec le Canada. Pour qu'il en soit ainsi, il fallait assurer l'union des francophones et des anglophones et pour atteindre cet objectif, Smith était l'homme tout désigné dans les circonstances. En graciant Boulton, Riel eut l'assurance que Smith persuaderait les paroisses anglophones d'élire des représentants au Conseil législatif du gouvernement provisoire.

Le leader métis voulait faire un exemple et il était résolu à ce que le major Boulton soit exécuté. Smith a par la suite relaté les grandes lignes de son entretien avec Louis Riel:

RIEL. — J'ai été sourd à toutes les supplications et en épargnant maintenant la vie de cet homme... puis-je vous demander une faveur?

SMITH. — N'importe quoi... que je peux faire.

RIEL. — Le Canada nous a désunis. Voulez-vous user de votre influence pour nous réunir? Vous pouvez le faire et sans cela ce sera la guerre — une guerre civile sanglante!

SMITH. — Je vous répéterai maintenant (ce que j'ai dit à mon arrivée) que j'accepterais de tout coeur d'effectuer l'union pacifique du pays avec le Canada.

RIEL. — Nous voulons seulement nos droits comme sujets britanniques et nous voulons que les Anglais s'associent à nous pour les obtenir.

SMITH. — Alors je les verrai tout de suite et les engagerai à poursuivre le choix des délégués.

RIEL. — Si vous faites ça, la guerre sera évitée, non seulement les vies mais la liberté de tous les prisonniers sera assurée, car de votre succès dépendent les vies de tous les Canadiens du pays[14]. »

Après l'entretien, Riel fit savoir à l'archidiacre McLean qu'il avait gracié Boulton et qu'après les élections pour le nouveau Conseil législatif, tous les prisonniers seraient remis en liberté. McLean se hâta d'informer le major Boulton de l'heureuse nouvelle.

Après le départ de McLean, Riel entra dans la cellule. « Major Boulton, dit-il, je suis venu vous voir pour vous faire une proposition. Vous êtes un chef et les anglophones n'en ont pas. Voulez-vous entrer dans mon gouvernement ? » Interloqué, Boulton répondit que si les prisonniers étaient libérés et qu'il était autorisé à regagner Portage-la-Prairie pour consulter ses amis, il étudierait sérieusement la proposition de Riel. Ce dernier tourna les talons et quitta la geôle, sans un mot.

Quant à Smith, il tint sa promesse. Avec McLean, il fit la tournée des paroisses anglophones et le 26 février, elles avaient choisi leurs délégués pour faire partie du Conseil législatif du gouvernement provisoire. Les membres du nouveau conseil furent convoqués pour le 5 mars, mais la première réunion n'aura lieu que le 10 mars, francophones et anglophones étant représentés en nombre égal.

Riel avait eu gain de cause, mais il avait promis que les prisonniers seraient libérés après l'élection des délégués et la reconstitution du gouvernement provisoire. C'était déjà chose faite depuis le 26 février. Le leader métis avait cependant pris cet engagement sans connaître les sentiments de ses hommes à Fort Garry. Il était président parce qu'il avait leur appui et se maintiendrait à son poste tant qu'il aurait leur soutien. Mais les Métis sont des esprits versatiles et si Riel les contrarie, il y a risque qu'ils l'abandonnent.

Au nombre des détenus figure un jeune orangiste de l'Ontario, Thomas Scott, âgé de vingt-cinq ans et d'une taille imposante — d'un peu moins de deux mètres. C'est un sectaire qui donne du fil à retordre à ses gardiens en raison de sa conduite agressive et insolente. Un auteur l'a qualifié d'« Ontario bad boy. » Il « ne dissimule pas son mépris pour les métis français et catholiques. Avec ce préjugé, il avait quelque chose en commun avec le docteur Schultz[15]... » avec lequel il avait toujours été en bons termes.

Né en Irlande du Nord, Scott vint s'établir dans le Haut-Canada vers 1863 où il fut probablement manoeuvre. Presbytérien et orangiste, il alla à la Rivière-Rouge à l'été de 1869 où il travaillait à la construction de la route Dawson qui devait relier l'Ontario à la colonie de l'Assiniboia. Au cours d'une grève, il menaça de jeter son patron dans la Seine.

Arrêté à Winnipeg par les Métis, le 7 décembre 1869, il s'évade de sa geôle le 9 janvier. Il fut capturé avec le major Boulton, le 17 février. Lord Dufferin, gouverneur général du Canada, qui avait connu ses parents en Irlande du Nord, a qualifié Scott, quatre ans après sa mort, d'homme « semble-t-il,... violent et tapageur, type d'homme qu'on voit souvent en Irlande du Nord ».

En prison, Scott eut souvent des altercations avec ses gardes. Riel intervient et tente de le convaincre de se montrer plus raisonnable, craignant que sa conduite excessive n'aboutisse à une effusion de sang. Il était en effet impossible de lui faire entendre raison. Cette tête chaude se moqua de Riel. De sa cellule, Scott criait à ses gardes: « Les Métis sont une bande de lâches. Ils n'oseront pas me fusiller. »

Ce langage excessif était d'autant plus dangereux que la température tendait à monter. Le 3 mars, Scott était traduit, sous l'accusation d'insubordination, devant un conseil de guerre que présidait Ambroise Lépine. Le tribunal *ad hoc* était composé, en outre, de Janvier Ritchot, André Nault, Elzéar Goulet, Elzéar Lagimodière, Joseph Delorme et Jean-Baptiste Lépine. Le secrétaire était Joseph Nolin, le frère de Charles Nolin.

Plusieurs témoins furent entendus, dont Louis Riel qui faisait également fonction d'interprète, l'accusé ne comprenant pas le français. Les témoins relatèrent que l'inculpé s'était rebellé contre le gouvernement provisoire et qu'il s'était livré à des voies de fait sur ses gardiens.

Janvier Ritchot propose la peine de mort contre le prévenu. Nault, Goulet et Delorme abondent dans le même sens. Par contre Jean-Baptiste Lépine et Lagimodière s'opposent à une mesure aussi extrême. Ce dernier suggère que Scott soit expulsé du pays. Le président du tribunal, Ambroise Lépine, fait observer que puisque la majorité préconise la peine de mort, Scott sera exécuté.

La sentence était évidemment excessive. Même pour l'époque, elle dépassait la juste mesure. La nouvelle de la condamnation de l'inculpé se répandit assez rapidement dans la colonie. Un ministre méthodiste, le révérend George Young, se rendit à Fort Garry pour voir le condamné qui croyait que cette sentence n'avait pour but que de l'intimider. Scott s'imaginait que les Métis n'oseraient lui infliger le châtiment suprême.

Dans la soirée, le révérend Young tente vainement d'obtenir une entrevue avec Louis Riel. Le lendemain matin, il alerte les personnalités importantes de la colonie pour qu'elles interviennent. Donald Smith est sceptique. Il trouve exagérées les appréhensions de Young mais il est néanmoins disposé à voir Riel après que le ministre l'aura rencontré.

Le leader métis oppose une fin de non-recevoir aux exhortations de Young. Il lui dit qu'il faut faire un exemple pour impressionner les autres et les amener à respecter son gouvernement, ajoutant qu'il allait commencer par Scott et que, s'il le fallait d'autres suivraient.

Smith rendit visite à Riel en compagnie du père Lestanc. Riel fit remarquer à ses interlocuteurs que le condamné s'était soulevé contre le gouvernement provisoire en décembre mais que sa vie avait alors été épargnée, qu'il s'était échappé, qu'il avait été repris en armes, et de nouveau pardonné. Il ajouta que c'était un « incorrigible », incapable d'apprécier la clémence dont on avait fait preuve à son endroit. Il rappela aussi qu'il avait été grossier envers ses gardes et qu'il donnait un mauvais exemple aux autres prisonniers.

Pour faire fléchir le leader métis, Smith souligna que jusqu'à présent l'insurrection s'était déroulée sans effusion de sang, à l'exception d'un tragique accident que tout le monde avait considéré comme tel, et l'implora vainement de ne pas commettre ce « crime horrible ». Riel répliqua qu'il fallait « nous faire respecter du Canada ». À ce moment, Ambroise Lépine entra dans la pièce et s'écria tout simplement: « Il doit mourir. »

Toutes les interventions avaient échoué. Riel était résolu à faire exécuter Thomas Scott. Smith, après l'entrevue, rencontra le révérend Young et lui dit: « Pour l'amour de Dieu, allez revoir tout de suite le pauvre homme, car je crains le pire. » À l'instant même, il quitta Smith et se trouva quelques minutes plus tard en présence du condamné qui venait d'apprendre de ses gardiens que l'heure de l'exécution était arrivée. C'est alors que Scott comprit vraiment le sort qui l'attendait. Il salua les autres prisonniers et se dirigea vers l'extérieur de l'enceinte, la tête couverte d'un mouchoir blanc.

Un cercueil, rapidement fabriqué, sur lequel on avait jeté une pièce de coton blanc, se trouvait non loin de l'endroit où devait avoir lieu l'exécution. « C'est horrible, dit Scott au révérend Young, c'est un meurtre délibéré. N'oubliez pas de faire connaître la vérité à tout le monde. » On mit au prisonnier un bandeau blanc sur les yeux.

Il pria quelques instants avec le ministre, après quoi il lui demanda s'il devait rester debout ou s'agenouiller. Scott s'agenouilla dans la neige et dit adieu au pasteur qui s'éloigna. Le peloton d'exécution était composé de six hommes, qui étaient, semble-t-il, partiellement en état d'ébriété. Comme le voulait la tradition, seulement trois des six fusils étaient chargés, mais au signal donné, seulement quatre des six hommes osèrent presser la gâchette de leur arme.

Scott tomba dans la neige. Il vivait encore... François Guilmette, qui faisait partie du peloton, s'approcha du corps, et de son pistolet lui donna le coup de grâce. On était le 4 mars 1870, et le soleil de midi brillait sur la neige maculée du sang de celui qui désormais incarnera la fin de Riel et l'échec de son rêve.

Riel, qui s'était tenu dans l'ombre, s'avança et ordonna à la foule de se disperser. Le corps du fusillé fut placé dans le cercueil et les Métis le transportèrent à l'intérieur du fort. Bien des récits effarants ont circulé sur les derniers moments de Thomas Scott. Étaient-ils exagérés? Laissons la parole à un historien:

« George Young, dans ses *Manitoba Memories* (1897) et le major Boulton, dans ses *Reminiscences* prétendent que Scott survécut quelques heures après son exécution. Young fait état d'un article de la *Press* de Saint-Paul écrit par Henry Robinson, ancien rédacteur à la *New Nation*, où il prétendait qu'on lui avait montré le cercueil de Scott et qu'il avait entendu des plaintes qui en sortaient. C'est alors seulement que Riel et l'un de ses hommes auraient mis fin aux jours de Scott. Boulton de son côté cite John Bruce, un Métis qui s'était brouillé avec Riel. Ces deux auteurs étaient portés à croire et à publier tout ce qui pouvait discréditer Riel et il semble bien que ces rapports sur la mort lente de Scott soient plus que suspects[16]. »

Après l'exécution de Scott, « il n'y eut pas d'autres soulèvements contre le gouvernement provisoire[17]. » Comment expliquer l'attitude de Riel dans cette affaire? Ce n'est pas une tâche facile: « Cette action sanglante, si désastreuse pour la carrière de Louis Riel, sera toujours une énigme[18]. » Il ne s'est sans doute pas rendu compte qu'en autorisant l'exécution du condamné, qui n'était pas essentielle, il commettait une erreur capitale.

On en est réduit aux conjectures pour expliquer le comportement du chef métis. Il a certainement subi l'influence de son entourage qui l'a peut-être contraint à maintenir cette condamnation à mort, mais puisque le conseil de guerre qui avait condamné Scott n'avait pas rendu un verdict unanime, on peut se demander si Riel avait vraiment les mains totalement liées.

Depuis plusieurs semaines, Riel était sous l'effet d'une tension constante. Le 24 février, il avait subi une « attaque de fièvre », dont on ignore exactement la nature mais on sait qu'il avait été sérieusement malade. Des prêtres et des religieuses lui avaient rendu visite. Trois jours plus tard, il était rétabli. Le même jour, Scott avait été mis aux fers et ne pouvait certainement plus être menaçant... En décembre précédent, Mair et Schultz s'étaient montrés des prisonniers récalcitrants et le chef métis avait eu la patience de les endurer, sans songer à les traduire devant un conseil de guerre.

Riel vivait dans l'insécurité: il voyait des conspirateurs partout et il n'avait pas tout à fait tort. On peut ainsi croire que sa décision s'explique par son désir d'effrayer suffisamment ses ennemis pour que cessent leurs complots.

Dans la colonie, les paroisses anglophones furent abasourdies par la nouvelle de la mort de Thomas Scott. Malgré ce drame, elles continuèrent dans l'intérêt du pays à coopérer avec le gouvernement provisoire. Cependant, l'unité d'esprit n'existait plus. L'exécution du malheureux avait creusé entre francophones et anglophones de la Rivière-Rouge un fossé que les années ne réussiront jamais à combler entièrement. Ailleurs au Canada, Riel et Scott deviendront des symboles politiques, des cris de ralliement, qui opposeront francophones et anglophones pendant des générations.

L'Ontario anglophone se sentit solidaire de Scott et réclama l'envoi d'une expédition militaire. Le premier ministre du pays, John A. Macdonald, qualifia l'exécution du condamné de « crime barbare[19] ». Ce sont surtout les orangistes qui réagirent le plus violemment.

Une résolution adoptée par les orangistes de Toronto et publiée par le *Globe* du 13 avril 1870 fait preuve de la réaction la plus extrême: « Attendu que Thomas Scott, notre frère, et membre de notre ordre, a été cruellement assassiné par les ennemis de notre reine, il a été décidé que nous, (...) membres de la L(oyal) O(range) L(odge) no 404, mettions en demeure le gouvernement de venger sa mort, et que nous engagions à sauver le territoire de la Rivière-Rouge de ceux qui l'ont fait verser dans le papisme et à traîner devant les tribunaux les meurtriers de nos compatriotes[20]. »

Le bras droit du premier ministre Macdonald, Sir George Étienne Cartier, qui était pourtant sympathique aux Métis, jugea sévèrement l'exécution. Elle « était, pour le moins, un acte d'abus excessif de pouvoir et de brutalité criminelle[21]. » Les francophones, dans la colonie de la Rivière-Rouge, auraient réagi dans le même sens que Cartier. « Le meurtre brutal de Scott a soulevé autant d'horreur et d'indignation au sein de la majorité des colons francophones et métis que chez ceux de sang anglais[22]. »

Au Québec, la presse francophone réagit avec violence contre la levée de boucliers en Ontario à la suite de l'exécution de Scott. *Le Nouveau Monde* proclame qu'un nouveau conflit ethnique est commencé. Le *Globe* de Toronto, le plus important journal de l'Ontario, réplique: « Nous espérons sincèrement que ce n'est pas le sentiment général et que nos compatriotes francophones ont fait une grande erreur[23]. »

Le Pays et *La Minerve* emboîtent le pas et voient dans la question du Nord-Ouest un nouvel affrontement entre le Québec et l'Ontario. Cette attitude entraîne une nouvelle réplique du *Globe* qui écrit que « Riel avait illégalement supprimé la vie d'un Canadien — qu'il soit français ou anglais cela n'a aucune importance — avait refusé de tenir compte des avis du clergé et qu'il avait agi seulement pour sa satisfaction personnelle[24]. »

Toujours est-il qu'« avec le recul, la mort de Scott apparaît comme l'incident politique le plus déterminant entre la Confédération et la Grande Guerre[25]. » Pour Louis Riel, elle aura des conséquences incalculables. L'exécution de Scott « l'a engagé sur un sentier qui l'a conduit, non pas à la gloire, mais à l'échafaud[26]. »

Notes

1. Cité par George F.G. Stanley, *The Birth of Western Canada*, Toronto, 1960, p. 89.
2. Hartwell Bowsfield, *Louis Riel, le patriote rebelle*, Montréal, 1973, p. 51.
3. Cité par W.L. Morton, *Alexander Begg's Red River Journal and other papers relative to the Red River resistance of 1869-1870*, Toronto, 1956, p. 83.
4. Donald F. Warner, *Drang Nach Norden: The United States and the Riel Rebellion* dans *The Mississippi Valley Historical Review*, mars 1953, p. 703.
5. *Ibid.*, pp. 710-711.
6. Cité par A.S. Morton, *A History of the Canadian West to 1870-71*, Londres, 1939, p. 901.
7. Cité par Hartwell Bowsfield, *op. cit.*, p. 52.
8. *Ibid.*, p. 52.
9. A.S. Morton, *op. cit.*, p. 902.
10. *Ibid.*, p. 903.
11. R.G. MacBeth, *The Making of the Canadian West*, Toronto, 1898, p. 61.
12. *Ibid.*, p. 74.
13. Cité par Donald Creighton, *John A. Macdonald*, tome 2, Montréal, 1981, p. 59.
14. A.S. Morton, *op. cit.*, p. 906.
15. Grant MacEwan, *Metis Makers of History*, Saskatoon, 1981, p. 82.
16. Hartwell Bowsfield, *op. cit.*, p. 60.
17. E.E. Rich, *The History of the Hudson's Bay Company*, tome 2, Londres, 1959, p. 928.

18. A.S. Morton, *op. cit.*, p. 908.

19. Cité par Moir et Farr, *The Canadian Experience*, Toronto, 1969, p. 253.

20. J. E. Rea, *Thomas Scott*, dans *Dictionnaire biographique du Canada*, tome IX, Québec, 1977, p. 782.

21. Cité par Donatien Frémont, *Les secrétaires de Riel*, Montréal, 1953, p. 55.

22. Schofield, *Story of Manitoba*, p. 274. Cité par Douglas Owram, *The Myth of Louis Riel*, dans *Canadian Historical Review*, septembre 1982, pp. 318-319.

23. Cité par J.M.S. Careless, *Brown of the Globe*, tome 2, Toronto, 1963, p. 278.

24. *Ibid.*, p. 278.

25. Arthur R.M. Lower, *Colony to Nation*, Toronto, 1957, p. 352.

26. George F.G. Stanley, *Louis Riel*, Toronto, 1963, p. 117.

VII

LE MANITOBA

Quelques jours après l'exécution de Thomas Scott, Mgr Taché rentre à la Rivière-Rouge. C'est sur les instances du gouvernement d'Ottawa que l'évêque de Saint-Boniface avait accepté de quitter Rome pour réintégrer son diocèse afin d'apaiser les Métis. Mgr Jean Langevin, évêque de Rimouski, montra à son collègue une lettre de son frère, Hector Langevin, ministre dans le cabinet fédéral, « mentionnant les difficultés à la Rivière-Rouge... et l'évêque Langevin, ayant cette lettre entre les mains, me dit qu'il était bien malheureux que je ne puisse retourner au pays ».

« Mgr Taché lui dit alors : « Votre frère connaît les raisons qui m'empêchent de retourner. » Sur cela, il me dit : « Consentiriez-vous à retourner ? » — « Oui, lui répondis-je, je consens à retourner si le gouvernement me le demande et me donne les moyens de régler la difficulté. » Il me demanda alors la permission de télégraphier à son frère à cet effet, et j'y consentis. Le 8 janvier, il m'apporta une dépêche télégraphique qu'il avait reçue de son frère[1]. »

Avant de répondre, le prélat voulut consulter son métropolitain, l'archevêque de Québec. Mgr Baillargeon lui dit : « Après la manière dont on vous a traité, je comprends que vous ne puissiez partir, mais si vous pouvez oublier l'affront que vous avez reçu, il n'y a aucun doute que vous ferez une bonne action en vous rendant à la Rivière-Rouge[2]. »

Puis Mgr Taché fit savoir au gouvernement canadien que « sur sa demande », il allait se mettre en route incessamment. Le pape le reçut en audience privée. Pie IX lui dit : «Je bénis le peuple de la Rivière-Rouge, à la condition qu'il prête une oreille attentive à vos conseils et qu'il vive dans la paix et la charité. »

Le prélat qui ne reverra jamais la Ville éternelle, quitta Rome le 12 janvier 1870. Il passa par Marseille, Lyon, Paris et Londres avant de s'embarquer pour le Canada. Le 2 février, il arriva à Portland, sur la côte atlantique des États-Unis, où l'attendait une lettre de Sir George Étienne Cartier.

Le ministre de la Milice écrivait : « Je n'ai pas besoin de vous dire que nous vous attendons avec grande hâte à Ottawa... Nous prions donc Votre Grandeur de vouloir bien, après avoir mis pied à terre, vous mettre en *route directement* pour la capitale... Comme de raison aussitôt après votre arrivée ici, Votre Grandeur sera mise au courant de tout ce qui a eu lieu à la Rivière-Rouge, et où en sont les choses[3]. »

Quand Cartier rencontra le prélat, il lui avoua franchement : « Je suis heureux de vous voir, nous avons fait des fautes, vous devez nous aider à les réparer[4]. » Dans la capitale canadienne, le prélat eut des entretiens avec plusieurs ministres, dont le chef du gouvernement, portant sur les incidents dans la colonie de l'Assiniboia.

Le 17 février, Mgr Taché quitte Ottawa pour la Rivière-Rouge. La veille, le premier ministre Macdonald lui avait remis une lettre. Le chef du gouvernement écrit : « Si on soulevait la question relative à la consommation des effets ou marchandises appartenant à la Compagnie de la Baie d'Hudson par les insurgés, vous êtes autorisé à informer les chefs que si le gouvernement de la compagnie est rétabli, non seulement une amnistie générale sera accordée, mais dans le cas où la compagnie demanderait à être remboursée pour tels effets, le gouvernement canadien verra à donner toute la protection nécessaire aux insurgés[5]. »

Le 8 mars, Mgr Taché arrive à Saint-Norbert et dès le lendemain, il se rend à Saint-Boniface. Quand il passe devant Fort

Garry, les soldats de Riel demandent à leur chef l'autorisation d'aller recevoir la bénédiction de leur évêque. Riel accorde la permission, mais ne bouge pas, se bornant à déclarer : « Ce n'est pas Mgr Taché qui passe, ce n'est pas l'évêque de Saint-Boniface, c'est le Canada qui passe[6]. »

Il était connu dans la colonie que le prélat, en revenant de Rome, devait séjourner à Ottawa. Riel, qui était méfiant, soupçonnait l'évêque de vouloir jouer le même rôle que Donald Smith, c'est-à-dire d'essayer de miner son gouvernement.

Riel fit mettre des gardes à la porte du palais épiscopal et leur ordonna de ne laisser entrer et sortir librement que monseigneur et les membres du clergé, mais, à moins d'une autorisation formelle, personne d'autre.

Au début de mars, *The New Nation* annonça que le conseil du gouvernement provisoire se réunirait à Fort Garry le 9. Au jour indiqué, dix-neuf des vingt-quatre membres étaient présents, dont neuf francophones et dix anglophones. Au nombre des nouveaux élus figurait John Norquay, half-breed, futur premier ministre du Manitoba.

Personne ne fit mention de l'exécution de Thomas Scott au cours de la réunion. Dans son allocution, Riel rappela que le Dominion avait envoyé trois émissaires dans la colonie et qu'il y en aurait peut-être un quatrième en la personne de l'évêque de Saint-Boniface. Il exprima l'espoir que le prélat serait investi des pleins pouvoirs pour donner à la population ce qu'elle désirait. L'orateur n'eut aucune parole désobligeante envers l'évêque, mais il engagea les membres du conseil à agir prudemment. Les remarques du président furent bien accueillies et la séance fut ajournée au 15 mars.

À la suite de la première réunion du conseil, Mgr Taché alla à Fort Garry, le 11 mars, pour s'entretenir avec Louis Riel qu'accompagnaient Ambroise Lépine et O'Donoghue. Même si Mgr Taché, lors de son séjour à Ottawa, ignorait tout, comme ses hôtes, de l'exécution de Thomas Scott, il était convaincu que la promesse d'amnistie englobait toutes les actions commises avant son arrivée à la Rivière-Rouge. Pour Riel et Lépine, cette question était de première importance.

En toute bonne foi, il les assura catégoriquement que la proclamation du gouverneur général en date du 6 décembre

« m'ayant été donnée le 16 février pour l'emporter à la Rivière-Rouge, ne couvrait pas seulement toutes les offenses commises jusqu'à cette date, mais jusqu'à ce que je fusse en demeure de la présenter aux intéressés. J'ajoutai que, d'après les explications que j'avais reçues à Ottawa, j'étais entièrement convaincu que la proclamation aurait plein effet jusqu'au temps où je la leur communiquerais[7]. »

Il les engagea à donner suite à leur projet d'envoyer des délégués à Ottawa où ils seraient bien accueillis par les autorités canadiennes. Ses interlocuteurs, selon le prélat, lui répondirent « à plusieurs reprises, qu'ils n'avaient jamais eu l'intention de faire un soulèvement contre la Couronne ; que leur seule intention était d'en venir à une entente avec les autorités canadiennes avant d'entrer dans la Confédération. Ils dirent qu'ils n'étaient pas un troupeau de buffles, comme les appelaient les journaux, mais qu'ils étaient des hommes et des sujets britanniques, et comme tels dignes de considération. Le peu de considération qu'on leur avait accordée, tant en Angleterre qu'au Canada, était, dirent-ils, la cause du soulèvement[8]. »

Quelques jours plus tard, Riel prouve en effet qu'il est fidèle à la couronne britannique en s'emparant du New Nation. La publication ne reprendra qu'à la fin mars, quand Thomas Spence, « ancien président de la république du Manitoba », en sera nommé directeur.

Il ne semble pas que le major Robinson ait reçu une compensation monétaire du gouvernement provisoire pour « l'expropriation » de son journal. Les Américains n'auront désormais aucune influence sur le New Nation qui se faisait, dans la colonie, le porte-parole des partisans de l'annexion aux États-Unis. Robinson fut même arrêté et ne retrouva sa liberté qu'après avoir remis les clés du bureau du journal. Le départ, à la mi-mars, du consul des États-Unis à Winnipeg, Oscar Malmros, ainsi que cette confiscation, réduisirent grandement l'influence américaine dans la colonie.

Taché et Riel s'étaient réconciliés, mais cela ne serait que temporaire. Peu après, pour bien montrer qu'il observait la plus stricte neutralité dans les affaires politiques, le prélat retirait l'abbé Louis-Raymond Giroux qui faisait fonction d'aumônier auprès des soldats de Riel. Cette mesure déplut au président du gouvernement provisoire qui s'interrogea sur l'attitude de son chef spirituel et qui se demanda si ce dernier était toujours son ami. Les relations entre les deux hommes restèrent correctes, mais Riel, toutefois, garda une certaine méfiance.

Le 15 mars, nouvelle réunion du conseil du gouvernement provisoire, à laquelle assiste Mgr Taché. Il réclame la remise en liberté de la moitié des prisonniers et sans la moindre hésitation, le président accepte la requête et déclare que ces prisonniers seront élargis le même soir, précisant que c'est « par respect pour l'assemblée ». Riel tient sa promesse et tel que convenu dix-sept prisonniers sont libérés. Le lendemain d'autres détenus seront relâchés, dont le major Boulton qui avait été condamné à mort et gracié par Riel.

Riel s'attelle alors à d'autres tâches. Au début de février, il avait fixé son choix sur les trois délégués qui seraient chargés de négocier, à Ottawa, l'entrée de l'Assiniboia dans la Confédération. Il s'agissait du curé Ritchot, ami et confesseur de Riel, du juge John Black, employé de la Compagnie de la baie d'Hudson, et d'Alfred Scott, garçon de table dans un débit de boissons de Winnipeg. Les trois émissaires représentaient les éléments francophone, anglophone et américain.

Le 23 mars, Ritchot et Scott se mettent en route tandis que le juge Black ne partira que le lendemain. Le mandat des trois envoyés n'est pas conforme à la liste des droits adoptée par la convention des Quarante. En effet, la première clause prévoit l'entrée du Nord-Ouest dans la Confédération, non pas comme territoire, mais comme province. Cette province aura un lieutenant-gouverneur bilingue, une Assemblée législative et un Conseil législatif où les deux langues seront officielles. En somme, des institutions semblables à celles du Québec. C'est Riel et son entourage qui avaient pris cette initiative, sans consulter le conseil du gouvernement provisoire, nouvellement élu, qui siégeait au moment du départ des émissaires.

L'admission du Nord-Ouest dans la Confédération en tant que province avait été discutée par la convention. Riel avait même présenté une motion en ce sens, mais elle avait été rejetée par vingt-quatre voix contre quinze[9]. Les délégués avaient été chargés également de réclamer, comme condition *sine qua non* d'un accord politique, la proclamation d'une amnistie générale pour tous les membres du gouvernement provisoire.

Les délégués Black et Scott, au moment de leur départ pour Ottawa, avaient en leur possession une liste des droits révisée qui devait servir de base aux négociations, mais elle n'était pas identique à celle de l'abbé Ritchot.

« L'abbé Ritchot, de son côté, avait en sa possession un mémoire dans lequel figurait une autre clause encore, insérée dit-on, par l'évêque de Saint-Boniface, Monseigneur Alexandre Taché, récemment revenu de Rome. On ne peut affirmer avec certitude si c'est bien Monseigneur Taché qui fut responsable de cette addition. Mais on sait que Joseph Lemay, un Canadien français ayant précédemment vécu aux États-Unis, peu après le retour de Rome de Monseigneur Taché, écrivit à celui-ci et insista pour qu'on établisse, dans la nouvelle province, un système d'écoles confessionnelles. Quoi qu'il en soit, l'abbé Ritchot partit pour Ottawa porteur d'un document dans lequel on réclamait un système scolaire pouvant assurer aux catholiques comme aux protestants la pleine jouissance de leurs privilèges respectifs en éducation[10]. »

Rappelons qu'il n'y avait jamais eu de système d'enseignement public à la Rivière-Rouge et que les écoles avaient toujours été confessionnelles. Le conseil de l'Assiniboia divisait les fonds affectés à l'éducation entre les catholiques et les anglicans. Que Mgr Taché ait songé à obtenir des garanties constitutionnelles pour les écoles confessionnelles, s'explique assez facilement puisqu'il n'ignorait pas que les protestants de l'Ontario viendraient s'établir en grand nombre dans la nouvelle province et qu'ils mettraient en cause les écoles confessionnelles. Étant d'ardents partisans de l'école publique et neutre, ils ne pouvaient concevoir d'autre système d'enseignement. Mais les garanties constitutionnelles exigées ne s'imposeraient que dans la mesure où les francophones catholiques représenteraient une fraction importante de la population.

Pendant que les trois délégués font route vers Ottawa, Riel se penche sur d'autres problèmes. La Compagnie de la baie d'Hudson est dans une position de faiblesse et il le sait. Le 28 mars, le leader métis propose à la compagnie un compromis qui, en fait, est pratiquement un ultimatum. Il offre à la compagnie de libérer le fort afin de lui permettre de poursuivre ses opérations commerciales mais, en contrepartie, il demande la reconnaissance du gouvernement provisoire, un prêt assez important et une somme de quatre mille livres qui sera affectée à l'entretien de ses soldats.

Le gouverneur Mactavish, qui n'a pas le choix, hésite longuement et finit par accepter. Le 9 avril, Riel publie une proclamation à l'intention de la population du Nord-Ouest. Il y annonce une amnistie générale qui s'applique à toutes les personnes qui se soumettront aux décisions du gouvernement provisoire et fait également savoir que la Compagnie de la baie d'Hudson reprend ses activités commerciales. Il faut reconnaître, toutefois, que le mouvement de résistance des Métis n'avait pas énormément entravé le commerce à la Rivière-Rouge durant l'hiver de 1870. Riel continue à résider au fort, où il n'occupe qu'un espace assez restreint, avec une garde d'une cinquantaine d'hommes.

Le 20 avril, un incident se produisit, au fort, quand Riel fit hisser l'Union Jack. Il avait pris cette initiative « à la demande de Mgr Taché[11] ». Le prélat, qui était très respecté dans les milieux anglophones de la colonie et qui connaissait leur mentalité, avait fait là une heureuse suggestion. Il savait que les Métis, en se montrant de fidèles sujets de la Couronne britannique, obtiendraient plus facilement la reconnaissance de leurs droits par le gouvernement canadien.

L'action de Riel souleva l'ire de O'Donoghue, Irlandais et ardent antibritannique, qui fit amener le drapeau anglais. Riel fit de nouveau arborer le pavillon et confia à André Nault la charge de surveiller le mât.

À la fin d'avril, le conseil du gouvernement provisoire reprit ses travaux. Depuis le départ des délégués pour la capitale canadienne, le bruit courait dans la colonie que la liste des droits avait été modifiée sans l'approbation du conseil et que le chef métis avait suggéré à Ritchot de faire changer le nom d'Assiniboia en celui de Manitoba.

Ces rumeurs préoccupaient le président, mais il ne pouvait plus reculer. Il reconnut devant le conseil que la liste des droits avait été modifiée et qu'il avait lui-même pris cette initiative, sans consulter les membres. Cet aveu, comme on peut l'imaginer, jeta un froid au conseil et la méfiance des anglophones envers Riel, qui ne s'était jamais tout à fait dissipée, s'en trouva ravivée.

Pendant que les délégués se dirigeaient vers Ottawa, l'Ontario était en proie aux passions raciales et religieuses. Les événements de la Rivière-Rouge avaient laissé la plupart des Ontariens plutôt indifférents mais depuis l'exécution de Thomas Scott, ils s'étaient solidarisés avec la victime et réclamaient le châtiment des responsables de cette exécution.

Des assemblées se tenaient dans toutes les villes et les villages de la province où des discours enflammés étaient prononcés. Le docteur Schultz et Charles Mair, qui étaient rentrés de la colonie, participaient à ces manifestations et le récit qu'ils donnaient des événements de la Rivière-Rouge n'était pas toujours conforme à la vérité. On exagérait souvent en vue de soulever les passions et ainsi contraindre le gouvernement canadien à ne pas entamer de négociations avec les délégués du gouvernement provisoire.

À Toronto, la salle n'était pas assez grande pour contenir tous les auditeurs. On estime qu'ils étaient environ cinq mille à s'être déplacés pour entendre les orateurs et ce fut, dit-on, une des réunions publiques les plus imposantes des dernières années. Quand le docteur Schultz prit la parole, la foule se mit à crier: « Nous pendrons Riel. »

Les délégués, partis de la colonie le 23 mars, approchaient maintenant de leur destination. Le voyage avait été lent: les moyens de transport de l'époque n'étaient pas ceux d'aujourd'hui et les émissaires firent une partie du trajet dans des traîneaux tirés par des chevaux. Ce n'est qu'à Saint-Cloud, au Minnesota, que Ritchot et Scott montèrent à bord d'un train pour se rendre jusqu'à Buffalo. Puis de là, ils atteignirent Ogdensburg, en face de Prescott, en Ontario où ils furent accueillis par Gilbert McMicken et ses agents des services secrets canadiens, qui avaient été chargés par le premier ministre Macdonald de les escorter jusqu'à Ottawa afin d'éviter qu'ils soient victimes d'un attentat.

Le 12 avril, Ritchot et Scott arrivent enfin dans la capitale canadienne où ils sont reçus, avec une grande courtoisie, par Sir George Étienne Cartier. Le ministre de la Milice propose de suspendre l'ouverture des négociations pour quelques jours, le temps que l'agitation s'apaise en Ontario. Ritchot apprend alors que son collègue Alfred Scott a été arrêté et qu'un mandat a été émis contre lui pour « complicité dans le meurtre de Thomas Scott ». La plainte avait été signée par Hugh Scott, le frère de Thomas.

Ritchot se livre à la police et le 14 avril, à Ottawa, il comparaît en compagnie d'Alfred Scott devant le juge Thomas Galt, frère de Sir A.T. Galt, ancien ministre des Finances dans le gouvernement Macdonald. Le tribunal libère les deux inculpés, estimant que le juge de Toronto qui avait signé le mandat n'avait aucune juridiction.

Les adversaires des deux accusés avaient prévu cette éventualité et Hugh Scott, qui se trouve à Ottawa, réclame sur-le-champ l'émission d'un nouveau mandat d'arrêt. Ritchot et Scott, avant même d'avoir quitté la cour, sont arrêtés de nouveau et cette fois, incarcérés. On ne peut cependant parler ici de détention rigoureuse: « Alfred Scott... passa une nuit dans la prison publique et reçut ensuite pour prison l'hôtel Russel où il était descendu. M. Ritchot eut pour prison le palais épiscopal d'Ottawa, où il logeait[12]. »

L'abbé Ritchot protesta vigoureusement auprès du gouverneur général pour « violation de son statut diplomatique en tant que délégué du gouvernement provisoire de l'Assiniboia. » Ni le vice-roi, ni le gouvernement canadien ne pouvaient intervenir dans l'administration de la justice, qui n'était pas de leur compétence.

Les autorités fédérales retinrent les services d'un éminent avocat pour assurer la défense des deux inculpés. Il s'agissait de J.H. Cameron, ami de John A. Macdonald et orangiste. Il sera par la suite « rejeté comme grand maître de l'Ordre d'Orange pour s'être porté à la défense de Ritchot au Parlement[13]. »

Cameron régla toute cette affaire dans la coulisse. À l'ouverture du procès, le procureur de la Couronne informa le magistrat de police O'Gara qu'il n'avait pas de preuve à offrir pour soutenir l'accusation. Ritchot et Scott furent donc libérés une seconde fois. À la sortie du tribunal, les inculpés furent accueillis triomphalement par une foule de sympathisants.

Dans l'intervalle, le juge Black était arrivé à Ottawa pour participer aux négociations. Il eut un entretien avec John A.

Macdonald qui « espérait que Black l'aiderait à diminuer l'ampleur des demandes que ne manquerait pas de lui faire la délégation si elle était complète[14]. »

Le cabinet avait désigné Sir John A. Macdonald et Sir George Étienne Cartier pour mener les négociations. Les ministres étaient désireux de conduire les discussions avec les délégués de l'Ouest sans toutefois leur donner un caractère officiel. Par contre, Ritchot, qui était un homme têtu et résolu, était déterminé à faire reconnaître la délégation comme représentante du gouvernement provisoire. Pour le calmer, Cartier lui fit observer que le premier ministre ayant reçu les trois délégués, cette invitation équivalait à une reconnaissance officielle.

Mais Ritchot exige davantage ! Il fait savoir qu'il n'y aura pas de négociations tant que ses collègues et lui n'auront pas été accrédités comme représentants du gouvernement provisoire. Il menace même de rentrer à la Rivière-Rouge si sa demande n'est pas acceptée. L'intention de l'abbé est claire : si le gouvernement d'Ottawa accorde la reconnaissance, elle pourra servir de base à une amnistie générale qui englobera la mort de Scott.

Macdonald et Cartier se trouvaient dans une situation embarrassante. En raison de l'agitation qui sévissait en Ontario, ils ne pouvaient se permettre de donner l'impression qu'ils considéraient les délégués comme les porte-parole d'un gouvernement légitime. Le 26 avril, le secrétaire d'État pour les provinces, Joseph Howe, invitait les délégués du Nord-Ouest à rencontrer les représentants du Canada, Macdonald et Cartier.

S'agissait-il d'une reconnaissance officielle ? Certains historiens l'affirment tandis que d'autres en doutent. Interpelé aux Communes quelques jours plus tard, Macdonald nie avoir reconnu le gouvernement provisoire. Les négociations commencent le 25 avril et se terminent le 28 après soixante-quinze heures de discussions. On ne possède que très peu de renseignements sur le déroulement des pourparlers puisque les négociateurs, discrets, n'ont pas laissé de récits circonstanciés.

Ritchot, qui est dans sa quarante-cinquième année, est le plus intelligent des trois délégués et il se fait le principal porte-parole de la colonie. Scott l'appuie avec constance tandis que le juge Black, homme modéré et de compromis, engagera souvent le prêtre barbu à se montrer moins exigeant dans ses revendications. Mgr Taché, qui connaissait bien le curé de Saint-Norbert, l'avait prévenu, avant son départ, de ne pas afficher d'opinions extrêmes dans la défense des droits des Métis. C'est donc le point de vue des francophones de l'Ouest qui prévaudra à la table des négociations. Le ministère britannique des Colonies, de son côté, avait désigné Sir Clinton Murdoch pour surveiller les négociations.

Ritchot exige que la colonie devienne une province comme les autres provinces canadiennes et que les écoles soient confessionnelles. Ces deux conditions sont acceptées par le gouvernement. La nouvelle province aura deux Chambres: une Assemblée législative et un Conseil législatif. Les deux langues seront officielles au parlement provincial et dans les cours de justice. Le lieutenant-gouverneur devra donc parler le français et l'anglais. C'est en tous points une réplique exacte de la province de Québec.

La nouvelle province n'est qu'une bande de terre de quelque seize mille kilomètres carrés collée à la frontière américaine et sa population, peu nombreuse, atteint à peine douze mille habitants.

Quant au nom à donner à la nouvelle province, Riel avait fait des suggestions à Ritchot quelques jours avant l'ouverture des négociations à Ottawa: « Le nom du pays est déjà écrit dans tous les coeurs, c'est celui de la Rivière-Rouge. L'imagination chérit celui de *Manitoba,* mais la situation semble exiger celui de *Nord-Ouest.* Les amis de l'ancien gouvernement se complaisent dans celui d'Assiniboia que (*sic*) n'est pas assez généralement aimé pour qu'on le garde. Choisissez l'un des deux noms de *Manitoba* ou de *Nord-Ouest*[15]... »

Le projet de loi est présenté aux Communes le 4 mai et adopté en première lecture. En seconde lecture, il fait l'objet d'un amendement important. Dans le tracé des frontières de la province, on avait exclu Portage-la-Prairie où le gros des Ontariens résidaient. Les libéraux et l'ancien lieutenant-gouverneur, William McDougall, qui était revenu aux Communes, dénoncent avec véhémence cette omission de taille.

C'est Cartier qui était responsable de cet « oubli ». Le 28 avril, dernier jour des négociations, John A. Macdonald qui avait abusé de la dive bouteille, comme c'était parfois dans ses habitudes, n'avait pas participé aux entretiens. C'est Cartier qui les termine. Il a probablement agi dans le but d'accroître la majorité francophone de la province mais cette décision risquait de provoquer les réactions des milieux anglophones, ce qui d'ailleurs se produisit, forçant le gouvernement à amender le projet de loi pour englober Portage-la-Prairie.

Le 11 mai 1870, les Communes adoptent le projet de loi en troisième et dernière lecture par cent vingt voix contre onze. Le lendemain le gouverneur général donne la sanction royale. Le 15 juillet suivant, le Manitoba devenait « grâce à Louis Riel, une province du Canada[16]. » Cette cinquième province devenait, selon un autre auteur, le nouveau « Québec de la Prairie[17]. » Cartier, qui était bien fier de son oeuvre, déclarait devant ses électeurs: « Nous avons donné au Manitoba un gouvernement analogue à celui du Québec, et je suis heureux de dire que ses habitants sont satisfaits[18]. »

L'abbé Ritchot, ce négociateur coriace, avait contribué puissamment au succès de la cause des francophones dans l'Ouest du Canada. « On raconte qu'après l'adoption de l'Acte du Manitoba, Sir John, se tournant vers M. Ritchot et lui pressant la main, lui dit avec un fin sourire: « Si je savais que vous accepteriez, je vous demanderais d'entrer dans mon ministère. » Dans ce ton plaisant, Sir John rendait hommage aux talents supérieurs de l'excellent curé[19]. »

De plus, l'abbé Ritchot avait joué un rôle non pas exclusif, mais peut-être prépondérant dans le mouvement de résistance de Riel. Les contemporains, aussi bien à la Rivière-Rouge qu'à Ottawa, savaient que bien des membres du clergé, dont Ritchot, constituaient un levain de résistance au sein de la communauté métisse.

En 1905, à la mort de Mgr Ritchot, qui était devenu quelques années auparavant protonotaire apostolique, l'abbé Georges Dugas, quelque peu hâbleur mais qui avait tout de même participé à l'agitation des Métis, écrivait à un ami. Sa lettre au père Joseph Grenier, datée du 15 août 1905, est d'autant plus importante qu'elle est personnelle et confirme sur bien des points d'autres témoignages. Nous la citons, partiellement, en conservant l'orthographe et la ponctuation originales.

« J'ai lu *Les Cloches de Saint-Boniface*. Dans la notice

biographique de Mgr Ritchot il est dit qu'il n'a nullement engagé les métis à protester contre le gouvernement Canadien — Ceci est faux — entièrement faux — Il vaudrait mieux ne rien dire du role de Me Ritchot dans le soulevement des metis que de donner à entendre qu'il n'a fait que calmer les choses et donner de sages conseil — En réalité il a été l'ame de ce mouvement — C'est — lui qui l'a fait partir et sans lui le mouvement n'aurait pas eu lieu...

« C'est Me Ritchot et moi qui avons non seulement, dirigé mais poussé a cette résistance au gouvernement canadien ceci est la vérité vraie — Je ne l ai pas déclaré dans mon livre parce que toute vérité n'est pas bonne a dire — Je vous déclare a vous — Jamais les métis ignorants n'auraient pu songer a revandiquer des droits constitutionnels Si Me Ritchot et moi ne leur eussions faits connaître. — Sans Me Ritchot et moi le mouvement reste inexplicable[20]... »

L'archevêque de Saint-Boniface, Mgr Adélard Langevin, qui avait prononcé l'oraison funèbre de Mgr Ritchot, avait déclaré que le curé de Saint-Norbert « n'avait rien eu à faire avec l'organisation de la résistance. » Ce jugement rétrospectif n'a été retenu par aucun historien digne de ce nom. Le prélat avait sans doute oublié le sage conseil du pape Léon XIII selon lequel « la première loi de l'histoire, c'est de ne pas mentir; la seconde, c'est de ne pas craindre de dire la vérité. »

Par ailleurs, après la proclamation de l'acte du Manitoba, l'abbé Ritchot n'avait pas regagné immédiatement la colonie. Il n'avait pas encore obtenu d'assurance écrite qu'une amnistie générale serait accordée. Depuis l'exécution de Thomas Scott, aucun gouvernement à Ottawa ne pouvait proclamer une amnistie englobant la mort du malheureux sans s'exposer à de graves représailles politiques. L'agitation dans les provinces de l'Atlantique et notamment en Ontario paralysait les dirigeants canadiens.

Pour se tirer d'embarras, Ottawa trouva un moyen détourné. Il engagerait le gouvernement britannique à accorder l'amnistie. Il avait d'ailleurs des motifs sérieux pour demander à Londres de prendre l'initiative de cette mesure. Les infractions ayant été commises avant que le Canada ne prenne possession des territoires de l'Ouest, il appartenait donc aux ministres impériaux de recommander à la reine de gracier les coupables.

Le 19 mai, Cartier et Ritchot s'entretiennent avec le gouverneur général. Selon l'abbé Ritchot, Sir John Young lui a dit que la proclamation de décembre « est assez pour nous assurer qu'une Armistice (*sic*) générale va être proclamée immédiatement, qu'il n'est pas nécessaire d'en donner d'autre garantie par écrit. Je lui observe de nouveau que cette proclamation était du 6 décembre 1869 et qu'il pouvait se faire qu'elle ne serait pas suffisante et ne comprendrait pas les faits qui ont eu lieu depuis. Son Excellence m'assure qu'elle suffit, que d'ailleurs Sa Majesté allait immédiatement proclamer l'Amnistie générale, que nous pouvions partir pour le Manitoba, que l'Amnistie y arriverait avant nous[21]. »

L'émissaire britannique à Ottawa, Sir Clinton Murdoch, qui avait été chargé de surveiller les négociations avec les délégués de la Rivière-Rouge, se fit aussi assez rassurant. Il affirma que la souveraine ne songeait qu'au rétablissement de la paix et était disposée à « passer l'éponge » sur tout ce qui s'était passé. Il prévint toutefois Ritchot de ne pas insister sur les détails.

La possibilité d'organiser une expédition militaire dans le Nord-Ouest préoccupait les dirigeants canadiens et il en était question depuis plusieurs mois. Le premier ministre Macdonald, qui préconisait cette idée, songeait à l'envoi de forces impériales et non canadiennes. Dans l'esprit du chef du gouvernement, cette expédition aurait pour but de prévenir l'annexion par les États-Unis de cette immensité territoriale.

Au début de janvier, le *Globe* de Toronto écrivait « qu'il fallait que des troupes s'acheminent vers l'Ouest, non pas dans un esprit hostile au peuple de la Rivière-Rouge, mais pour faire comprendre aux intéressés que le Nord-Ouest était une possession britannique et canadienne[22]. »

Ottawa fit de fortes pressions sur le gouvernement britannique pour qu'il prenne part à ce déploiement de forces militaires. Macdonald « attendit impatiemment la réponse du gouvernement impérial. Elle n'arriva qu'après que de nombreuses discussions eussent eu lieu au sein du Cabinet libéral. Comme d'habitude, chaque fois qu'il s'agissait d'affaires canadiennes, Gladstone était plein de doutes et de réserves. Pour finir, Granville (ministre des Colonies) balaya ces doutes sans grande cérémonie. « Je ne vois pour nous qu'une seule possibilité : celle de rester au côté des Canadiens, dit-il à son chef, et dans ce cas, ce qu'il y a de plus sûr est une démonstration rapide d'autorité. » Le 6 mars le câble officiel qui promettait l'assistance militaire britannique arriva à Ottawa[23]. »

La demande canadienne était accordée, mais elle était assortie de conditions. « La première de toutes stipulait que le Canada devrait accorder aux colons catholiques des conditions favorables. Ensuite, en même temps que l'expédition militaire, le Dominion devait accepter la juridiction sur le territoire. La question était réglée. Le Canada recevrait une aide d'outre-Atlantique[24]. »

Cartier, qui ne pouvait faire autrement, se rallia à l'idée de l'envoi d'une force militaire dans l'Ouest. Le journal *Le Canadien* lui décocha cette flèche : « M. Cartier va-t-il bientôt envoyer ses compatriotes combattre les gens de l'Île-du-Prince-Édouard et de Terre-Neuve qui ne veulent pas entrer dans son heureuse Confédération[25] ? » D'ailleurs « tous les journaux canadiens-français, à l'exception de *La Minerve*, étaient opposés à l'envoi d'une force armée dans l'Ouest[26]. »

Pour plaire à Cartier et aux Canadiens français, le gouvernement s'était montré bon prince. Il avait négocié avec les trois délégués de l'Ouest et avait accepté pratiquement toutes leurs demandes, ce qui avait soulevé l'ire de l'Ontario qui savait, à cause des confidences indiscrètes d'Alfred Scott aux journalistes, que la liste des droits avait été modifiée sans l'assentiment des anglophones de l'Assiniboia. Ottawa avait aussi consenti à la création d'une province lilliputienne, pour employer l'expression du chef des libéraux fédéraux, Alexander Mackenzie, ce qui était plus ou moins défendable.

Il fallait donc aussi essayer de satisfaire l'Ontario qui justement, réclamait à cor et à cri l'envoi d'une expédition militaire depuis l'exécution de Thomas Scott. C'était un compromis raisonnable et Cartier le comprit.

Le corps expéditionnaire serait commandé par un Britannique, le colonel Garnet Wolseley, mais Cartier, en homme prudent, avait persuadé le gouvernement de Londres de fournir un contingent impérial qui ferait partie de cette force. L'homme d'État canadien-français voulait, sans doute de cette façon, réduire la présence des volontaires de l'Ontario qui ne songeraient qu'à user de représailles envers les Métis, ce qui ne manquera pas de se produire.

Il obtint aussi l'assurance que ce ne serait pas une expédition punitive. Là-dessus, le gouverneur général avait été catégorique. Macdonald faisait d'une pierre deux coups. La Grande-Bretagne s'associait au Canada pour faire savoir aux États-Unis que l'Ouest était possession canadienne et qu'elle appuyait le gouvernement d'Ottawa et le premier ministre satisfaisait également aux exigences de l'Ontario qui réclamait l'envoi d'un corps expéditionnaire. Quant à l'abbé Ritchot, il pouvait désormais quitter la capitale fédérale, ayant obtenu des assurances au moins verbales que ses revendications seraient satisfaites.

Le 8 juin, Cartier fait parvenir au gouverneur général un mémorandum détaillé sur les événements de la Rivière-Rouge dans lequel il recommande que la reine accorde une amnistie et que personne n'en soit exclu. Sir John Young transmet au ministre des Colonies, Lord Granville, la requête de l'homme d'État en soulignant qu'il possède une longue expérience et qu'il jouit d'une haute considération dans les milieux politiques de l'Amérique du Nord britannique. Il précise, toutefois, que cette demande n'est pas celle du cabinet.

Le gouverneur envoya également au ministre des Colonies une pétition du docteur J. Lynch, de l'Ontario, qui était au nombre des principaux dirigeants du mouvement qui réclamait vengeance pour la mort de Scott. Les signataires de la pétition estimaient qu'une amnistie serait « peu judicieuse, impolitique et dangereuse. » Sir John Young ne fournit aucun renseignement sur les antécédents du docteur Lynch au ministre britannique. Cartier ignorait ces faits quand il avait donné des assurances à Ritchot, avant son départ d'Ottawa, et qu'il lui avait dit que Riel serait satisfait.

Dès les premiers jours de juin, la population de la Rivière-Rouge attendait avec une impatience grandissante l'arrivée de Ritchot. Le 17 juin, le curé barbu débarquait à Fort Garry du bateau à vapeur *International*. Riel était peut-être, dans la colonie, l'homme le plus anxieux de revoir son confident. Il y avait tant de rumeurs qui circulaient qu'il en était fort préoccupé. Le bruit courait qu'une expédition militaire était à la veille de s'acheminer vers l'Ouest et que bien des soldats, qui en feraient partie, étaient assoiffés de vengeance. La question de l'amnistie lui causait aussi des soucis. Méfiant par nature, il n'était pas convaincu, malgré les assurances données par Mgr Taché, qu'elle serait accordée.

Ritchot répéta ce qu'on lui avait dit à Ottawa. Les militaires viendraient à la Rivière-Rouge en mission de paix. Quant à l'amnistie, elle serait proclamée très prochainement par la reine de Grande-Bretagne. Riel fut également mis au courant des dispositions de l'Acte du Manitoba. Il ne put qu'exprimer sa joie et sa satisfaction. Le lendemain de son arrivée, Ritchot écrivait à Cartier que Riel était bien heureux de l'Acte du Manitoba.

Le Conseil législatif du gouvernement provisoire était convoqué pour le 23 juin. Ritchot prit la parole, en français, et Riel fit fonction d'interprète. Il affirma que le gouvernement canadien avait reconnu officiellement la délégation du Nord-Ouest. Quant à l'amnistie, qui était une question de grande importance, notamment pour les dirigeants métis, Ritchot avait fait savoir à Ottawa que cette mesure était une condition *sine qua non* à tout accord. Il souligna que le gouvernement lui avait dit que l'amnistie relevait de la compétence impériale et non de celle du Canada parce que les infractions avaient été commises avant l'entrée du Manitoba dans la Confédération. Le rapport de l'abbé fut bien accueilli par les membres du Conseil qui l'ovationnèrent.

Le gouvernement provisoire restera en fonction pour assurer le maintien de l'ordre jusqu'à l'arrivée du nouveau lieutenant-gouverneur, Adams G. Archibald, qui doit atteindre la Rivière-Rouge après le 15 juillet, date de l'entrée de la province dans la Confédération. Archibald, qui succédera à William McDougall, était « un Père de la Confédération de la Nouvelle-Écosse, un homme qui parlait couramment le français et un des amis les plus intimes de Cartier[27]. » Pour remplir cette fonction, contrairement à son prédécesseur, Archibald était l'homme tout désigné. Il avait « du tact, de l'intelligence et du sang-froid[28]. »

Mgr Taché manifestait cependant beaucoup moins de satisfaction que Riel. Ce qui le préoccupait surtout, c'était que

Ritchot n'avait obtenu aucun engagement écrit à propos de l'amnistie, mais seulement des assurances verbales. Le 28 juin, il se met en route pour Ottawa en vue d'atteindre un triple objectif. S'assurer d'abord que l'amnistie sera proclamée, ensuite inciter le nouveau lieutenant-gouverneur à gagner le plus tôt possible la Rivière-Rouge et enfin s'efforcer de convaincre les autorités fédérales d'annuler l'expédition militaire.

Dès que la nouvelle se répandit que l'évêque de Saint-Boniface était sur le point d'atteindre la capitale fédérale, l'agitation reprit en Ontario afin que le gouvernement ne cède pas aux pressions du prélat surtout sur la question de l'amnistie et de l'envoi d'un corps expéditionnaire.

Taché eut un entretien avec Cartier qui l'assura que l'amnistie était attendue d'un jour à l'autre et que s'il demeurait quelques semaines à Ottawa, elle serait proclamée avant son départ. Cartier et Taché s'entretinrent par la suite, à Hamilton, avec le gouverneur général qui accueillit le prélat un peu cavalièrement. Sir John Young, qui ne prisait guère les deux hommes, engagea Taché à relire sa proclamation du 6 décembre qui, selon lui, englobait tous les cas. Pour que le prélat cesse de le harceler de questions, il lui dit que Sir George connaissait ses vues et qu'il lui donnerait tous les renseignements qu'il désirait.

Il était évident, pour les gens les moins politisés, que dans la conjoncture qui prévalait à ce moment, ni le gouvernement britannique ni le gouvernement canadien n'étaient en mesure d'accorder une amnistie. Il fallait attendre que les esprits s'apaisent en Ontario. Quant au gouvernement d'Ottawa, il s'efforçait de temporiser.

Taché ne réussit pas non plus à hâter le départ d'Archibald vers la Rivière-Rouge. Selon le lieutenant-gouverneur, c'est Cartier qui lui avait conseillé de ne pas aller occuper ses nouvelles fonctions avant l'arrivée des troupes. On ignore totalement les motifs du ministre de la Milice.

Les efforts du prélat pour faire annuler l'expédition militaire n'eurent pas plus de succès. Il s'agissait d'une décision politique ayant pour objectif d'apaiser les Ontariens et elle prima à ce moment sur toutes les autres considérations. Bref, le voyage de Mgr Taché à Ottawa fut un échec complet.

Quant à Cartier, qui sympathisait sans nul doute avec Ta-

Gabriel Dumont, chef militaire de l'insurrection de 1885 en Saskatchewan.

Vue partielle de Batoche au cours des combats.

Quelques prisonniers métis.

Gros Ours après sa reddition.

Louis Riel, en mai 1885, étroitement surveillé par ses gardiens
peu après s'être livré aux éclaireurs du général Middleton.

Quelques témoins à charge au procès du leader métis.

Riel prend la parole devant les jurés à son procès à Regina, en juillet 1885

ché et avec les Métis, il avait fait tout son possible. Il était débordé par les événements et on peut se demander si l'homme politique n'a pas surestimé son importance au sein du cabinet fédéral et s'il n'a pas sous-estimé l'ampleur et la profondeur du mouvement de protestation en Ontario. L'exécution de Thomas Scott avait suscité un accès de fureur qui semblait inextinguible.

À Ottawa, la perspective de l'expédition militaire préoccupait vivement Mgr Taché. Le lieutenant général James Alexander Lindsay, qui avait désigné le colonel Garnet Wolseley pour commander le corps expéditionnaire, « lui parla de « l'expédition de paix » envoyée à la Rivière-Rouge et lui conseilla de hâter son départ afin de se trouver au milieu de son peuple au moment de l'arrivée des troupes[29] ». Malgré ces assurances et bien d'autres, les prémonitions de l'évêque de Saint-Boniface étaient fondées.

À la Rivière-Rouge, Riel éprouvait également de l'anxiété. Il croyait, avec raison, que ses jours étaient menacés. Bien des Ontariens qui vivaient dans la colonie s'étaient tus depuis l'exécution de Thomas Scott par crainte des représailles. Ils attendaient désormais l'arrivée des troupes dans l'espoir que cette présence serait suivie de la proclamation de la loi martiale et de la pendaison de quelques Métis. Les Métis n'avaient jamais formé un bloc homogène. Certains d'entre eux, qui n'avaient jamais été d'accord avec le président du gouvernement provisoire, commençaient à se faire entendre.

Riel, qui n'était pas en mesure d'affronter le gouvernement canadien, n'avait plus qu'à se rallier. Dès le 22 juillet, il s'occupa personnellement de l'impression et de la distribution de la proclamation du colonel Wolseley.

« Nous vous apportons la paix, disait le colonel de Port Arthur en Ontario, et le seul objet de cette expédition n'est que de faire voir l'autorité de la Reine. Les soldats que j'ai l'honneur de commander ne représentent point de parti, ni de religion, ni de politique, et ils sont venus exprès pour protéger la vie et les biens de tous, sans distinction de race ou de culte. »

Plus tôt, le secrétaire d'État pour les provinces, Joseph Howe, avait fait savoir qu'il s'agissait « d'établir sur une base solide l'autorité de la Reine et de rétablir la confiance parmi toutes les classes des sujets de Sa Majesté ».

L'expédition était déjà en marche vers l'Ouest depuis quelques semaines. « Elle se composait d'environ mille hommes, dont trois cent cinquante Britanniques. Les autres militaires étaient des volontaires de l'Ontario et du Québec. Le contingent québécois était en majorité anglophone. Sur ses 362 hommes, il ne comptait que 77 Canadiens français[30]. »

Plus d'un volontaire venant de l'Ontario s'était enrôlé dans un but bien déterminé et brûlait de venger Thomas Scott. « Il y a des raisons de croire, et peu d'en douter, que si l'expédition avait été annulée, une expédition de volontaires sans scrupules de l'Ontario aurait été tentée[31]. »

Le 22 août, les troupes de Wolseley atteignent l'embouchure de la rivière Rouge. Le lendemain, Mgr Taché rentre à Saint-Boniface. « Peu après mon arrivée, dira plus tard le prélat, plusieurs membres du gouvernement provisoire traversèrent la rivière Rouge et se rendirent chez moi à Saint-Boniface. Ils commencèrent à parler des troubles du pays; mais je leur représentai qu'ils n'avaient pas le moindre danger à craindre, et que mon entrevue avec les autorités civiles et militaires m'avait convaincu qu'il n'y avait pas le moindre danger[32]... »

Ce soir-là Riel était très inquiet. Il rentra au fort vers une heure du matin, se mit au lit peu après et s'éveilla à l'aube. Il se fit alors servir de la viande froide pour petit déjeuner. Les troupes de Wolseley ne se trouvaient alors qu'à environ trois kilomètres du fort. Le commandant du corps expéditionnaire avait dépêché des éclaireurs près du fort. Ils lui annoncèrent que Riel avait pris la fuite et que les portes étaient ouvertes. Il écrivit que ce fut « une grande déception pour tout le monde ». Le colonel Wolseley oubliait sans doute qu'il avait été envoyé à la Rivière-Rouge en mission de paix.

Il ajouta que « personnellement, j'étais heureux que Riel n'était pas sorti pour se rendre, comme il en avait une fois manifesté l'intention, car je n'aurais pu le faire pendre comme j'aurais pu le faire si je l'avais capturé les armes à la main contre sa souveraine[33] ».

Effectivement, le leader métis avait fui, n'ayant pas même eu le temps de terminer son petit déjeuner. « Le 24 au matin, un colon anglais arrivait à course de cheval dire à Riel: Pour l'amour de Dieu, sauvez-vous; les troupes ne sont qu'à deux milles (trois kilomètres) de la ville et vous allez être massacré. Il n'eut que juste le temps de traverser à Saint-Boniface; pour éviter d'être poursuivi de près, il coupa la corde qui retenait le bateau traversier[34]. »

Mgr Taché a relaté qu'il avait vu des « hommes à cheval accourir à toute vitesse: c'était M. Riel, O'Donoghue et deux autres, qui n'étaient pas membres du gouvernement provisoire... J'ouvris la porte et je vis les troupes qui s'avançaient tout près du fort ».

« Vous avez quitté le fort, dit le prélat.

— Nous avons pris la fuite pour sauver notre vie, car il appert que nous avons été trompés, répliqua Riel.

— Comment?

— Pas plus tard que hier soir, Votre grandeur nous a dit qu'il n'y avait pas de sujet de crainte, et ce matin un monsieur arriva au Fort-Garry et nous avertit que nous ne pourrions rester au fort qu'au risque de notre vie... Plutôt que de courir le risque d'être tués ou massacrés, nous préférions quitter le fort avant l'arrivée des troupes[35]. »

Malgré ses revers, Riel « se consola en disant: n'importe ce qui arrivera maintenant, les droits des Métis sont assurés par le Bill de Manitoba; c'est ce que j'ai voulu — *Ma mission est finie*[36]. » Il est incontestable qu'en lançant son mouvement de résistance, Riel avait sauvé l'élément français dans le Nord-Ouest... mais pour combien de temps?

Le leader métis alla voir sa mère à Saint-Vital. La visite qu'il fit fut très brève, car le temps pressait. Avec O'Donoghue et Ambroise Lépine, Riel gagna la frontière américaine. Il se réfugia à la mission Saint-Joseph, au Dakota du Nord, où il fut bien accueilli par le père J.M.J. LeFloch qui l'hébergea ainsi que son ami Lépine. Quant à O'Donoghue, il se rendit à Pembina. Aux États-Unis, Riel ne vivait pas en toute quiétude. De temps à autre, il couchait en dehors de la mission, se croyant poursuivi par des meurtriers.

Ce n'était pas beaucoup mieux à la Rivière-Rouge où la situation était affligeante. Les dirigeants du gouvernement provisoire étaient en fuite. Les membres du Conseil du gouvernement provisoire vivaient dans l'obscurité. Il n'y avait plus aucun gouvernement.

À la demande du colonel Wolseley, Donald Smith avait accepté, non sans hésitation, d'assumer cette responsabilité jusqu'à l'arrivée du lieutenant-gouverneur. Adams Archibald arrive à Fort Garry le 2 septembre, entrant ainsi officiellement dans ses nouvelles fonctions de lieutenant-gouverneur du Manitoba et des territoires du Nord-Ouest.

Dans les quelques semaines qui suivirent l'arrivée des troupes de Wolseley, ce fut pratiquement l'anarchie au Manitoba, qui était entré dans la Confédération le 15 juillet précédent. « Dès le lendemain de l'arrivée de Wolseley, a écrit Louis Schmidt, l'ancien secrétaire de Riel, une foule nombreuse se rendit au fort pour déterrer le cadavre de Scott. Mais ils ne trouvèrent que quelques pierres au fond du cercueil. La fosse avait été creusée un peu à gauche de la porte du magasin de la Compagnie et je croyais bien comme les autres que le corps y avait été enfoui[37]... »

Rappelons que le révérend George Young, qui avait assisté Thomas Scott à ses derniers moments, avait réclamé le corps de la victime. Riel avait repoussé la requête parce qu'il craignait que le cadavre soit utilisé pour susciter des manifestations hostiles à son gouvernement. Après l'exécution, le corps fut mis dans un cercueil qui fut, par la suite, placé dans un mur de Fort Garry. Au cours de la nuit, le corps aurait été secrètement retiré du mur par des Métis et transporté ailleurs sans qu'on sache exactement l'endroit.

« La plupart des historiens contemporains ont cru qu'il avait été jeté à la rivière, mais Morice (le Père A.-G. de la communauté des Oblats), le principal apologiste des Métis, a prétendu avoir découvert qu'il fut inhumé secrètement dans le cimetière protestant St. John's[38]. »

La présence d'Ontariens dans le corps expéditionnaire s'avéra un ferment d'agitation. Ils s'allièrent avec leurs compatriotes de la Rivière-Rouge, qui avaient dû s'incliner devant le gouvernement provisoire de Louis Riel et des éléments des deux groupes se livrèrent à des sévices sur les Métis, comme s'ils avaient été tous responsables de la mort de Thomas Scott. Wolseley, qui avait juridiction sur les militaires, pouvait parfois

les apaiser, mais il n'avait aucune emprise sur les civils ontariens. Les conflits ethniques, qui avaient longtemps divisé le
Canada, se reproduisirent sur le territoire de l'ancienne colonie
de l'Assiniboia. Un historien a pu écrire que « c'est dans une
atmosphère de guerre civile que le Manitoba entra dans la
Confédération[39] ».

Dans un mémorandum à Cartier, le lieutenant-gouverneur
Archibald a bien expliqué l'état d'esprit des volontaires: « Un
certain nombre des volontaires (je ne saurais dire combien) se
rendirent là avec le désir de venger le meurtre de Scott, qui fut
l'une des causes de leur enrôlement. Quelques-uns déclarèrent
ouvertement qu'ils avaient fait voeu, avant de partir, de régler
toute l'affaire, en fusillant tout Français qui y aurait participé
d'une manière ou d'une autre. Comme la grande partie de la
population française avait pris part aux troubles d'une manière
ou autre, ce sentiment se changea graduellement en une haine
contre la race française toute entière, qui la leur rendait bien
avec usure[40]. »

Le lieutenant-gouverneur s'efforça d'apaiser les esprits.
Mais ses efforts étaient parfois contrecarrés par une minorité
conduite par le docteur Schultz qui n'avait pas oublié ses revers
passés aux mains des Métis et qui les détestait cordialement.
Cette minorité était très agressive et très active.

Dans une lettre au premier ministre Macdonald, Archibald jugea sévèrement ce petit groupe: « Malheureusement, un
dangereux esprit de bigoterie domine une section de notre population, peu considérable, mais tapageuse. La population, en
général, ne partage pas ces sentiments; elle serait heureuse de
voir renouer les bonnes relations qui existaient auparavant avec
ses voisins; mais il en est autrement avec les individus que je
viens de mentionner, qui parlent réellement et agissent comme
si les Métis français devaient être balayés de la face du monde[41]. »

Bien des Métis ont été battus, maltraités ou menacés de
sévices. Archibald, qui leur était sympathique, l'écrit carrément: « Beaucoup d'entre eux ont été tellement`battus et ont
subi tellement d'outrages qu'ils croient vivre dans un état d'esclavage. Ils disent que la haine de ces gens (les volontaires) est

pour eux un joug si insupportable qu'ils s'y soustrairaient volontiers à aucun prix[42]. »

Le 13 septembre 1870, Elzéar Goulet perdit la vie dans des circonstances tragiques. Il avait fait partie du conseil de guerre qui avait jugé Thomas Scott et il était au nombre de ceux qui avaient recommandé l'application de la peine capitale. « Goulet fut reconnu dans le village de Winnipeg par un membre de la faction canadienne qui avait été prisonnier de Riel sous le gouvernement provisoire. Cet homme, dont il est impossible de déterminer l'identité, ainsi que deux membres du corps expéditionnaire de Garnet Joseph Wolseley, poursuivirent Goulet dans le but apparent de l'arrêter pour complicité dans la mort de Scott. Goulet s'enfuit à pied vers la rivière Rouge et essaya de parvenir en lieu sûr à Saint-Boniface en traversant la rivière à la nage. Dans leur dépit, ses poursuivants lui jetèrent des pierres, dont une le frappa à la tête et l'assomma, et Goulet se noya. Lorsqu'on retrouva le corps le lendemain, il portait la trace d'un coup à la tête[43]. »

Cet événement survint onze jours après l'arrivée du premier lieutenant-gouverneur. Archibald désigna deux magistrats pour faire enquête. On entendit une vingtaine de témoins. Deux suspects qui avaient pris part à la poursuite de Goulet furent identifiés : l'un était un partisan du docteur John Christian Schultz et l'autre un des soldats de Wolseley. Des mandats d'arrêt furent émis, mais personne ne fut appréhendé.

François Guilmette, qui avait donné le coup de grâce à Thomas Scott, fut assassiné près de Pembina, aux États-Unis, dans des circonstances qui n'ont jamais été éclaircies. Les Métis ont toujours prétendu que Guilmette était tombé dans un guet-apens tendu par des Canadiens qui voulaient venger la mort de Scott.

André Nault échappa à la mort de justesse. Cousin de Louis Riel, il avait voté en faveur de l'exécution de Scott et « dirigea le feu du peloton qui mit fin à ses jours[44]. » Se sachant poursuivi, Nault s'était réfugié aux États-Unis, « mais une quinzaine de volontaires l'y assaillirent à la fois, et l'un d'eux lui donna un coup de baïonnette sur la tête qui le fit affaisser. Laissé pour mort par les Ontariens, il parvint quelque temps après à se traîner chez un métis qui en prit soin pendant une semaine[45]. » Le malheureux conserva comme souvenir de cet attentat une profonde cicatrice.

Thomas Spence, qui avait assumé la direction du *New Nation* après que ce journal eut été enlevé à ses dirigeants américains, fut également assailli. Quant à Riel, il était bien gardé par ses amis.

C'est la mort d'Elzéar Goulet qui a soulevé le plus d'émotion au sein de la communauté métisse. « Tous ces actes voulaient venger la mort de Scott et aucune mesure officielle ne fut prise pour punir les coupables, par crainte, semble-t-il, de provoquer un soulèvement général[46]. »

Riel, qui avait eu vent des derniers événements de la Rivière-Rouge, résolut de rentrer pour reprendre ses activités. Il ne pouvait rester les bras croisés à un moment où ses compatriotes étaient l'objet de sévices. Le 17 septembre, il préside une réunion d'une quarantaine de Métis à Saint-Norbert. Avec la collaboration de O'Donoghue, il prépare une pétition pour le président des États-Unis. La requête réclamait l'intervention du chef de l'exécutif américain auprès de la reine de Grande-Bretagne pour le redressement des griefs des Métis.

Mais Riel se méfiait de O'Donoghue, né en Irlande et ardent partisan de l'annexion du Manitoba aux États-Unis. Il avait la conviction que O'Donoghue se souciait fort peu du sort des Métis et qu'il songeait surtout à causer des difficultés à la Grande-Bretagne. Aux yeux de Riel, le sort des Métis américains n'était pas plus enviable que celui des sang-mêlé du Manitoba et la perspective d'une union avec les États-Unis lui paraissait si peu attirante pour ses compatriotes qu'il n'a jamais pensé à les engager dans cette voie. Bien au contraire, Riel avait manifesté à maintes reprises son opposition à l'annexion de l'Ouest canadien à la république voisine.

O'Donoghue réussit à obtenir une entrevue avec le président Grant qui l'écouta poliment. Il ne put, toutefois, convaincre le chef de l'État américain que la population du Manitoba aspirait à s'unir aux États-Unis.

Après la réunion de Saint-Norbert, Riel regagna la mission Saint-Joseph. Il aurait préféré rester à la Rivière-Rouge, mais ses amis l'engagèrent à rentrer aux États-Unis où sa sécurité serait mieux assurée.

Au Manitoba, le nouveau lieutenant-gouverneur s'était familiarisé avec les problèmes de la région et il ne tarda pas à se rendre compte que Mgr Taché lui serait un conseiller très utile. Des liens d'amitié s'établirent rapidement entre les deux hommes, rappelant les bonnes relations qui avaient existées au temps du gouverneur Mactavish.

Le premier geste d'Archibald fut la nomination de deux ministres. Il s'agissait d'Alfred Boyd, marchand de Winnipeg qui avait été membre de la convention des Quarante et de Marc Girard, originaire de Varennes au Québec où il avait été maire avant d'aller s'établir dans l'Ouest à la demande de Mgr Taché, qui avait été son condisciple au séminaire de Saint-Hyacinthe. Les deux groupes ethniques étaient ainsi représentés. D'ailleurs, le lieutenant-gouverneur, qui avait un grand sens de la justice, s'efforcera toujours de maintenir le caractère bilingue de la province afin de prévenir ainsi des frictions.

Il fit ensuite recenser la population. La nouvelle province comptait 11 963 habitants, dont 558 Indiens, 5 757 Métis, 4 083 half-breeds et 1 565 Blancs. La plupart de ces derniers étaient nés dans le pays. La province fut divisée en vingt-quatre circonscriptions en vue des prochaines élections provinciales au Manitoba. Au niveau fédéral, la province fut divisée en quatre circonscriptions, le Manitoba ayant droit à quatre députés à Ottawa.

Les élections provinciales étaient fixées pour décembre 1870. Dès le mois de novembre, André Nault et d'autres Métis engagèrent Riel à briguer les suffrages, mais ce dernier déclina l'invitation. C'est la mort dans l'âme qu'il s'était résigné à prendre cette décision. Il était le chef reconnu des Métis et ne pourrait siéger à l'Assemblée législative de la province dont il était le fondateur.

Il savait que George Étienne Cartier avait exprimé l'espoir qu'il ne poserait pas sa candidature. Le ministre de la Milice était d'opinion que, pour le moment, il était préférable que Riel renonce à la politique afin que les passions s'apaisent. Cette opinion était partagée à la Rivière-Rouge par bien des Blancs francophones. Dans les milieux les plus perspicaces, la décision de Riel fut apprise avec un grand soulagement.

La campagne électorale ne laissa pas le leader métis indifférent. Les résultats du scrutin le comblèrent de joie. Sur les vingt-quatre députés élus, dix-sept lui étaient sympathiques. La défaite du docteur John Christian Schultz, à Winnipeg, par Donald Smith, lui donna un motif de satisfaction supplémentaire. Son pire ennemi était battu.

Mais aux élections fédérales, tenues quelques mois plus tard dans les quatre circonscriptions du Manitoba, le docteur Schultz triompha facilement de son adversaire dans Lisgar. Donald Smith remporta le siège de Selkirk et Pierre Delorme, qui faisait partie du groupe qui avait capturé le major Boulton et ses amis de Portage-la-Prairie, s'empara de la circonscription de Provencher. Au mois de décembre de l'année précédente, il avait été élu pour représenter Saint-Norbert à l'Assemblée législative de Winnipeg. Soulignons qu'à l'époque, il était permis, au Canada, de siéger en même temps au Parlement provincial et au Parlement fédéral.

En février 1871, Riel tomba grièvement malade. Ses nombreux soucis semblaient à l'origine de sa maladie. Il craignait pour sa sécurité personnelle et s'inquiétait pour sa famille qui n'avait pas l'assistance financière nécessaire pour subvenir à ses besoins. Pendant plusieurs semaines ses amis ont cru que le mal dont il était atteint l'emporterait. Sa mère, prevenue de la maladie de son fils, alla le soigner aux États-Unis où Riel ne commença à se rétablir qu'au début d'avril.

Le 3 mai, bien qu'encore faible, il était à Saint-Vital. Il demeura chez sa mère, ne communiquant pratiquement avec personne afin de ne pas être inquiété. Tandis qu'il était en convalescence, William O'Donoghue, qui était désormais son ennemi, tenta de soulever les Métis afin de provoquer l'annexion du Manitoba aux États-Unis.

Cet ancien professeur de mathématiques du collège de Saint-Boniface se faisait passablement d'illusions. Il croyait en effet jouir d'un tel prestige au sein de la communauté métisse, qu'il lui aurait été possible de susciter une situation contraignant le gouvernement américain à intervenir. Il est fort étonnant que son entretien avec le président Grant ne lui ait pas fait perdre ses illusions.

Il s'associa avec des féniens américains — organisation politique irlandaise qui vouait une haine implacable à l'Angleterre — afin d'envahir le Manitoba. Il rédigea une constitution pour la future « république de la Terre de Rupert », dont il se désigna lui-même le président. Les Métis refusèrent de faire cause commune avec O'Donoghue.

Malgré cet échec, il ne se découragea pas. Le 5 octobre, à l'aube, il franchit la frontière avec quelque trente-cinq hommes et s'empara du poste de la Compagnie de la baie d'Hudson. Son seul occupant fut fait prisonnier et O'Donoghue proclama l'établissement d'un gouvernement provisoire de la Rivière-Rouge. Au bout de quelques heures, des soldats américains s'amenèrent et les féniens prirent la fuite. La plupart des chefs du mouvement furent capturés. Deux Métis s'emparèrent de O'Donoghue et le remirent aux autorités américaines. Les États-Unis n'intentèrent cependant aucune poursuite contre le leader fénien.

Au Manitoba, où le bruit courait depuis quelque temps qu'une invasion fénienne était imminente, Archibald publie, le 4 octobre, une proclamation invitant les sujets loyaux à s'enrôler pour la défense de la province. Le lendemain, quatre-vingts militaires et cent vingt volontaires se mettent en route vers la frontière afin de repousser les féniens. Des pluies diluviennes retardent la marche du détachement qui n'atteint la frontière que le 7. Ne voyant personne, ils rebroussent chemin.

Riel, à cette occasion, avait manifesté un loyalisme à toute épreuve. À la fin de septembre, il s'était entretenu avec Mgr Taché au presbytère de Saint-Norbert et lui avait donné l'assurance qu'il n'était pas associé au mouvement de O'Donoghue. Le prélat a plus tard relaté le dialogue qu'il avait engagé avec le chef métis.

— Savez-vous ce qui se passe au sujet des féniens?

— Oui, je connais parfaitement les rumeurs en circulation, mais je ne sais rien de positif à ce sujet.

— Je suppose qu'il n'y a pas de doute sur votre conduite dans cette affaire.

— Il ne saurait y avoir de doute sur ma conduite dans cette affaire; il est certain que je ne suis lié d'aucune manière avec eux; mais dans l'intervalle, je ne sais quelle attitude prendre, car vous savez parfaitement que ma vie n'est pas en sûreté. Je puis aller de l'avant et combattre les féniens, mais je suis sûr d'être tué par ceux qui se tiendront derrière moi. De sorte que je ne sais que faire, mais soyez certain qu'il n'y a pas le moindre danger que moi ou aucun de mes amis se joignent aux féniens. Nous détestons les féniens, car ils sont condamnés par l'Église, et vous pouvez être sûr que je n'aurai rien à faire avec eux[47]. »

Les Métis ont fait preuve d'une loyauté indéfectible. Le 4 octobre, l'abbé Ritchot eut un entretien avec Archibald au Fort Garry. À une question du lieutenant-gouverneur, il lui affirma « qu'il était très certain qu'il pouvait compter sur eux (les Métis) ». Il ajouta « que les métis n'attendaient qu'un mot d'ordre pour aller de l'avant. »

À cette occasion, le curé de Saint-Norbert demanda à Archibald une assurance écrite que le leader métis ne serait pas victime de sévices s'il s'affichait publiquement. Le lendemain, Archibald donna à Ritchot, par écrit, l'assurance suivante : « Dans le cas où M. Riel viendrait de l'avant, il ne doit nullement appréhender que sa liberté puisse être entravée de quelque manière que ce soit... La coopération des métis français et de leurs chefs pour la défense de la Couronne, dans les éventualités actuelles, sera très heureuse et ne pourra être envisagée autrement que comme leur donnant droit à la plus favorable considération... Plus les métis français seront prompts à prendre l'attitude en question, plus elle aura bonne grâce et plus son influence sera favorable[48]. »

Après avoir pris connaissance de la lettre, Riel, Ambroise Lépine et Pierre Parenteau firent la tournée des paroisses françaises pour inciter les Métis à s'enrôler. Le 7, de Saint-Vital, Riel et ses compagnons écrivent au lieutenant-gouverneur : « ... Comme plusieurs personnes sûres ont été priées de vous l'apprendre, la réponse des Métis a été celle de sujets fidèles. Plusieurs compagnies sont déjà organisées, et d'autres se forment. Votre Excellence peut se convaincre que, sans avoir été enthousiastes, nous avons été dévoués[49]. »

Archibald fit aussitôt répondre aux trois chefs : « Vous pouvez dire au peuple au nom duquel vous écrivez que Son Excellence reçoit avec grand plaisir les assurances qu'Elle avait anticipées dans ses communications avec le Rev. P. Ritchot, et dont votre lettre lui fait part, et qu'elle profitera de l'occasion la plus prochaine pour transmettre à Son Excellence le Gouverneur Général, cette preuve évidente de la loyauté et de la bonne foi des métis de Manitoba[50]. »

Le jour où cette lettre fut écrite (le 8 octobre) Archibald se rendait à Saint-Boniface avec son aide de camp, le capitaine Macdonald où il passa en revue quelque deux cents Métis qui avaient offert leurs services pour la défense de la province. À ce moment-là, ils ignoraient encore ce qui s'était passé à la frontière américaine, le 5 octobre, quand la folle équipée de O'Donoghue avait tourné au désastre.

« Je trouvai les Métis rangés en ligne écrit Archibald. Après qu'ils eurent offert leurs services par l'intermédiaire de M. Girard et que je les eus acceptés, M. Girard vint à moi avec quelqu'un et me dit : voici le capitaine que les Métis français ont choisi pour les guider. Il me présenta de la même manière quatre à cinq autres personnes. Je leur pressai la main à toutes. Je ne supposai pas alors que l'une d'elles était Riel. Le capitaine ne croyait pas non plus qu'il fût là[51]. »

Par contre, Marc Girard eut l'impression que le lieutenant-gouverneur savait qu'il avait serré la main de Riel. Il a déclaré plus tard : « Je le présentai à Riel comme celui que les Métis avaient choisi pour leur chef en cette occasion. Je crus qu'il valait mieux ne pas nommer Riel au Gouverneur... Je suppose qu'il comprit que c'était Riel[52]. »

Une fois l'alerte passée, un souffle d'indignation souleva certains milieux du Manitoba et de l'Ontario. On reprocha entre autres au lieutenant-gouverneur d'avoir serré la main de Louis Riel, « un rebelle et un meurtrier » et on accusa aussi les Métis d'avoir offert leurs services seulement après avoir appris la déconfiture de la tentative d'invasion de O'Donoghue. Certains esprits excessifs réclamèrent même le rappel d'Archibald. Au Manitoba toutefois, il n'y avait plus qu'une infime minorité d'individus qui vouaient encore une haine viscérale à Riel. L'attitude des Métis et de leur chef avait, semble-t-il, convaincu la plupart des Manitobains de la loyauté de ces hommes envers le pays auquel ils appartenaient maintenant.

Notes

1. *Rapport du Comité spécial sur les causes des troubles du Territoire du Nord-Ouest en 1869-1870*, Ottawa, 1874, p. 15.

2. *Ibid.*, p. 16.

3. *Ibid.*, p. 16.

4. Dom Benoit, *Vie de Mgr Taché*, tome 2, Montréal, 1904, p. 54.

5. *Rapport du Comité spécial*, p. 19.

6. Dom Benoit, *op. cit.*, p. 59.

7. *Rapport du Comité spécial*, p. 25.

8. *Ibid.*, p. 24.

9. George F.G. Stanley, *The Birth of Western Canada*, Toronto, 1960, p. 95.

10. G.F.G. Stanley, *Documents inédits*, dans *Revue d'histoire de l'Amérique française*, mars 1964, p. 538.

11. Donatien Frémont, *Mgr Taché et la naissance du Manitoba*, Winnipeg, 1930, p. 19.

12. Dom Benoit, *op. cit.*, p. 72.

13. Alastair Sweeny, *George Étienne Cartier*, Toronto, 1976, p. 216.

14. Donald Creighton, *John A. Macdonald*, tome 2, Montréal, 1981, p. 62.

15. W.L. Morton, *Alexander Begg's Red River Journal and others papers relative to the Red River Resistance of 1869-1870*, Toronto, 1956, p. 136.

16. James A. Jackson, *History of Manitoba*, Toronto, 1970, p. 112.

17. Grant MacEwan, *Métis Makers of Canada*, Saskatoon, 1981, p. 73.

18. Cité par Alastair Sweeny, *op. cit.*, p. 210.

19. L.A. Prud'homme, *Monseigneur Noël-Joseph Ritchot*, Winnipeg, 1928, p. 101.

20. Eucher Forget, *Documents inédits*, dans *Revue d'histoire de l'Amérique française*, juin 1949, p. 115.

21. George F.G. Stanley, *Le journal de l'abbé N.-J. Ritchot — 1870*, dans *Revue d'histoire de l'Amérique française*, mars 1964, pp. 558-559.

22. J.M.S. Careless, *Brown of the Globe*, tome 2, Toronto, 1963, p. 276.

23. Donald Creighton, *op. cit.*, p. 59.

24. *Ibid.*, p. 59.

25. Cité par Robert Rumilly, *Histoire de la province de Québec*, tome 1, Montréal, 1940, p. 145.

26. *Ibid.*, p. 145.

27. Alastair Sweeny, *op. cit.*, pp. 211-212.

28. P.B. Waite. *Macdonald. His Life and World*, Toronto, 1975, pp. 82-83.

29. Donatien Frémont, *op. cit.*, p. 28.

30. James A. Jackson, *op. cit.*, p. 109.

31. W.L. Morton, *op. cit.*, p. 144.

32. *Rapport du Comité spécial*, p. 45.

33. George F.G. Stanley, *Louis Riel*, Toronto, 1963, p. 155.

34. G. Dugas, *Histoire véridique des faits qui ont préparé le mouvement des métis à la Rivière-Rouge en 1869*, Montréal, 1905, pp. 192-193.
35. *Rapport du Comité spécial*, p. 46.
36. G. Dugas, *op. cit.*, p. 193.
37. Cité par Donatien Frémont, *Les secrétaires de Riel*, Montréal, 1953, pp. 59-60.
38. Joseph Kinsey Howard, *Strange Empire*, New York, 1952, p. 185.
39. Marcel Giraud, *Histoire du Canada*, Paris, 1966, p. 98.
40. *Rapport du Comité spécial*, p. 140.
41. *Ibid.*, p. 157.
42. *Ibid.*, p. 156.
43. J.A. Jackson, *Elzéar Goulet*, dans *Dictionnaire biographique du Canada*, tome IX, Québec, 1977, p. 363.
44. A.G. Morice, *Dictionnaire historique des Canadiens et des Métis français de l'Ouest*, Montréal, 1908, p. 205.
45. *Ibid.*, p. 205.
46. J.A. Jackson, *op. cit.*, p. 363.
47. *Rapport du Comité spécial*, p. 53.
48. Dom Benoit, *op. cit.*, pp. 168-169.
49. *Ibid.*, p. 169.
50. *Ibid.*, pp. 169-170.
51. *Rapport du Comité spécial*, pp. 142-143.
52. *Ibid*, p. 181.

VIII

UNE SECONDE PROVINCE FRANÇAISE ?

Grâce au mouvement de résistance de Louis Riel et, par la suite, à Sir George Étienne Cartier, le Manitoba était devenu, en 1870, une seconde province française dont le gouvernement, pour employer l'expression du ministre de la Milice, était « calqué sur celui du Québec ». Mais avec les années, faute d'immigration francophone, le rapport démographique s'est modifié à l'avantage des anglophones, notamment ceux de l'Ontario. En vingt ans, les francophones, qui étaient légèrement majoritaires en 1871, tombèrent à moins de 8 pour 100 de la population, proportion qui se maintiendra *grosso modo* jusqu'à nos jours.

Les Canadiens français n'ont pas étudié de façon détaillée les causes du déclin de l'élément francophone dans l'Ouest canadien de 1870 à 1890. Mais après la fin de la Première Guerre mondiale, l'historiographie canadienne-française du Québec a dénoncé « les responsables qui ont empêché l'expansion de leurs compatriotes à l'extérieur du Québec. » Aux yeux de ces auteurs et de ces historiens, le Canada anglophone, depuis la Confédération et pratiquement jusqu'à nos jours, s'est efforcé de limiter l'influence française du Québec. Ils procédaient très souvent par affirmations massives, se gardant bien d'apporter des preuves pour étayer leurs affirmations.

Dans l'*Action française*, en 1927, Anatole Vanier dénonce le gouvernement fédéral qui accorde des tarifs ferroviaires de faveur aux Anglais d'Angleterre au détriment de Canadiens qui veulent s'établir dans l'Ouest du Canada: « Un Anglais d'Angleterre veut-il aller s'établir près de Winnipeg? Son voyage lui coûtera, de Londres à Winnipeg, $22.00. Et ses enfants âgés de moins de dix-sept ans, ne paieront pas un sou!...

« Un bon Canadien du Québec, se croit-il obligé de quitter son pays natal qu'il se pose cette question: Où irais-je? Il n'est souvent qu'à quelques milles des États-Unis. Le persuade-t-on qu'il vaut mieux, pour lui, pour la race, pour le pays, qu'il s'établisse dans l'Ouest canadien? Il est obligé pour s'y rendre de payer son billet (de 2e classe) d'après le tableau suivant:

Montréal à Winnipeg...................................... $43.45
Montréal à Régina $55.90

« ... Et ce Canadien doit se rendre d'abord à Montréal. Ce qui ne se fait pas gratuitement! Enfin, ses enfants jusqu'à 17 ans ne sont pas transportés gratuitement.

« Le gouvernement fédéral paye, avec notre argent, en subventions ou autrement, ce qu'il faut pour que les compagnies de transport consentent à l'immigration d'Europe les taux plus haut cités; mais il n'a cure d'un Canadien de Montréal désireux de s'établir à Saint-Boniface. Aussi arrive-t-il trop souvent que le Canadien s'en va... aux États-Unis. Et l'on se demande, le front plissé, comment il se peut faire que tant de Canadiens passent la frontière américaine[1]! »

En 1940, Jean Bruchési, auteur d'une histoire du Canada utilisée dans certains collèges classiques de la province, faisait les mêmes doléances: « Il en coûtait... plus cher à un habitant de Rivière-du-Loup pour se rendre en Alberta qu'à un Juif de Galicie ou à un paysan du Danube[2]... »

Selon Mgr Albert Tessier, qui écrivait en 1958: « Les Ontariens acceptèrent de mauvais gré cette constitution trop libérale (celle du Manitoba). Ils brandirent l'épouvantail de l'envahissement papiste et de la domination française. Si les Canadiens du Québec s'avisaient d'émigrer en masse vers le Manitoba, la loyale province se trouverait coincée entre deux voisines inquiétantes.

« Comme première mesure, les orangistes prônèrent une forte immigration ontarienne afin de noyer l'élément français et de s'assurer la maîtrise économique et politique[3]. »

Robert Rumilly est lui aussi catégorique dans son appréciation en 1961 : « Il fallait à tout prix éviter la constitution, dans l'Ouest, d'une autre province canadienne-française, qui eût, avec Québec, encadré l'Ontario et peut-être assuré au Canada une population de majorité française — peut-être livré aux Canadiens français le contrôle de la législation fédérale[4]. »

Enfin dans le manuel scolaire *Canada-Québec*, édition corrigée et mise à jour (1977), on y relève le passage suivant : « Durant les années 1920, l'Ouest est moins accessible au Canadien français qu'à l'immigrant étranger. De Londres à Winnipeg, prix du billet pour l'étranger : 22 $. De Montréal à Winnipeg, prix du billet pour le Québécois : 43,48 $[5]. »

Au cours des vingt années qui ont précédé l'abolition du français au Manitoba par le gouvernement Greenway, en 1890, bien des Canadiens français auraient pu aller se fixer dans cette province. Ni les Ontariens, ni les orangistes, ni d'autres personnes, auraient pu les en empêcher mais nos compatriotes du Québec ont préféré prendre la route de la Nouvelle-Angleterre, cédant ainsi aux salaires alléchants versés aux ouvriers des manufactures américaines.

Quant au coût peu élevé du transport dont bénéficiait l'immigrant, on peut se demander si les dirigeants religieux et laïcs du Québec n'auraient pas accusé le gouvernement fédéral de vouloir dépeupler ou affaiblir le Québec dans la Confédération en accordant aux Canadiens français de la province des tarifs de faveur pour l'Ouest canadien.

Les francophones de l'Ouest n'ont jamais approuvé les jugements portés par l'historiographie canadienne-française du Québec. Bien au contraire, ils ont interprété l'attitude des francophones du Québec à leur endroit comme de l'indifférence. Le biographe de Mgr Taché, Dom Benoit, ne dissimule pas son amère déception : « Il s'est toujours trouvé dans la province de Québec certains esprits étroits qui ont été opposés systématiquement au départ des colons, quels qu'ils fussent et quelles que fussent les circonstances, pour les autres provinces[6]. »

L'auteur de *L'histoire de l'Église catholique dans l'Ouest canadien*, le père A.-G. Morice, déplorant la diminution continuelle des catholiques par rapport aux protestants, fait observer : « On ne saurait nier que si l'on avait bien tenu compte de cette question dans l'Est, des milliers de personnes qui s'en vont annuellement grossir le nombre des ouvriers dans les usines de la Nouvelle-Angleterre, sous prétexte d'améliorer leur condition matérielle, au risque d'y voir sombrer leur nationalité sinon leur foi, auraient pris le chemin de l'Ouest canadien et puissamment contribué à y maintenir l'influence du catholicisme. Cette émigration eut rendu impossible la spoliation des droits les plus sacrés en matière d'éducation qui devait assombrir les dernières années du patriotique archevêque Mgr Taché[7]. »

Thomas-Alfred Bernier, né au Québec et futur sénateur du Manitoba, écrivait au premier ministre Chapleau, en 1881 : « Le Manitoba était à l'origine une province française. Depuis, elle est devenue anglaise. Ce sont là des faits acquis à l'histoire, dont l'un est bien propre à nous attrister, sinon à nous humilier. Car il n'a dépendu que de nous, que de la province de Québec, que le Manitoba ne demeurât toujours français... La province de Québec n'est pas loin de mériter, de la part de la population française du Manitoba, les reproches que nous adressons si souvent à la France[8]... »

Les francophones de l'Ouest, comme ceux du Québec, inclinent à l'exagération. Il est difficile de voir comment les chefs religieux et laïcs du Québec auraient pu diriger vers l'Ouest le puissant courant migratoire qui, au XIXe siècle, s'est acheminé vers les États-Unis. Les centres manufacturiers américains, avec leur confort, exerçaient sur les masses canadiennes-françaises une plus grande attraction que les centres ruraux du Manitoba, où la vie était plus dure.

Du 17 au 24 octobre 1871, l'archevêque de Québec et les évêques de Montréal, Ottawa, Saint-Boniface, Saint-Hyacinthe, Trois-Rivières et Rimouski se réunissent à Québec. À la demande de Mgr Taché, l'assemblée accepte de promouvoir l'émigration de colons du Québec vers le Manitoba. Les prélats signent une « circulaire privée » rédigée par Taché et Laflèche destinée aux curés de toute la province ecclésiastique de Québec.

« Nous ne pouvons que gémir, disent les évêques, à la vue du grand nombre de nos compatriotes qui désertent journellement le foyer domestique et la terre natale pour aller demander à la prospérité de nos voisins un bien-être, qu'il nous semble pourtant possible de trouver ici, au milieu des avantages nombreux que la Providence a départis à notre chère patrie...

« Notre jeune pays n'est pas enfermé dans des limites assez étroites pour qu'il soit nécessaire de l'abandonner. Plus que jamais d'immenses étendues de terrain s'offrent à notre population dans les limites même de la patrie. L'acquisition du territoire du Nord-Ouest, la création de la Province de Manitoba, offrent un avantage réel à ceux qui n'aiment pas le défrichement des terrains boisés, et qui pourtant voudraient s'éloigner de la paroisse qu'ils habitent. Il n'est pas nécessaire de passer la frontière Canadienne pour trouver les riches prairies de l'Ouest.

« Notre pensée n'est pas de demander aux paisibles et heureux habitants de la Province de Québec de changer une position certaine et avantageuse pour les incertitudes et les risques d'une émigration lointaine, mais, s'il en est auxquels il faut un changement et auxquels il répugne de s'imposer les rudes labeurs de bûcherons, à ceux-là, Monsieur le Curé, veuillez bien indiquer la Province de Manitoba.

« Un octroi gratuit de 160 acres de bonne terre de prairie est promis par le gouvernement à tout homme de 21 ans qui voudra aller se fixer dans ces nouvelles contrées.

« Ces contrées si nouvelles pour les individus ne le sont pas pour le Canada. C'est l'énergie de nos pères qui les a découvertes ; c'est le zèle de nos missionnaires qui les a régénérées et préparées à l'ère de prospérité qui semble les attendre. Ces contrées lointaines ne sont donc pas la terre étrangère. Environ la moitié de la population y parle français et est d'origine Canadienne, en sorte que de toutes les paroisses on est certain d'y trouver des parents ou au moins des amis[9]. »

Le texte est d'une grande prudence. Les évêques n'ont probablement pas voulu donner prise à l'accusation de songer à dépeupler le Québec. Ils n'encouragent pas nos compatriotes, qui ne se proposent pas d'émigrer, à aller au Manitoba. Mais ils exhortent les Canadiens français qui manifestent le désir de quitter la province à aller s'établir au Manitoba plutôt qu'aux

États-Unis. Cette prise de position ne sera pas modifiée d'un iota par la suite et les évêques du Québec résisteront à toutes les pressions. Quant à nos dirigeants laïcs et à la plupart des journaux francophones de la province, leur attitude sera analogue à celle de la lettre collective.

En 1872 Mgr Taché, qui avait été élevé l'année précédente à la dignité d'archevêque de Saint-Boniface, entrevoit déjà les difficultés prochaines pour les francophones du Manitoba : « Le nombre va nous faire défaut, et comme sous notre système constitutionnel les nombres sont la force, nous allons nous trouver à la merci de ceux qui ne nous aiment pas[10]. »

Le père Albert Lacombe, missionnaire dans l'Ouest, qui a été envoyé au Québec en 1876 par son archevêque pour faire du recrutement, suggère de faire comme « les Ontariens, qui se cotisent et procurent les moyens à plusieurs familles d'aller les représenter à Manitoba. Il semble que ce qu'ils font, nous pouvons le faire nous aussi et avec autant et plus de succès[11]. »

Cinq ans plus tôt, l'hebdomadaire de Saint-Boniface, *Le Métis*, écrivait : « L'émigration qui nous vient d'Ontario s'y forme au moyen de souscriptions, et à Toronto seul le fonds de secours pour acheminer les émigrés vers la Rivière-Rouge s'élève à $30,000[12]. »

Les résultats ont été très minces. L'opposition à l'émigration vers le Manitoba était trop forte. *La Minerve* imprimait, en avril 1876, qu'elle ne pouvait encourager « aucune émigration régulière de Québec à Manitoba, parce que ce serait travailler à diminuer la force de notre nationalité ici, sous prétexte de l'augmenter là-bas[13] ».

La même année, le père Lacombe eut un entretien avec le premier ministre du Québec, Charles Boucher de Boucherville, ultramontain notoire. « Il m'a assuré, a écrit le père Lacombe, qu'il ferait tout en son pouvoir pour empêcher les Canadiens de la Province de Québec d'émigrer à Manitoba. Il m'a dit d'aller chercher ceux des États-Unis[14]. »

Quatre ans plus tard, le missionnaire écrivait : « C'est toujours la même histoire, on craint de dépeupler la province de Québec, en faveur de Manitoba[15]. » En raison de la faible émigration du Québec vers l'Ouest, *La Société de Colonisation de Manitoba*, fondée en 1874 sous le patronage de Mgr Taché, orienta ses efforts vers les États-Unis. Elle réussit vers la fin des années 1870 à rapatrier quelques centaines de familles de la Nouvelle-Angleterre. Le gouvernement canadien s'engagea aussi dans la même voie.

« Le Québec voit... d'un oeil favorable les efforts du gouvernement fédéral pour rapatrier les Canadiens établis aux États-Unis. Si au 19e siècle les résultats ne sont guère encourageants, la situation s'améliore au 20e siècle, surtout dans les années 1920. Au total, on estime que de 1900 à 1940 le gouvernement du Canada a réussi à rapatrier plus de 400 000 Canadiens auxquels s'ajoutent quelques dizaines de milliers d'immigrants américains nés de parents canadiens. Nous ignorons combien de Canadiens français font partie de ce contingent. Cependant, nous savons que parmi les immigrants américains recensés en 1931 au Canada, 55 000 sont d'origine française[16]. »

Le clergé francophone aux États-Unis entravait le travail des agents chargés du rapatriement. En 1909, Rodolphe Lemieux, ministre dans le cabinet Laurier, déclarait à la Chambre des communes « que parmi les adversaires les plus sérieux du rapatriement, se trouvent les membres du clergé lui-même. Quand un prêtre canadien-français a fondé une mission aux États-Unis, que la mission est devenue paroisse, qu'il y a érigé une église, un collège et un couvent, des écoles très belles, comme cela se voit, par exemple, à Lowell, à Holyoke et ailleurs, quand ces établissements sont devenus pour ainsi dire le prolongement de la province de Québec, il est assez naturel que le pasteur de cette paroisse ne soit pas soucieux de voir son troupeau se disperser et retourner même dans la vieille province natale[17]. »

En 1880, Mgr Taché fait de nouvelles démarches auprès de l'épiscopat québécois pour qu'il encourage les Canadiens français à émigrer au Manitoba. L'évêque de Trois-Rivières, Mgr Louis-François Laflèche, lui fait observer que « Le meilleur élément de colonisation pour le Nord-Ouest serait sans doute celui qui viendrait des Canadiens français; mais il nous est moralement impossible d'établir un pareil courant — venant du Bas-Canada — tout ce que nous pouvons faire, c'est de diriger vers Manitoba autant qu'il nous est possible ceux qui veulent aller aux États-Unis.

« L'archevêque de Saint-Boniface lui répond: « Je n'ai pas, pour ma part, d'inquiétudes pour la province de Québec que je crois à l'abri de tout danger d'absorption par les étrangers. Je n'en puis dire autant de Manitoba... Vous m'offrez bien l'immigration Européenne que vous avouez n'être pas désirable; mais quand vous parlez d'un mouvement de la population Canadienne, vous dites que vous allez diriger tous vos efforts vers les défrichements des forêts de la Province de Québec. Ces forêts, Cher Ami, ne vous échapperont pas, mais nos vastes prairies nous échappent. Et à moins que la Province de Québec ne vienne à notre secours par une forte et vigoureuse immigration, le champ où vous avez travaillé vous-même avec tant d'ardeur pendant de nombreuses années, va cesser d'être le domaine de la famille franco-Canadienne. Je regrette de le dire, on n'y a pas songé assez en Bas-Canada, et lorsqu'on pouvait fortifier tous les droits de la Province de Québec par l'établissement d'une province soeur à Manitoba, on a laissé cette dernière se peupler d'un élément hostile. »

Le père Lacombe est chargé par Mgr Taché de faire des tentatives dans le même sens auprès de l'archevêque de Québec, Mgr Taschereau. Ce dernier ne se laisse pas fléchir et il affirme que l'épiscopat s'en tient toujours à la « lettre circulaire » du 23 octobre 1871 et qu'il ne prendra pas d'autres engagements.

Jules-Paul Tardivel, le directeur de *La Vérité*, journal de Québec, va encore plus loin. Ce journaliste ultramontain s'oppose catégoriquement à tout mouvement migratoire. Il écrit le 12 juin 1886 « ... dans la province de Québec, l'émigration, de quelque côté qu'elle se dirige, que ce soit du côté des États-Unis ou vers le Nord-Ouest, est un fléau social qu'il est du devoir de tous les véritables patriotes de combattre par tous les moyens légitimes... Il est évident, pour qui veut réfléchir, que la race française en Amérique n'aura d'influence véritable pour le bien qu'à la condition d'être solidement assise dans la province de Québec, comme dans un château-fort. Elle doit s'emparer du sol de cette province qui lui appartient à tous les titres. Elle doit s'y développer et s'y fortifier sous la protection de l'Église qui a veillé sur son berceau, à l'ombre de ses belles institutions[18]. »

Trois ans plus tard, il change son fusil d'épaule: « Tardivel et bien des contemporains se mettent à rêver d'un grand État qui unirait Canadiens français du Québec et de la Nouvelle-Angleterre. Tout en continuant de voir dans l'émigration un mal, le directeur de *La Vérité* en vient à conseiller les États-Unis plutôt que l'Ouest aux Canadiens forcés d'émigrer[19]. » Il est inconcevable que des gens aient cru, même à l'époque, que les États-Unis se laisseraient démembrer pour permettre au Québec de s'agrandir.

En 1892, Mgr Laflèche réitère sa position sur l'émigration au cours d'une entrevue avec un journaliste de *La Minerve*: « Les évêques ne peuvent pas encourager les Canadiens à quitter la province de Québec. Nous avons ici un bel héritage que nos pères nous ont laissé. Il nous reste de vastes terrains de colonisation dans le Bas-Canada. Mettons-les d'abord en valeur. Je crois que c'est notre premier devoir. Mais comme un grand nombre de nos compatriotes veulent émigrer quand même, ce qu'il y a de mieux alors, c'est de se diriger vers l'Ouest.

« Pour ma part, je ne conseillerai jamais à un Canadien d'aller s'établir dans la Nouvelle-Angleterre. J'ai souvent exprimé ma manière de voir à ce propos. Il est plus avantageux pour nos compatriotes d'aller se fixer au Manitoba ou sur les bords de la Saskatchewan qu'aux États-Unis, où bien peu d'entre eux réussissent. Ils trouveront dans l'Ouest plus d'avantages, au point de vue matériel comme au point de vue religieux[20]. »

Quant à Mgr Taché, il ne cache pas sa profonde déception dans une lettre à Thomas-Alfred Bernier, en 1887: « Bien des fois dans le passé... j'ai tenté d'amener nos amis de la province mère à diriger de notre côté un courant d'immigration canadienne-française. Mais je dois l'avouer, ça n'a pas été sans un sentiment de tristesse profonde que j'ai dû constater la cause secrète de la presque inutilité de mes efforts. Nous marchions d'égal à égal autant par le nombre que par la position, ayant, comme vous le dites si bien, un pied-à-terre sur les points principaux du Manitoba; aujourd'hui, bien que nous ayons réussi à garder notre position, nous ne laissons pas pourtant que d'avoir été dépassés en nombre. »

Quelques mois avant sa mort, en 1894, le prélat affirmait que « si le succès n'a pas répondu à mes efforts, ce n'est pas ma faute... ».

En 1899, un futur leader nationaliste prestigieux du Québec, Henri Bourassa, joignait sa voix à celle de bien d'autres pour s'opposer au dépeuplement de la province. Prenant la parole devant la Chambre des communes, le député de Labelle déclarait: « À titre de représentant de l'un des comtés de la province de Québec, où les gouvernements, provincial et fédéral, ont fait le plus de sacrifices pour y fixer la population et pour engager les cultivateurs des autres parties de la province à venir s'y établir, je proteste de toutes mes forces contre la proposition tendant à donner mission à des agents du gouvernement d'inviter nos cultivateurs à aller s'établir au Nord-Ouest[21]. »

Il n'est donc pas surprenant qu'en « 1898, la Société générale de colonisation mentionnait qu'au cours de l'année précédente, elle avait envoyé 1 475 personnes pour coloniser des régions du Québec, mais seulement sept au Manitoba[22] ».

À la suite de la décision du gouvernement Greenway, en 1890, de supprimer le français comme langue officielle au Manitoba, les francophones de l'Ouest ont reproché à ceux du Québec d'être les responsables de cette situation. À leurs yeux, ce n'est pas le Canada anglophone, ni les tarifs de faveur accordés aux immigrants qui sont la cause du déclin de la présence numérique française au Manitoba. Comme on peut le constater, l'historiographie canadienne-française du Québec et celle de l'Ouest canadien sont aux antipodes.

L'Écho de Manitoba, hebdomadaire dirigé par Henri d'Hellencourt, écrivait au début du XXᵉ siècle: « Depuis trente années, il vous eût été facile de nous envoyer chaque année un contingent de 2 000 colons, pris parmi les foules qui se précipitaient vers les États-Unis...

« Nous n'aurions jamais eu de question des Écoles, car, notez-le bien en passant, c'est vous, vous seuls, de la province de Québec qui êtes responsables de ce qui est arrivé à la minorité manitobaine...

« Le moindre effort, la moindre bonne volonté de votre part, et la minorité catholique française, alimentée, renforcée par les contingents de Québec, eut suffi à faire respecter ses droits au Manitoba[23]. »

Le Courrier de l'Ouest, hebdomadaire d'Edmonton dirigé

par Philippe Roy, futur ministre du Canada en France, porte un jugement aussi sévère : « ... s'il m'est permis personnellement de placer les responsabilités où je crois qu'elles doivent être, je dirai, que si nous avons vu rétrécir quelques-unes de nos prérogatives, ce n'est pas dû tant à la ruse, à la violence et au mépris de la foi jurée exercés par nos concitoyens d'origine anglaise, qu'à notre propre faiblesse dans l'Ouest et à l'indifférence que les Canadiens français de Québec ont montrée vis-à-vis leurs compatriotes de l'Ouest[24]. »

Pour expliquer le faible courant migratoire vers l'Ouest, *La Presse* de Montréal avait soutenu que la campagne de propagande auprès de nos compatriotes avait été insuffisante. *Les Cloches de Saint-Boniface*, bulletin de l'archevêché, avait répliqué à cette assertion : « La vraie raison du petit nombre de Canadiens dans l'Ouest — nous le disons tout bas — c'est que le *clergé*, les *laïques influents* et les *journaux* ont, en général, *détourné* nos compatriotes et les ont encouragés à aller plutôt sur les terres rocheuses au Nord et même aux États-Unis[25]. »

En 1914, la question revint sur le tapis. Le ministre des Postes d'alors, Louis-Philippe Pelletier, avait menacé de faire fermer le bureau de colonisation à Montréal. Il reprochait à ses agents de faire trop de zèle en distribuant de la documentation et en publiant des articles destinés, selon lui, à contribuer à dépeupler le Québec. L'archevêque de Saint-Boniface, Mgr Adélard Langevin, n'avait guère prisé le geste que menaçait de poser le ministre. Il l'avait qualifié « d'odieux ».

Le prélat estimait « que c'est rendre un service éminent à la cause nationale tant Canadienne que Canadienne française que d'amener dans l'Ouest ceux des nôtres qui préfèrent la prairie à la forêt ».

Pelletier partageait sur cette question les vues de l'ancien premier ministre du Québec, Charles Boucher de Boucherville, dans le cabinet duquel il avait oeuvré. Il désapprouvait les mouvements de population d'une province à l'autre. Dans une lettre à Langevin, il exprimait l'opinion que les activités des agents du bureau de Montréal « étaient de nature à nous enlever de la province de Québec du monde qui sans cela y resterait et je suis convaincu que Votre Grandeur admettra avec moi que ceci est inacceptable[26] ».

Il est à noter qu'après la mesure du gouvernement Greenway au Manitoba, les histoires du Canada publiées au Québec ne firent pas mention de la responsabilité de nos compatriotes dans cet événement, en refusant d'acheminer vers l'Ouest un nombre suffisant de colons. À notre connaissance, il n'y a qu'une histoire du Canada, publiée au Québec, qui ait souligné la gravité de notre abstention.

En effet, Desrosiers et Bertrand écrivaient en 1919: « Un quart de siècle n'était pas écoulé depuis la fondation du Canada fédératif que ceux qui s'étaient opposés à la venue des Canadiens français dans l'Ouest, éprouvèrent les malheureux résultats de leur imprévoyance. Les Anglais, autrement bien avisés, avaient su diriger de ce côté une immigration constante des leurs et les catholiques étaient bientôt passés dans le groupe de la minorité toujours plus faible en raison de l'accroissement du groupe adverse[27]. »

Comment expliquer l'attitude de nos compatriotes? Pour bien des Canadiens français, le Manitoba n'était pas leur patrie. Ils étaient aux antipodes des Ontariens pour qui l'Ouest était un prolongement de la patrie canadienne. Dans l'esprit de beaucoup de Canadiens français, le fait de quitter le Québec pour l'Ouest équivalait à un abandon du sol de leur patrie, à une émigration dans un pays étranger où ils risquaient de perdre leur foi, leur langue, leur identité nationale.

Avant la Confédération, les conservateurs avaient exploité cette inclination chez nos compatriotes pour leur faire accepter l'union des quatre provinces. Dans une brochure de propagande, l'auteur soulignait les avantages pour le Québec de l'Acte de l'Amérique du Nord britannique: « ... on nous a séparés du Haut-Canada, nous nous appelons la Province de Québec, ... nous allons avoir notre propre gouvernement et nos propres chambres, où tout se fera par et pour les Canadiens français, et en français. »

Le jour de l'entrée en vigueur du nouveau régime, le 1er juillet 1867, *La Minerve*, journal conservateur qui avait le plus grand tirage au Québec, imprimait: « Telle est, d'ailleurs, la signification que l'on doit attacher à cette constitution. On y voit la reconnaissance de la nationalité canadienne-française. Comme nationalité distincte et séparée, nous formons un État dans l'État, avec la pleine jouissance de nos droits, la reconnaissance formelle de notre indépendance nationale. »

Le journaliste Oscar Dunn fait également l'éloge de la nouvelle constitution : « Elle a été faite pour nous seuls, écrit-il, car les autres provinces réclamaient l'union législative[28]. »

L'évêque de Trois-Rivières, Mgr Louis-François Laflèche, estimait que pour les Canadiens français « la vallée du St-Laurent est leur patrie[29] ». Après l'établissement de la Confédération, la presse francophone du Québec laissait clairement entendre que le Parlement de Québec était plus important que celui d'Ottawa.

En 1882, *La Revue Canadienne* écrivait que « Pour nous, Canadiens français, la législature de Québec a des attraits contre lesquels les trois ou quatre cents législateurs qui règlent nos destinées fédérales essayeraient en vain de lutter[30]. » *L'Opinion publique* du 13 avril 1871 avait tenu un langage analogue : « ... à Québec, à Québec surtout que se peuvent assurer le maintien, la force et l'avenir de l'autonomie nationale[31]. »

Il y a quelques décennies, un sociologue français, qui connaissait à fond les problèmes canadiens, s'interrogeait : « Quels sont effectivement les sentiments nationaux des Canadiens français? Si je me fie à leurs propres aveux, leur seul sentiment instinctif serait celui du patriotisme provincial, non canadien. La terre canadienne-française est pour eux la seule réalité...

« Il ne faut donc pas s'étonner qu'à l'égard du Canada, envisagé sous l'espèce d'une confédération, la plupart des Canadiens français n'éprouvent pas, à proprement parler, de sentiments patriotiques [32]. »

Il est incontestable que les Canadiens français, en considérant le Québec comme leur seule patrie, ont contribué au déclin de la présence française au Manitoba. Ils ont rendu ainsi très vulnérable la position des francophones dans cette province. Et comme un professeur de l'université Laval l'a fait observer avec raison : « Dans ce nouveau contexte, que peuvent valoir des garanties constitutionnelles[33]? »

Il n'est pas de notre ressort de blâmer ou de justifier l'attitude de nos compatriotes. L'historien est au-dessus de la mêlée et son rôle consiste à exposer et à expliquer les faits. Nous laissons donc à nos lecteurs le soin de porter un jugement.

Notes

1. Anatole Vanier, dans l'ouvrage collectif, *Les Canadiens français et la Confédération canadienne*, Montréal, 1927, pp. 22-23.

2. Jean Bruchési, *Histoire du Canada pour tous*, tome 2, Montréal, 1940, p. 305.

3. Albert Tessier, *Québec-Canada. Histoire du Canada*, tome 2, Québec, 1958, p. 182.

4. Robert Rumilly, *Le problème national des Canadiens français*, Montréal, 1961, p. 19.

5. *Almanach de la Langue française*. Cité par Denis Vaugeois et autres, *Canada-Québec*, Montréal, 1977, p. 492.

6. Dom Benoit, *Vie de Mgr Taché*, tome 2, Montréal, 1904, pp. 197-198.

7. A.G. Morice, *Histoire de l'Église catholique dans l'Ouest*, tome 2, Montréal, 1915. Cité par Robert Painchaud, *French Canadian Historiography and Franco-Catholic Settlement in Western Canada, 1870-1915*, dans *Canadian Historical Review*, décembre 1978, p. 454.

8. Cité par Robert Rumilly, *Honoré Mercier et son temps*, tome 1, Montréal, 1975, p. 153.

9. *Archives de l'archevêché de Montréal*.

10. Dom Benoit, *op. cit.*, pp. 195-196.

11. Robert Painchaud, *op. cit.*, p. 456.

12. Cité par A.I. Silver, *French Canada and the Prairie Frontier, 1870-1890*, dans *Canadian Historical Review*, mars 1969, p. 14.

13. Cité par Robert Painchaud, *op. cit.*, p. 457.

14. Cité par A.I. Silver, *op. cit.*, p. 26.

15. *Ibid.*, p. 26.

16. Linteau, Durocher et Robert, *Histoire du Québec contemporain*, tome I, Montréal, 1979, p. 48.

17. Cité par Albert Faucher, *Histoire économique et unité canadienne*, Montréal, 1970, pp. 294-295.

18. Cité par Mathieu Girard, *Thèse pour l'obtention du grade de maître ès arts* présentée à l'Université de Montréal, 1960, pp. 161-162.

19. Pierre Savard, *Jules-Paul Tardivel, la France et les États-Unis (1851-1905)*, Québec, 1967, pp. 222-223.

20. Cité par Robert Rumilly, *Mgr Laflèche et son temps*, Montréal, 1938, pp. 318-319.

21. *Débats de la Chambre des communes*, 26 juillet 1899, p. 8 558.

22. A.I. Silver, *op. cit.*, p. 27.

23. Cité par Robert Painchaud, *op. cit.*, pp. 463-464.

24. *Ibid.*, p. 464.

25. *Ibid.*, p. 465.

26. *Ibid.*, p. 465.

27. Adélard Desrosiers et Camille Bertrand, *Histoire du Canada*, Montréal, 1919, pp. 511-512.

28. Cité par Jean Bruchési, *Rappels*, Montréal, 1941, p. 52.

29. Cité par A.I. Silver, *Some Quebec Attitudes in an Age of Imperialism and Ideological Conflict*, dans *Canadian Historical Review*, décembre 1976, p. 449.

30. *Ibid.*, p. 450.

31. *Ibid.*, p. 450.

32. André Siegfried, *Le Canada, puissance internationale*, Paris, 1956, pp. 219-220.

33. Richard Jones, *Vers une hégémonie libérale*, Québec, 1980, p. 29.

IX

DÉPUTÉ ET EXILÉ

En Ontario, l'exécution de Thomas Scott n'était pas oubliée. Une poignée de francophobes continuait d'entretenir l'agitation, tandis que les électeurs étaient à la veille d'être convoqués aux urnes. Le chef du Parti libéral, Edward Blake, qui avait déjà plusieurs cordes à son arc pour abattre ses adversaires, en ajouta une nouvelle en exploitant l'affaire Scott. Il présenta à l'Assemblée législative de Toronto une motion réclamant l'arrestation et la mise en accusation des « meurtriers » de Scott.

Le Premier ministre, Sandfield Macdonald, combattit la motion en faisant remarquer que cette question était de compétence fédérale et non provinciale. Blake le savait et il savait également qu'en l'utilisant, il récolterait des dividendes politiques. Ainsi l'opposition de Sandfield Macdonald à la motion de Blake contribua-t-elle, dans une certaine mesure, à la victoire des libéraux aux élections provinciales ontariennes tenues au printemps de 1871.

Après le scrutin, Blake offrit une récompense de 5 000 $ à toute personne qui fournirait des renseignements conduisant à l'arrestation et à la condamnation des « meurtriers » de Scott. John A. Macdonald était sur les épines. Le gouvernement de l'Ontario risquait de lui causer de grandes difficultés. Si quelqu'un arrêtait Riel et si le leader métis était traduit devant les tribunaux, on peut imaginer le tollé qu'un tel événement causerait dans la province de Québec.

Les élections générales doivent se tenir dans quelques mois et John A. Macdonald, le grand artisan de la Confédération, ne veut pas que l'oeuvre qu'il a édifiée et qui ne date que de quelques années vole en morceaux. Bien au contraire, il songe à étendre le Canada de l'Atlantique au Pacifique. Il veut que les passions s'apaisent et il sait qu'il doit éviter à tout prix, pour préserver la fragile unité nationale, qu'un nouveau conflit politique éclate entre le Québec et l'Ontario.

Des considérations électorales jouent aussi: la défaite subie par le premier ministre ontarien inquiète Sir John et il tente par tous les moyens de prévenir la répétition, au plan national, de ce qui s'est passé en Ontario. George Étienne Cartier, qui est sympathique à Riel, fait savoir à des amis du leader métis que le départ de ce dernier, pour un exil volontaire de quelques années, calmerait les esprits. Au Manitoba plus d'un partisan de Riel n'est pas de cet avis. Les Métis exigent plutôt l'amnistie que le départ de leur chef.

Mgr Taché entreprend un nouveau voyage à Ottawa. Il s'entretient avec le premier ministre qui lui avoue carrément qu'aucun gouvernement, dans les circonstances, ne peut proclamer une amnistie. C'est l'évidence même. Macdonald ne conteste nullement avoir promis une amnistie. Il est d'ailleurs incontestable que John A. Macdonald et George Étienne Cartier avaient été sincères lorsqu'ils avaient promis cette mesure de grâce.

Pour Macdonald, la meilleure solution était celle préconisée par Cartier, c'est-à-dire l'exil volontaire de Riel. Le lieutenant-gouverneur Archibald était du même avis. Il avait la conviction que la présence du leader métis au Manitoba provoquerait des incidents fâcheux. Sir John demande à l'archevêque de s'efforcer de convaincre Riel et Ambroise Lépine de quitter le pays.

Le premier ministre se chargera de trouver l'argent pour assurer la subsistance des deux hommes. À son retour à Saint-Boniface, Mgr Taché reçut une lettre de Sir John, en date du 27 décembre 1871: «J'ai pu faire l'arrangement pour l'individu (Riel) dont il a été question. Je vous envoie maintenant une traite à vue sur la Banque de Montréal pour $1,000; pas n'est besoin de démontrer à Votre Grâce l'importance de lui payer périodiquement cet argent (disons mensuellement ou trimestriellement) et non en une seule fois, car cet argent serait gaspillé, et notre embarras recommencerait. Le paiement devrait se faire durant le cours d'un an[1]. »

Sur les instances d'Archibald et de Taché, Donald Smith accepta de verser un montant supplémentaire de 800$. Le prélat remit l'argent à Riel et Lépine, gardant toutefois 800$ afin de pourvoir à l'entretien des deux familles. Le lendemain, 16 février 1872, il leur écrivit: « Votre départ sera une épreuve autant qu'un sacrifice. Je sais toutes ces choses, messieurs; je le sais d'autant mieux que depuis longtemps elles occupent mon esprit et mon coeur tous les jours. Malgré cette connaissance, j'ose proférer un mot bien pénible et bien délicat: partez, effacez-vous pendant quelque temps; ne laissez pas même un prétexte à ceux qui vous poursuivent si injustement. Ils veulent faire le mal, agiter le pays, le ruiner, si c'est possible, et pour cela, ils sont trop heureux de se servir du prétexte que vous êtes ici. Ôtez-leur ce prétexte, offrez ce nouveau sacrifice sur l'autel de la Patrie...

« Je comprends... la grandeur et l'étendue du sacrifice que je vous demande. J'ai bien des amis sincères et dévoués qui pensent comme moi. Peu, sans doute, voudraient se charger de la pénible mission de vous prier de partir. Mon amitié et ma confiance m'inspirent cette hardiesse[2]. »

Le 23 février, Riel et Lépine quittent Saint-Vital pour les États-Unis. Par crainte de violence, et afin de ne pas attirer l'attention, les deux fugitifs voyagent en voiture privée. Ils sont escortés par des policiers que leur a fournis le chef de police, Louis de Plainval. Le trajet se fait au cours de la nuit. Après s'être assuré que Riel avait bien franchi la frontière internationale, Sir John A. Macdonald, ce politicien retors, déclare publiquement, pour apaiser les Ontariens: « Où est Riel? Dieu le sait. J'aimerais bien le savoir pour lui mettre la main au collet[3]. »

Le 2 mars, Riel et Lépine arrivent à Saint-Paul, au Minnesota. De cet endroit, le leader métis échange de nombreuses lettres avec des amis du Manitoba, notamment avec son condisciple du collège de Montréal, Joseph Dubuc, né à Sainte-Martine, au Québec, qui était allé s'établir dans l'Ouest à la demande de Riel, Ritchot, Taché et Cartier.

Les deux fugitifs eurent rapidement le mal du pays et ils vécurent dans l'insécurité, se croyant poursuivis par des Ontariens qui empruntaient cette route pour gagner le Manitoba. Riel se demandait souvent s'il ne serait pas plus en sûreté dans sa province qu'aux États-Unis où, sans protection, il risquait de tomber dans un piège tendu par un Ontarien qui songerait à obtenir la récompense de 5 000 $ offerte par le gouvernement de Toronto. À la Rivière-Rouge, il avait beaucoup d'amis qui pouvaient le protéger.

À la fin d'avril, les fugitifs surprirent la conversation de deux hommes qui s'interrogeaient sur les moyens à prendre pour obtenir la généreuse récompense. Lépine, déprimé et las de vivre en territoire étranger, rentre au Manitoba au mois de mai. Privé de son ami, Riel se sent de plus en plus isolé. Dans une lettre à l'archevêque de Saint-Boniface, il écrit: « Je me confie à Dieu. »

Les nouvelles qu'il reçoit de la Rivière-Rouge ne sont guère encourageantes. Elles aggravent sa solitude. Un de ses amis lui fait savoir que les Métis regrettent son départ et anticipent le jour où il reviendra parmi eux. Sa soeur Marie se fait plus pressante: « Ton absence nous est pénible et cruelle. »

Les élections fédérales approchent et des amis lui conseillent de poser sa candidature dans la circonscription de Provencher où ses chances de triompher sont excellentes. Mordu par la politique et croyant qu'il serait plus en sécurité dans sa province qu'aux États-Unis, Riel rentre au Manitoba à la fin de juin 1872.

Son retour n'est pas accueilli avec enthousiasme dans tous les milieux francophones de la province. Ce qui préoccupe notamment plusieurs de ses amis, c'est qu'il se lance en politique. À leurs yeux, il risque d'être arrêté et même assassiné s'il se rend à Ottawa. Malgré tout, Riel entreprend sa campagne électorale. Rappelons qu'à cette époque, la votation n'avait pas lieu le même jour dans tout le Canada. Le 28 août, Sir George Étienne Cartier perd aux mains d'Amable Jetté, candidat du Parti national dans Montréal-Est, par 1 300 voix.

Le gouverneur général, Lord Dufferin, et le premier ministre Macdonald déplorent la défaite du ministre de la Milice. Dans une lettre à Cartier, Dufferin lui dit: « Il n'y a pas de doute que vous pourrez vous procurer facilement un autre mandat, car je suis sûr que vos adversaires politiques les plus acharnés se pardonneraient difficilement à eux-mêmes si leur triomphe devait amener votre exclusion du Parlement[4]. »

Quant au chef du gouvernement, il prie le lieutenant-gouverneur Archibald de faire le nécessaire pour faire élire Cartier au Manitoba et, à cette fin, d'engager Riel à se désister en faveur du ministre. Le 5 septembre 1872, Archibald fait parvenir à Mgr Taché une lettre assez curieuse, en raison de son laconisme et de son ton: « Maintenant ou jamais. Ne perdez pas une chance qui n'arrivera jamais. Pourriez-vous me voir aujourd'hui[5]? »

Le prélat se rend au rendez-vous le jour même. Selon Taché, Archibald « m'expliqua qu'il lui semblait fort désirable que Riel (alors candidat pour Provencher) retirât sa candidature pour permettre à Sir George d'être élu. Je lui dis que j'essaierais de voir Riel et de sonder ses opinions. Le gouverneur dit que cela lierait tellement Sir George qu'il ne pourrait s'empêcher de faire plus encore qu'il n'avait fait pour l'amnistie. Je vis Riel et je le conseillai de retirer sa candidature en lui exposant les mêmes raisons et d'autres au nom de son pays[6]. »

Le 14 septembre, jour de la mise en candidature, Cartier est élu par acclamation député de Provencher. Un télégramme de félicitations, portant quatre signatures, dont celles de Riel et de Lépine, est envoyé à Cartier, qui se trouvait à Montréal: « Votre élection est par acclamation dans notre comté et nous avons raison d'espérer le succès de la cause qui vous est confiée[7]. »

Macdonald avait fait d'une pierre deux coups en proposant de faire élire au Manitoba son principal lieutenant au Québec. Il gardait Cartier dans son cabinet et, du même coup, il éliminait Riel dont l'élection comme député de Provencher risquait de raviver les querelles ethniques. Mais ce ne fut qu'un succès temporaire.

À la fin de septembre, peu après son élection, Cartier s'embarque pour la Grande-Bretagne dans le but de se faire soigner à Londres. Il souffrait en effet d'une néphrite chronique, appelée aussi mal de Bright. Avec sa femme et ses deux filles, l'homme politique passera l'hiver en Angleterre et, le 20 mai 1873, il meurt dans la capitale britannique. C'est Macdonald qui annonça aux Communes la mort de Cartier, après quoi il fondit en larmes. Le chef du gouvernement venait de perdre ce fidèle compagnon qui l'avait secondé pendant vingt ans.

Cartier disparu, une élection partielle se tiendra dans la circonscription de Provencher. Le député de Marquette, au Manitoba, Robert Cunningham, envoya un télégramme à Mgr Taché dans lequel il suggéra la candidature de Riel. Le chef métis, qui ne pouvait plus compter sur le ministre de la Milice, le principal défenseur au cabinet d'une amnistie, songea également à briguer les suffrages.

Le premier ministre canadien, aussi bien que des amis de Riel, envisageaient cette éventualité avec de grandes appréhensions. Macdonald confia à Marc Girard que si le leader métis venait à Ottawa, il serait très certainement arrêté ou assassiné. Joseph Royal était du même avis. Il fit part de ses craintes à Mgr Taché. « Si Riel va à Ottawa, dit-il, il sera assassiné. »

Riel décide quand même de poser sa candidature à l'élection partielle. Il semble un peu trop confiant. Pourtant ses adversaires à la Rivière-Rouge ne désarment pas. Ils veulent avoir sa tête. Un groupe de Canadiens se réunissent le 14 septembre : leur but est de recevoir la récompense de 5 000 $ offerte par le gouvernement de l'Ontario. Le magistrat H.J. O'Donnell émet des mandats d'amener contre Riel et Lépine pour le « meurtre » de Thomas Scott.

Deux agents de la paix sont chargés de procéder aux arrestations. Ils font route pour Saint-Vital, mais ils ne trouvent pas Riel. Ils se rendent alors à la ferme d'Ambroise Lépine qui, sur le moment, envisage de résister à son arrestation. C'était un colosse de près de deux mètres, bâti en hercule. Lépine finalement suivit les deux hommes, après avoir embrassé sa femme et son enfant en pleurs. Il fut détenu au Fort Garry jusqu'au 22 décembre, jour de sa libération sous un cautionnement de 8 000 $ fourni en grande partie par la communauté canadienne-française et métisse. Son procès ne s'instruisit devant la Cour d'assises qu'en octobre 1874.

Quant à Riel, il s'était enfui dans les bois où il était bien gardé par des amis. Son ami anglophone, A.G.B. Bannantyne, qui avait versé 2 000 $ pour la libération de Lépine, l'avait prévenu qu'un mandat d'amener avait été émis contre lui. Riel resta introuvable. Des perquisitions furent effectuées aux domiciles de ses parents et amis, dont ceux de Robert Cunningham et de Bannantyne.

L'arrestation de Lépine et la menace qui pesait sur Riel avaient vexé la population francophone du Manitoba. Une assemblée imposante se tint à Saint-Boniface le 22 septembre. Il s'agissait de tracer un plan d'action. Plusieurs anglophones, qui étaient sympathiques aux Métis, ainsi que des adversaires de Riel au temps du gouvernement provisoire, tant anglophones que francophones, formaient un front commun.

Une délégation rendit visite au lieutenant-gouverneur Alexander Morris, qui avait succédé l'année précédente à Adams Archibald. Elle fut reçue courtoisement, mais Morris ne prit aucun engagement. Il était dans l'impossibilité d'agir. Ni le gouvernement canadien ni le lieutenant-gouverneur ne pouvaient intervenir, les pouvoirs exécutif et judiciaire étant totalement indépendants l'un de l'autre.

Après avoir reçu la délégation, Morris fit part au premier ministre Macdonald de ses impressions et lui avoua qu'il était très sympathique aux Métis. À Ottawa, l'arrestation de Lépine avait jeté la consternation au sein du gouvernement. Le ministre Hector Langevin s'empressa d'informer l'archevêque de Saint-Boniface que le gouvernement canadien n'avait nullement été mêlé à l'action du juge O'Donnell qui avait signé les mandats d'amener contre Riel et Lépine. Langevin était convaincu qu'il s'agissait d'une manoeuvre des adversaires politiques du gouvernement. Cette hypothèse était vraisemblable, car le Canadien qui avait été l'âme du mouvement était un partisan libéral.

Pour ajouter aux embarras du gouvernement d'Ottawa, un autre juge signe un second mandat d'arrêt contre Louis Riel. Cette fois il s'agissait d'un magistrat canadien-français, Louis Betournay. Malgré ce fâcheux contretemps, le leader métis était toujours déterminé à briguer les suffrages.

Le 13 octobre, jour de la mise en candidature, de 400 à 500

Métis étaient réunis à Saint-Norbert. Pierre Delorme proposa Riel, et Bannantyne le seconda. Aucune autre personne n'ayant manifesté le désir de se présenter, Riel fut proclamé élu, par acclamation, député de Provencher. Plusieurs fiers-à-bras armés étaient venus à Saint-Norbert dans l'espoir de capturer le leader métis, mais ce dernier, prévenu de ce qui pouvait arriver, n'était pas sorti de sa cachette.

Le nouveau député était désormais résolu à se rendre à Ottawa, mais avant de gagner la capitale nationale, il décida de séjourner quelque temps à Montréal. Le 21 octobre, il quitta le Manitoba pour le Québec, en passant par les États-Unis.

Le leader métis revenait à Montréal qu'il avait quittée, six ans plus tôt, pour la Rivière-Rouge. Ce n'était plus l'obscur collégien ou le modeste commis au bureau de l'avocat Rodolphe Laflamme qui revenait dans la métropole canadienne, mais le député de Provencher, qui faisait presque figure de héros national au Québec où l'élément canadien-français lui était très sympathique.

Riel prit contact avec Honoré Mercier, député fédéral de Rouville et futur premier ministre du Québec. Il rencontra aussi, à Montréal, Alphonse Desjardins, le propriétaire du *Nouveau Monde,* journal nationaliste qui était, selon la rumeur publique, inspiré par l'évêque de Montréal, Mgr Ignace Bourget.

Avec Mercier et Desjardins, le nouveau député fit route vers Ottawa avec l'intention d'y prêter serment comme représentant de la circonscription de Provencher. Sur la colline parlementaire, Riel hésita et n'eut pas le courage d'entrer dans l'édifice du Parlement. Il savait que sa tête était toujours mise à prix par le gouvernement de l'Ontario. Depuis l'arrestation de Lépine, il était plus craintif, redoutant d'être arrêté et remis aux autorités policières. Il rentra donc à Montréal, avec ses deux compagnons, sans avoir prêté serment.

Sa santé laissait à désirer. Depuis trois ans, il vivait dans l'angoisse d'être arrêté ou assassiné. Aussi ses amis l'engagèrent-ils à aller prendre du repos chez les pères oblats à Plattsburg, à quelque cent kilomètres de Montréal. C'est là qu'il apprit la démission de Sir John A. Macdonald et l'avènement du nouveau premier ministre libéral, Alexander Mackenzie.

Les conservateurs avaient été compromis dans ce qu'on a

appelé le « scandale du Pacifique ». L'entrepreneur Hugh Allan avait versé quelque 350 000 $ dans la caisse du parti ministériel aux élections générales de 1872 afin d'obtenir le contrat pour la construction du chemin de fer transcontinental. Les libéraux, qui avaient eu vent de l'affaire, accusèrent les conservateurs « d'avoir été corrompus » par le Canadien Pacifique. Après deux semaines de débats à la Chambre des communes, Macdonald remit sa démission au gouverneur général qui confia le pouvoir au chef de l'opposition, Alexander Mackenzie.

Le 7 janvier, deux mois après avoir accédé à la direction du gouvernement, les libéraux annoncent la tenue d'élections générales au Canada. La votation aura lieu en février. Cinq jours avant l'annonce du scrutin, le ministre de la Justice dans le gouvernement Mackenzie, Antoine-Aimé Dorion, avait télégraphié au lieutenant-gouverneur Morris : « Voulez-vous déclarer confidentiellement à l'évêque Taché que je suis fort désireux, dans l'intérêt de son peuple, afin d'éviter l'agitation, que Riel ne soit pas candidat[8]. »

Les libéraux comme les conservateurs ne tenaient pas à l'élection du leader métis dans la circonscription de Provencher. Ils savaient que la venue de Riel à Ottawa risquait de leur causer de sérieux embarras. À la mi-janvier, Riel trouvant que sa santé était satisfaisante, décide de briguer de nouveau les suffrages dans la même circonscription. L'archevêque de Saint-Boniface refuse d'intervenir cette fois et de dissuader son protégé de poser sa candidature aux prochaines élections générales.

Le leader métis n'eut pas à se rendre au Manitoba. Ses amis se chargèrent de la campagne électorale en son absence, entre autres le curé Ritchot de la paroisse de Saint-Norbert, et Joseph Dubuc. Mais les libéraux suscitèrent un adversaire à Riel. Ils fixèrent leur choix sur Joseph Hamelin qui n'avait pas participé au mouvement de résistance des années 1869-1870.

À l'échelle nationale, les libéraux remontèrent au pouvoir avec une forte majorité. Quant à Riel, il battit facilement son adversaire. Son ami Robert Cunningham était réélu dans la circonscription de Marquette tandis que Donald Smith et le docteur John Christian Schultz s'emparèrent respectivement des circonscriptions de Selkirk et de Lisgar.

Quelque temps après le scrutin, Riel prit la décision d'aller à Ottawa pour prêter serment. Accompagné d'un camarade de classe, Romuald Fiset, député fédéral de Rimouski, il se rendit dans la capitale nationale et prêta serment devant le greffier de la Chambre des communes, Alfred Patrick. Il signa également le registre. Ce n'est que lorsque les deux hommes furent sur le point de franchir le seuil du Parlement que Patrick se rendit compte, stupéfait, qu'il s'agissait de Louis Riel. Le greffier se hâta vers le bureau du ministre de la Justice pour l'informer de l'événement. Le ministre était aussi surpris que Patrick.

La nouvelle de la venue du leader métis à Ottawa se répandit comme une traînée de poudre. L'agitation reprit de plus belle et les gens de la rue se posaient des questions. Comment se faisait-il que le député de Provencher ait pu prêter serment sans que personne ne songeât à le faire arrêter? Était-il venu sous un déguisement? Était-il de mèche avec la police? On s'est posé tellement de questions que les conversations furent alimentées plusieurs jours durant.

Le soir du 30 mars, ouverture officielle de la session, le Parlement était bondé de curieux. Tout le monde voulait voir Louis Riel et de nombreux policiers en civil étaient à l'intérieur et à l'extérieur du Parlement. Certains agents firent des excès de zèle et procédèrent à des arrestations, mais la plupart des personnes appréhendées furent rapidement élargies. Pour la majorité des curieux, ce fut une grande déception: Riel n'était pas là.

Le leader orangiste Mackenzie Bowell, futur premier ministre du Canada, présenta une motion réclamant l'expulsion de Riel parce que ce dernier n'avait pas obtempéré à un ordre du Parlement le sommant de prendre son siège. La motion fut secondée par l'ennemi acharné du chef métis, le docteur John Christian Schultz. Le débat sur cette question se déroula dans une atmosphère dramatique. Le premier ministre, Alexander Mackenzie, ne fit que répéter ce qu'il avait déjà déclaré quand il était chef de l'opposition. Il réaffirma que la mort de Thomas Scott était un crime contre l'humanité, la justice et la loi.

Avec l'intervention des députés canadiens-français, ce fut un autre son de cloche. Ils réclamèrent la proclamation d'une amnistie générale et se portèrent à la défense de Riel. Wilfrid Laurier, qui avait été élu député de Drummond-Arthabaska aux élections générales, prononçait le 15 avril, son premier discours en anglais.

« On a voulu dire, affirma Laurier, ... que M. Riel n'était qu'un rebelle. Comment a-t-on pu tenir un pareil langage? Quel acte de rébellion a-t-il commis? A-t-il jamais arboré d'autre étendard que l'étendard national? A-t-il jamais proclamé une autre autorité que l'autorité souveraine de la Reine? Non, jamais. Tout son crime et le crime de ses amis a été de vouloir être traités comme des sujets britanniques, et de ne pas souffrir qu'on trafiquât d'eux comme d'un vil bétail. Si c'est là un acte de rébellion, quel est celui d'entre nous qui, s'étant trouvé avec eux, n'aurait pas été rebelle comme eux? Somme toute, je considérerais les événements de la Rivière-Rouge en 1869-1870 comme une page glorieuse, si malheureusement elle n'avait été souillée du sang de Thomas Scott. Mais elle est la condition de la nature humaine et de tout ce qui est humain: le bien et le mal y sont constamment mêlés; la cause la plus glorieuse peut n'être pas exempte d'impureté, et la plus vile peut avoir son côté noble[9]. »

La motion de Bowell fut accueillie par cent vingt-trois voix contre soixante-huit. Deux députés de l'Ontario refusèrent de voter pour l'expulsion de Riel. Ce dernier avait été élu député, mais il était désormais déchu de son mandat.

Malgré son expulsion de la Chambre des communes, Riel était résolu à briguer de nouveau les suffrages à l'élection partielle fixée pour le mois de septembre. Riel ne rentrera toutefois pas au Manitoba pour faire la campagne électorale. Ses amis Dubuc et Ritchot s'en chargèrent. Bien des amis du leader métis s'interrogèrent sur la stratégie qu'ils suivaient. Ils se demandaient s'ils contribuaient vraiment à hâter la proclamation d'une amnistie générale en réélisant continuellement Riel député de Provencher. Ils estimaient que le leader métis devait pour quelque temps abandonner la politique afin que les passions se calment. Mgr Taché inclinait dans ce sens.

En septembre, Riel était élu par acclamation. L'archevêque de Saint-Boniface n'était pas intervenu dans cette campagne, ce qui avait quelque peu froissé le député de Provencher. Après le scrutin, Riel ne fit aucune tentative pour siéger à la Chambre des communes.

En octobre 1874, le procès d'Ambroise Lépine commença à Winnipeg, un an après son arrestation. Du Manitoba, on demanda à Adolphe Chapleau, qui n'était plus ministre, s'il n'assurerait pas la défense de l'inculpé. Chapleau s'était déjà acquis une grande réputation comme criminaliste. Défenseur de vingt-deux accusés passibles de la peine capitale, il en avait sauvé vingt et un de la potence.

« Chapleau partit, sans honoraires, sans même exiger de frais de voyage. À la gare Bonaventure, le 27 septembre, Alphonse Desjardins vint lui souhaiter bonne chance, et des groupes de jeunes gens l'acclamèrent[10]. »

Il sera assisté de Joseph Royal, originaire de Repentigny, au Québec, que Mgr Taché avait décidé à le suivre au Manitoba. Journaliste et avocat, Royal devint le premier président de l'Assemblée législative de Winnipeg après l'établissement de la province. Il occupa aussi les fonctions de ministre.

Le procès de Lépine, l'adjudant de Louis Riel, sous l'accusation d'avoir assassiné Thomas Scott, débuta le 13 octobre devant le juge E. B. Wood, juge en chef du Manitoba. Le jury, comme la loi l'exigeait, était composé de six francophones et de six anglophones.

L'essentiel de la preuve de la poursuite reposait sur les témoignages de trois Métis, John Bruce, premier président du gouvernement provisoire d'Assiniboia qui s'était brouillé avec Riel, Joseph Nolin et François Charette. Bruce affirma que quelques jours avant l'exécution de Thomas Scott, l'accusé avait déclaré: « Nous libérerons bientôt les prisonniers, mais avant de les libérer, nous en mettrons une couple à mort. »

Joseph Nolin, qui avait fait fonction de greffier au conseil de guerre qui avait condamné Scott, fit savoir que le tribunal était alors présidé par Lépine. Quant à François Charette, il soutint que c'était l'accusé qui avait remis à François Guilmette l'arme à feu dont il s'était servi pour donner le coup de grâce à la victime.

Les avocats de Lépine firent porter leur défense sur la légitimité du gouvernement provisoire qui, à leurs yeux, était un gouvernement *de facto*. Le conseil de guerre, qui avait condamné Scott, relevait de ce gouvernement. Ils contestèrent également la compétence du tribunal, estimant qu'il n'avait pas juridiction pour juger des offenses commises sur les territoires de la Compagnie de la baie d'Hudson avant l'entrée de la Rivière-Rouge dans la Confédération canadienne. Le président du tribunal repoussa cette argumentation et n'autorisa pas les avocats de la défense à produire des documents pour l'étayer.

Le plaidoyer de Royal fut prononcé en anglais tandis que celui de Chapleau le fut en français. Comme Laurier, Chapleau était un orateur hors pair et comme Laurier également, il avait beaucoup de charisme. Pour impressionner le jury, il eut recours à toutes les tactiques imaginables, n'oubliant pas le pathos. Il évoqua le spectacle « de l'honnête homme honteusement suspendu au gibet d'ignominie, de la veuve inconsolable, des pauvres orphelins[11]... ».

Le jury de douze hommes rendit un verdict de culpabilité, mais recommanda le condamné à la clémence de la Cour. Le juge Wood n'avait pas le choix. Il ne pouvait que condamner Ambroise Lépine à la peine de mort.

Chapleau a attribué le verdict du jury, qui comptait six Métis, à l'extraordinaire respect de l'autorité entretenu chez ces Métis par le clergé :

« Pour eux, l'autorité, c'est tout... Vous comprendrez ainsi facilement pourquoi les paroles du juge ont tant influé sur l'opinion des jurés. La voix de l'autorité se faisant entendre, donnant, je dois le dire, non pas des éclaircissements sur la cause, mais des injonctions, ils n'ont pas vu au delà ; ils avaient prêté serment, et ils ont cru devoir obéir aux instructions du juge plutôt qu'aux supplications de l'avocat[12]... »

La condamnation de Lépine souleva une vague d'indignation au Québec. Cette manifestation de colère donnait un avant-goût de ce qui se produirait onze ans plus tard, au moment de la condamnation et de l'exécution de Riel.

Le clergé, qui avait toujours manifesté un attachement indéfectible à la cause métisse, intervint auprès du gouverneur général du Canada pour obtenir la proclamation d'une amnistie générale et la grâce de Lépine.

L'archevêque et les évêques de la province de Québec, dans une lettre à Lord Dufferin, firent savoir : « Qu'ils ont appris avec chagrin l'état de trouble où se trouve maintenant la province de Manitoba, et qu'ils craignent que cet état ne s'aggrave si l'on n'y apporte un prompt remède.

« Que ce remède ne peut être qu'une amnistie pleine et entière en faveur de tous les habitants de la dite province, pour tout crime ou délit commis à l'occasion des troubles politiques qui ont eu lieu antérieurement à la mise en force de l'acte dit de Manitoba.

« ... Que les soussignés ressentent vivement la situation compromettante où se trouve leur digne collègue (Mgr Taché) par suite de l'inexécution des promesses que le gouvernement lui avait faites, et que, si on ne s'empresse pas de la faire cesser, il serait difficile de conserver entre le gouvernement et les chefs de l'Église catholique en Canada, cette confiance mutuelle qui a contribué efficacement jusqu'à ce jour à faire régner la paix et la bonne harmonie dans la Puissance.

« Que la dite amnistie ayant été promise sans limites, doit être accordée comme telle pour mettre fin à l'irritation causée par le résultat du procès Lépine, non seulement dans la dite province de Manitoba, mais encore dans les autres parties de la Puissance; qu'elle est nécessaire pour mettre fin à des discussions dangereuses qui troublent la paix et retardent la prospérité générale.

« C'est pourquoi les soussignés prient Votre Excellence de vouloir bien prendre leur requête en considération, et user de la juste influence dont Elle jouit auprès du gouvernement impérial, pour obtenir que l'amnistie promise soit proclamée au plus tôt et qu'il soit mis fin à l'agitation et à l'inquiétude qui règne à ce sujet parmi les loyaux sujets de Sa Majesté, dans la Puissance du Canada. »

Les ministres fédéraux furent inondés de pétitions de Canadiens français réclamant la grâce d'Ambroise Lépine. « On ne compte pas moins de 252 pétitions, couvertes de 58 568 signatures [13]. » Au cours de la session, à Québec, Chapleau présenta à l'Assemblée législative une motion demandant au gouverneur général de gracier Lépine. La motion fut adoptée à l'unanimité.

Le jour de l'exécution de Lépine approchait. Le gouvernement était sur la corde raide et le gouverneur général du Canada, Lord Dufferin, en était conscient. Il était prêt à sortir le gouvernement de sa situation difficile si le ministre britannique des Colonies l'autorisait à trancher la question personnellement.

Il estimait que Riel et Lépine, lors de la crise fénienne d'octobre 1871, avaient fait preuve de loyalisme, et il se souvenait que le lieutenant-gouverneur Archibald leur avait même serré la main et les avait félicités.

Lord Carnarvon lui télégraphia le 7 janvier 1875 et l'autorisa à intervenir: « Vous vous proposez d'agir en cette affaire sous votre propre responsabilité, et je crois qu'en procédant de cette manière dans le cas présent, c'est-à-dire en relevant vos ministres — vu les circonstances particulières où ils se trouvent — de l'obligation où ils seraient, dans un cas ordinaire, de demander votre avis, et en rendant la décision selon votre propre jugement, vous satisferez mieux aux exigences actuelles [14]. »

Le 15 janvier, deux semaines avant l'exécution, Lord Dufferin commue la sentence de mort prononcée par le juge Wood contre Ambroise Lépine en deux ans de prison et à la privation perpétuelle de ses droits civiques. Soulignons incidemment que ces droits furent rétablis quelques années avant la mort de Lépine. Ce dernier mourut en 1923 presque nonagénaire.

Le 26 janvier, Lord Carnarvon télégraphia à Dufferin: « J'approuve entièrement la conduite par vous tenue dans l'affaire Lépine [15]. »

L'action de Dufferin avait ouvert la voie à une large mesure de clémence. En effet, le 11 février, le premier ministre Mackenzie proposa à la Chambre des députés une amnistie générale pour tous ceux qui s'étaient rendus coupables d'offenses commises dans les territoires du Nord-Ouest en 1869-1870. Riel bénéficie de l'amnistie, mais il devra s'exiler pour une période de cinq années.

Le chef du gouvernement présenta sa proposition d'une manière assez habile. Il déclara que le gouvernement était moralement obligé d'accorder une amnistie parce que les conservateurs l'avaient promise. L'ancien premier ministre, John A. Macdonald, contesta les affirmations de Mackenzie. Toujours est-il que le gouvernement libéral faisait d'une pierre deux coups. Il plaisait au Québec sans s'aliéner l'Ontario. À la

Chambre des communes, 156 députés se prononcèrent pour l'amnistie contre 50.

Riel était désormais un citoyen sans patrie. Il était à Kee-seville, dans l'État de New York, chez le curé Fabien Barnabé, qui l'avait hébergé à maintes reprises, lorsqu'il apprit la commutation de la peine de mort prononcée contre son ami Ambroise Lépine et la décision du Parlement qui l'exilait pour cinq ans. Il n'avait jamais cru que Lépine serait exécuté. Il n'avait également pas cru que l'amnistie l'obligerait à s'exiler.

Depuis quelque temps, Riel manifestait des signes d'aliénation mentale. Il était obsédé par l'idée qu'il était destiné à accomplir une « mission ». Étant à Washington en décembre 1874, il prétendit avoir reçu la visite d'un esprit qui lui aurait dit: « Lève-toi, Louis-David Riel. Tu as une mission à accomplir. »

Le 14 juillet 1875, l'évêque de Montréal, Mgr Ignace Bourget, avec lequel le leader métis entretenait une correspondance depuis le début de l'année précédente, lui écrivait: « Aussi ai-je l'intime conviction que vous recevrez dès ici-bas et plus tôt que vous ne pensez la récompense de ces sacrifices intérieurs mille fois plus pénibles que les sacrifices des choses matérielles et visibles.

« Mais Dieu qui vous a toujours dirigé et assisté jusqu'à présent ne vous abandonnera pas au plus fort de vos peines. Car il vous a donné une mission qu'il vous faudra accomplir en tous points[16]. »

Mgr Bourget étant considéré comme un saint, Riel n'eut plus de doute sur sa « mission ». Ce mot restera gravé dans son esprit et il ne l'oubliera jamais. Cette lettre, il la conservera sur lui jusqu'à sa mort. Il en parla d'ailleurs très souvent.

Le 6 décembre de la même année, il écrivit au prélat: « Une chose ne me sort pas de l'esprit: c'est votre lettre du 14 juillet dernier dans laquelle Votre Grandeur m'annonce une mission qu'il me faudra accomplir en tous points... J'accepte avec le plus grand bonheur la mission que vous m'annoncez. Je l'avais d'abord acceptée. Mais maintenant j'accepte avec reconnaissance et avec joie tout ce que cette mission doit m'occasionner de peines et de consolations[17]. »

Riel profita de cette occasion pour solliciter de Mgr Bourget une faveur: « Monseigneur, s'il vous plaît, daignez écrire à Sa Sainteté et Lui dire pour moi: « Saint Père, bénissez la nation métisse. C'est la plus jeune de toutes les nations du monde. Elle est toute petite. Elle aime la Sainte Vierge. Bénissez-là comme nation catholique. Et au milieu de votre famille composée de tous les autres peuples, la nation métisse sera votre joie[18]. »

Vers la fin de l'année 1875, Riel se rendit de nouveau à Washington, à l'invitation de son ami Edmond Mallet. Ce dernier, né à Montréal, vivait aux États-Unis depuis sa tendre enfance et sympathisait avec la cause des Métis. Dans la capitale fédérale américaine, il avait noué des amitiés avec des personnalités politiques influentes.

Riel fut reçu par le président des États-Unis, Ulysses Grant. Il ne créa pas une forte impression sur le chef de l'exécutif américain ni, d'ailleurs, sur les autres personnalités qu'il rencontra. Il avait perdu son agressivité de naguère. Ce n'était plus le même homme: avec les étrangers, il donnait des signes de nervosité et semblait mal à l'aise.

Dans ses conversations, la religion tenait désormais une place plus grande que la politique. Il assistait souvent aux offices religieux et communiait fréquemment. Sa conduite était exemplaire. Il ne buvait pas et ne fumait pas. Mais son ami Mallet trouvait qu'il avait parfois un comportement étrange. Se trouvant un jour dans une église, Riel parut saisi d'une joie extrême. Pour ne pas attirer l'attention des autres assistants, il se couvrit le visage de son mouchoir. L'instant d'après, il sombrait dans la plus grande tristesse et éclatait en sanglots.

Fort embarrassé par le comportement de Riel, Mallet prit les dispositions nécessaires pour qu'il quittât Washington. Le chef métis échoua finalement à Keeseville, chez le curé Barnabé. Au presbytère, Louis passait ses nuits à crier et à hurler. La mère du prêtre, qui habitait avec lui, vivait dans la terreur constante. L'abbé Barnabé aimait bien Riel et voulait l'aider, mais ne pouvait plus le garder. Il communiqua donc avec l'oncle de Louis, John Lee, à Montréal, pour qu'il vînt le chercher.

Dans le train qui le ramenait à Montréal, le leader métis gênait les voyageurs par ses hurlements. Parfois, il s'esclaffait, ce qui déclenchait l'hilarité générale. Reprenant son sérieux, il criait alors aux voyageurs: « Ne riez pas. Je suis un prophète. »

Il passa plusieurs mois chez les Lee. Ce n'est qu'au bout de quelques semaines qu'il commença à se calmer. On lui permit alors d'aller à l'église où un dimanche, en plein sermon, il se leva et voulut argumenter avec le prédicateur. L'incident se termina rapidement quand quelques solides gaillards, qui se trouvaient dans l'assistance, l'empoignèrent et l'entraînèrent à l'extérieur.

John Lee et sa femme, qui était la sœur du père de Louis, résolurent de le placer dans un asile d'aliénés. Ils commençaient à se demander si le mal dont il était atteint était curable. Ils ne pouvaient plus le garder à la maison, Riel déchirant ses vêtements et les couvertures de son lit quand il ne menaçait pas de se jeter par la fenêtre si on continuait de lui interdire l'accès de l'église. Le 6 mars 1876, Riel était admis à l'hôpital Saint-Jean-de-Dieu, dans l'est de Montréal, sous le nom de Louis R. David. En rentrant au Canada, le chef métis avait violé les conditions de l'amnistie et il ne fallait donc pas qu'on sache qu'il se trouvait au pays.

À l'hôpital, le malade faisait souvent des crises. On lui mettait parfois la camisole de force. Un jour qu'il se trouvait à la chapelle, il devint furieux, courut à l'autel, brisa des cierges et endommagea des ornements. Une autre fois, on le vit debout, face au mur, les bras en croix. Il voulait ainsi prouver aux religieuses qu'il était le Christ crucifié. Le séjour du malheureux à l'hôpital Saint-Jean-de-Dieu ne fut cependant que de courte durée.

Les religieuses, responsables de l'institution, tenaient au départ de Riel pour des raisons qui n'avaient aucun lien avec son état mental. Elles craignaient en effet que les orangistes ne découvrent sa présence et qu'elles subissent des violences. Ces appréhensions étaient exagérées mais le 19 mai, Riel était tout de même transféré à l'asile de Beauport, près de Québec, d'où il ne fut libéré que le 23 janvier 1878.

Il est difficile de se prononcer sur la nature exacte de la maladie dont souffrait le leader métis. La science médicale dans ce domaine n'était, à l'époque, qu'à ses débuts. Les historiens et les aliénistes ont avancé de nombreuses explications, mais il ne s'en dégage aucun consensus. Il semble aujourd'hui que le stress subi par l'homme politique métis expliquerait son déséquilibre mental. De 1869 jusqu'à son internement, en 1876, Riel a vécu presque constamment dans la crainte d'être arrêté ou assassiné. Dans ces conditions, il paraît assez normal que son système nerveux n'ait pu supporter pareille tension.

Quand Riel obtint son congé de l'asile de Beauport, il était « plus ou moins guéri », pour employer l'expression du docteur François Roy au procès de Régina. Il alla se reposer chez le curé Barnabé, à Keeseville, qui fut heureux de l'héberger en lui donnant l'assurance qu'il n'aura pas à se préoccuper de questions d'argent. Rappelons que le chef métis eut, toute sa vie, des difficultés financières et qu'il a presque toujours vécu aux crochets d'amis ou de sympathisants.

À Keeseville, il mena une vie calme, au grand air, comme ses médecins le lui avaient prescrit. Ils l'avaient également prévenu de s'éloigner de toutes les activités qui risquaient de l'exciter. Au presbytère, il noua des relations cordiales avec la soeur du curé, Éveline, qui manifestait beaucoup de prévenance à son endroit. Riel, pour qui les femmes n'avaient jamais tenu un grand rôle dans sa vie, tomba amoureux d'Éveline.

On ignore si le curé Barnabé était au courant de cette liaison amoureuse. S'il le savait, aurait-il encouragé les inclinations de sa soeur? Nous en doutons fortement en raison des antécédents de l'amant qui pouvait toujours retomber dans le même mal. Louis et Éveline résolurent de se fiancer, mais la promesse solennelle de mariage échangée entre les futurs époux resta un secret.

Louis quitta Keeseville à la recherche de travail. Il sollicita des emplois dans l'État de New York ainsi qu'à Saint-Paul et à Pembina, mais il ne trouva aucun poste qui le satisfasse. Au cours de ses déplacements, il correspondait avec Éveline, mais un jour il cessa brusquement de lui écrire. Étant sans argent et ne comptant pas, dans un proche avenir, être en mesure de faire vivre Éveline convenablement, il décida de mettre fin à la correspondance, rompant ainsi les fiançailles.

À la fin de l'année 1879, Riel rencontra dans l'Ouest américain des Métis et des Indiens avec lesquels il se mit en route pour le nord du Montana où il se fit trafiquant et interprète.

L'armée et les agents du gouvernement américain avaient souvent recours à ses services quand ils voulaient communiquer avec les indigènes et les sang-mêlé. Il lui est aussi parfois arrivé de couper le bois chez des cultivateurs. Il réussit ainsi à se faire un peu d'argent en occupant divers emplois.

En 1881, Riel épouse une jeune métisse, Marguerite Monet dit Belhumeur. Tout ce que nous savons d'elle, c'est qu'elle était petite, paisible, obéissante et analphabète. Où l'a-t-il rencontrée? Nous l'ignorons totalement. Il l'a épousée devant témoins, à la Pointe-au-Loup, Fort Berthold, au Dakota du Nord, le 28 avril[19]. Le mariage religieux n'a eu lieu que l'année suivante, à la mission Saint-Pierre, dans le diocèse de Great Falls, au Montana, le 9 mars[20].

Deux mois plus tard, Marguerite donna naissance à un fils, prénommé Jean. Au mois de septembre de l'année suivante, Marguerite mit au monde un second enfant, Marie-Angélique. Soulignons que le fils aîné de Louis Riel, Jean, qui s'était marié, n'a pas laissé de descendants, et qu'il est mort dans un accident de voiture à Saint-Vital, au Manitoba, en 1908[21].

Aux élections législatives de 1882, au Montana, le chef métis donna son appui aux républicains qui s'empressèrent de l'accueillir dans leurs rangs à cause de son influence sur les sang-mêlé. Mais cette influence était de beaucoup inférieure à celle qu'il avait exercée sur ses compatriotes de la Rivière-Rouge.

Les démocrates remportèrent la victoire et Riel fut accusé d'avoir eu recours à des tactiques illégales le jour de la votation. Il aurait, selon ses accusateurs, fait voter des Métis qui n'avaient pas la qualité d'électeur. On lui intenta des procédures judiciaires, mais elles furent abandonnées un an plus tard, en raison de l'absence de preuves.

Le chef métis, qui se plaisait aux États-Unis, sollicita et obtint la citoyenneté américaine. En mars 1883, il se présenta devant un juge à Fort Benton, au Montana. Il fit valoir qu'il vivait aux États-Unis depuis la fin de janvier 1878 et qu'il s'était comporté en honnête citoyen, respectueux des lois du pays. Il prêta serment à la constitution, devenant ainsi citoyen américain.

Au printemps de 1883, Riel revint dans sa province natale

après une absence de dix ans. Il l'avait quittée quelque temps après l'arrestation de son ami Ambroise Lépine. Il était désormais citoyen américain et il n'avait plus rien à craindre, ayant bénéficié de l'amnistie accordée par le gouvernement canadien. À son arrivée au Manitoba, « il fut harcelé, non pas par les Ontariens ou la police, mais par les journalistes[22] ».

Le chef métis accorda une entrevue au *Winnipeg Daily Sun* :

— Pouvez-vous nous donner votre opinion sur la croissance de la ville de Winnipeg?

— J'ai toujours cru que cette partie de l'Amérique du Nord britannique serait la plus importante du pays, mais j'aurais eu peine à croire que Winnipeg pouvait prospérer aussi vite. Cette prospérité est plus qu'admirable.

— Quelle idée vous faites-vous de l'avenir du pays?

— Je crois que dans douze ans la prospérité du Canada et du Nord-Ouest subira un déclin. C'est mon opinion la plus honnête, mais je peux me tromper. Si vous mentionnez cela, dites que c'est seulement mon opinion et non pas un jugement de façon à ce que je ne sois pas accusé de mépriser le moindrement le pays.

— Croyez-vous que le français sera bientôt supprimé dans la région?

— Je ne le crois vraiment pas. Mais, par ailleurs, je suis assuré qu'on fera beaucoup d'efforts pour le détruire.

— Croyez-vous que la majorité des anglophones de la région va accepter de se soumettre encore longtemps au régime des deux langues?

— Je ne crois pas que ce soit un si gros fardeau. Ce régime peut causer certains conflits mais je ne crois cependant pas qu'il constitue un inconvénient majeur[23]. »

La semaine de l'arrivée de Riel, les Canadiens français et les Métis célébrèrent la Saint-Jean-Baptiste, fête nationale des Canadiens français. Il participa aux festivités. Il était d'ailleurs un des fondateurs, en 1871, de la section manitobaine de la Société Saint-Jean-Baptiste.

Il se rendit à Saint-Vital pour y voir sa mère ainsi que sa grand-mère, Marie-Anne Gaboury-Lagimodière. Il rencontra également de nombreux amis, ce qui lui donna l'occasion de rappeler les événements des années 1869-1870. Avant de regagner les États-Unis, il assista aux noces de sa soeur Henriette.

C'est peu après son retour aux États-Unis qu'il se trouva un emploi permanent. Il obtint le poste d'instituteur à la mission Saint-Pierre que dirigeaient les jésuites. Ces derniers avaient fait appel aux services du leader métis dans l'espoir d'attirer les jeunes Métis à leur école. Cette situation permit à Riel de mener une vie rangée et d'assurer la subsistance de sa famille, même si le salaire d'instituteur n'était pas très élevé. Il s'acquitta bien de sa nouvelle fonction et les élèves l'appréciaient beaucoup, le trouvant bon enseignant.

Notes

1. *Rapport du Comité spécial sur les causes des troubles du Territoire du Nord-Ouest en 1869-1870*, Ottawa, 1874, p. 54.
2. *Ibid*, p. 56.
3. Cité par George F.G. Stanley, *The Birth of Western Canada*, Toronto, 1960, p. 168.
4. Cité par Robert Rumilly, *Histoire de la province de Québec*, tome 1, Montréal, 1940, p. 196.
5. *Rapport du Comité spécial*, p. 57.
6. *Ibid.*, p. 57.
7. *Ibid.*, p. 59.
8. *Ibid.*, p. 63.
9. Cité par Raymond Tanghe, *Laurier*, Paris, 1960, pp. 24-25.
10. Robert Rumilly, *op. cit.*, p. 287.
11. Cité par Peter B. Waite, *Canada (1874-1896)*, Toronto, 1971, p. 44.
12. Robert Rumilly, *op. cit.*, p. 291.
13. Dom Benoit, *Vie de Mgr Taché*, tome 2, Montréal, 1904, p. 254.
14. *Rapport du Comité spécial*, no 11, *op. cit.*, p. 22.
15. *Ibid.*, p. 36.
16. Cité par Léon Pouliot, *Correspondance Louis Riel-Mgr Bourget*, dans *Revue d'histoire de l'Amérique française*, décembre 1961, p. 437.
17. *Ibid.*, pp. 438-439.
18. *Ibid.*, p. 440.
19. Antoine Champagne, *La famille de Louis Riel*, Montréal, 1969, p. 14.
20. *Ibid.*, p. 14.
21. *Ibid.*, p. 14.

22. Peter B. Waite, *op. cit.*, p. 45.
23. Hartwell Bowsfield, *Louis Riel, le patriote rebelle,* Montréal, 1973, pp. 95-96.

X

RETOUR DE RIEL

Plus de dix ans après les événements de la Rivière-Rouge, l'agitation reprit, mais cette fois dans le nord de la Saskatchewan. Un grave malaise sévissait dans cette région et les Métis reprochaient au gouvernement fédéral de ne pas en tenir compte. La situation était, dans une large mesure, analogue à celle de la colonie d'Assiniboia en 1869-1870 mais les Indiens, qui formulaient eux aussi des griefs contre le gouvernement d'Ottawa, ajoutaient à la gravité de la situation.

La disparition du bison en était la cause initiale. Cet événement était prévu depuis longtemps puisque depuis déjà plusieurs décennies, les missionnaires et bien d'autres avaient lancé un cri d'alarme. Mais les Indiens et les Métis étaient restés sourds à leurs appels. On continuait à exterminer ces boeufs sauvages et, circonstance aggravante, les Métis abattaient les femelles de préférence aux mâles.

L'inquiétude que manifestaient certains Indiens dans les moments de pénurie ne touchait pas le gros de la population aborigène, toujours insouciante des conséquences. La réapparition des bisons, après quelque temps, leur donnait l'impression que l'espèce était inépuisable. À leurs yeux, les esprits avertis qui les prévenaient du danger n'étaient que des prophètes de malheur dont les prédictions ne se réalisaient jamais.

Pourtant, l'obligation pour l'Indien de s'éloigner toujours davantage afin d'abattre le gibier aurait dû lui faire sentir que l'espèce s'épuisait. Aucune inquiétude n'effleurait son esprit et ce phénomène n'avait pour lui aucune signification menaçante.

Dès 1871, les missionnaires qui accompagnaient les Métis dans leurs déplacements, constataient la rareté du gibier dans les régions auparavant les plus avantagées telles que Saint-Albert et le sud de la rivière Qu'Appelle. Il leur semblait désormais évident que la chasse aux bisons était vouée à la disparition et que l'échéance fatale approchait.

En 1872, dans la prairie de Saint-Albert (en Alberta), beaucoup de Métis, faute de gibier, ont souffert de la faim. Pour en trouver, il fallait parcourir des dizaines et des dizaines de kilomètres. Selon un témoin, c'était une « chose inouïe à pareille époque ». La fortune reparut pour quelques mois en 1873 et on se livra alors à un massacre systématique des bisons qu'on laissait pourrir dans la plaine par centaines, après leur avoir coupé la langue, cet organe charnu étant savouré avec délice par les gourmets. Les sévères admonestations adressées par les missionnaires aux sang-mêlé n'eurent aucun effet et l'insouciance continua à prévaloir. Les religieux, qui avaient prévu que ces carnages finiraient mal eurent tristement raison.

À la prospérité succéda bientôt la disette. En avril, un missionnaire de Saint-Albert écrivait : « La chasse devient de plus en plus précaire, vingt sauvages sont morts de faim cet hiver. » De Fort Carlton, en Saskatchewan, le père Alexis André, en août, confia son désespoir à un ami : « La Prairie va finir, et les animaux vont disparaître. » En 1874, les Métis de Saint-Laurent (toujours en Saskatchewan) ont souffert durement de la disette et, pour ne pas mourir de faim, ils durent manger des loups en décomposition dont les dépouilles couvraient, par endroits, la prairie.

En Saskatchewan, 1875 fut une année de disette. Appréhendant la fin imminente du bison, les Indiens vinrent à proximité de la rivière Qu'Appelle réclamer du lieutenant-gouverneur des distributions de vivres. Après un hiver où des centaines de familles faillirent mourir de faim, la situation commença à s'améliorer l'année suivante dans quelques secteurs, mais ce ne fut pas pour longtemps. On assista peu après à un retour de la pénurie de gibier.

Constatant la « rapidité effrayante » avec laquelle le bison était en voie de disparaître et la « rage de destruction » qui hantait les chasseurs, le père André proposa au colonel French, de la police montée, l'adoption de plusieurs mesures visant à la conservation du bison :

« 1. Que la chasse ne soit tolérée pour les Métis et les Blancs que du 1er juin jusqu'au 1er novembre.

2. Défense absolue, sous peine de 500 piastres d'amende et confiscation de toutes leurs robes, d'hiverner dans la prairie.

3. Défense d'aller à la chasse pendant l'hiver, que les sauvages seuls aient liberté de vivre dans la prairie en hiver et de chasser le buffalo, mais que cette liberté soit interdite aux métis.

4. Peut-être une mesure plus sûre; que le gouvernement impose une haute taxe sur les robes des vaches tuées en hiver. Il faut prendre une mesure radicale si on veut arrêter l'extinction totale de la race des buffalos[1]. »

Le colonel French reconnut que les suggestions du père André valaient la peine d'être étudiées. Il recommanda au ministère de la Justice de faire adopter le plus tôt possible des mesures dans le sens de celles proposées par le missionnaire.

Pour les Indiens, les années 1878, 1879 et 1880 ont peut-être été les plus dures de leur histoire. Ils en furent réduits à tuer leurs chevaux et leurs chiens pour se mettre quelque chose sous la dent. Ils se nourrissaient également de petits rongeurs et même d'animaux morts entrés en putréfaction. Des missionnaires ont même signalé des cas de cannibalisme.

Un missionnaire trace, en 1880, le portrait physique de ces malheureux: « Quel changement depuis l'automne précédent! J'avais peine à reconnaître dans ces victimes de la faim, amaigries et décharnées, sans vigueur et sans voix, les magnifiques sauvages, véritables colosses que j'avais vus autrefois... Ce n'étaient plus des hommes mais des squelettes ambulants[2]. »

En 1883, un petit groupe de Métis organise une dernière expédition qui annonce la fin de la chasse au bison. Dès le début de l'hiver, il est clair que les beaux jours sont finis et que les boeufs sauvages qui sillonnaient la grande plaine par groupes imposants, ont complètement disparu. Pour assurer leur subsistance, les Métis chassent le loup et le canard, ce qui ne leur procure pas une nourriture suffisante. En 1884, écrit un historien, « dans la prairie il n'y a plus l'ombre d'un bison ».

Les missionnaires, qui prévoyaient depuis longtemps ce dénouement fatal, avaient tenté vainement de convaincre les Métis d'abandonner le nomadisme et de s'adonner à la vie agricole mais les sang-mêlé avaient accueilli ces exhortations avec une indifférence presque totale. Le père André avait d'ailleurs écrit quelques années auparavant que les « métis vont devenir les victimes de leur imprévoyance et de leur paresse ».

Il faut reconnaître, toutefois, que « l'habitude du nomadisme, tant parmi les métis de l'Ouest que parmi les exilés de la Rivière-Rouge, étant trop directement inspirée de la formation qu'ils avaient reçue dès l'enfance, trop étroitement liée à la culture initiale de l'Indien et aux traditions de l'ancêtre paternel, allait trouver enfin dans le milieu qu'ils parcouraient des conditions trop favorables à son éclosion pour qu'elle s'évanouît sous les seules exhortations des missionnaires. La rupture avec des traditions de vie aussi profondément incorporées à leur naturel eût exigé une force de volonté dont ces éléments nomades, victimes de leur culture mal définie, n'étaient guère capables[3]. »

Le nomadisme devint un mode de vie extrêmement problématique pour ceux qui s'y attachaient et risquait d'aggraver leur misère. Il conservait néanmoins beaucoup d'attraits et selon le père Fourmond, les Métis de Saint-Laurent préféraient le charroi des marchandises à la culture. Après l'établissement de la navigation à vapeur sur la Saskatchewan, les missionnaires confiaient encore leurs bagages aux Métis afin de leur permettre de se faire quelque argent.

La Compagnie de la baie d'Hudson recourait également aux services des sang-mêlé pour le ravitaillement de ses postes mais, en 1884, l'industrie des charrois fut profondément touchée par une grave crise économique. La Compagnie de la baie d'Hudson réduisit ses contrats d'approvisionnement de ses postes du Nord et il n'y avait désormais de travail que pour un petit nombre de Métis. Le malaise empira.

La disparition graduelle des troupeaux de bisons provoqua aussi un bouleversement important chez les tribus indiennes de l'Ouest parce qu'elle risquait de modifier leur mode de vie traditionnel. L'avènement de la colonisation, — cette révolution économique —, était incompatible avec le nomadisme et donnait un caractère encore plus sérieux à la crise.

Afin de résorber le mécontentement, le gouvernement fédéral prit la décision de grouper les indigènes dans des emplacements définis, communément appelés « réserves », dans le but de les initier graduellement à la vie agricole. Les Indiens n'étaient pas nécessairement contraints à renoncer totalement à leurs activités antérieures mais c'était la seule solution qui leur permettrait de survivre et de s'adapter à l'économie sédentaire qui devait d'ailleurs tôt ou tard s'installer dans cette région du pays.

« On ne peut que regretter que le même statut n'ait pas été appliqué à une importante fraction du groupe métis[4]. » Si le gouvernement fédéral avait proposé cette solution aux Métis, elle eût été catégoriquement repoussée par les sang-mêlé qui auraient répondu, comme ils le disaient souvent, qu'ils n'étaient pas des Indiens. Les Métis se considéraient supérieurs aux indigènes et ne voulaient pas être traités de la même façon que les Indiens. S'ils tenaient les aborigènes comme des subalternes, ils ne prisaient guère, par contre, que les Blancs les traitent comme des inférieurs.

De 1871 à 1877, Ottawa conclut avec les tribus indiennes au moins sept traités, presque en tous points analogues. Ces traités prévoyaient notamment le rachat par le gouvernement du sol que les tribus occupaient. En retour, le gouvernement fédéral assigna aux indigènes des étendues de terre inaliénables ainsi que divers avantages matériels, tels que le paiement d'annuités en argent et en nature, la création d'écoles, la livraison d'instruments agricoles et de têtes de bétail.

Malgré ces avantages, beaucoup d'indigènes attendirent plusieurs années avant de s'établir sur les réserves tandis que d'autres s'empressèrent d'occuper les nouveaux emplacements mais les abandonnaient peu après pour revenir au nomadisme. En 1879, les réserves n'étaient habitées que par une fraction peu importante de la population aborigène. Ainsi, quand vint la disparition du bison et que les Indiens subirent les affres de la misère, beaucoup d'entre eux, pour atténuer leurs souffrances, décidèrent de s'installer dans les réserves. « Leur ignorance de l'agriculture, le refus de beaucoup de se plier au travail du sol, l'insuffisance du bétail qu'on leur avait promis, la politique parcimonieuse du gouvernement augmentèrent souvent leur dénuement. Pour ces populations nomades, l'adaptation à un genre de vie qui tranchait complètement avec leurs habitudes antérieures ne pouvait se réaliser aussitôt. Certains acceptèrent leur sort avec la résignation du découragement. La plupart en éprouvèrent une irritation croissante contre les blancs, coupables de la condition humiliante qu'on leur imposait[5]. »

Le malaise s'amplifia et s'exprima, entre autres, par des vols et des pillages tandis que certaines tribus indiennes s'affrontèrent dans des engagements armés. Le mécontentement suscita « une exaspération croissante envers les Blancs rendus responsables de la disparition des troupeaux et de la misère qui sévissait. Loin d'apaiser l'irritation, les Métis l'aggravaient par les intentions qu'ils prêtaient au gouvernement de ne pas exécuter les stipulations des traités et de ne pas reconnaître les droits des Indiens, par l'accusation qu'ils répandaient contre la police montée de contribuer par sa présence à l'éloignement des bisons. Les tribus de l'Ouest formaient un milieu prêt à la révolte[6]. »

Bien des indigènes n'avaient pas compris le sens des traités qu'ils avaient signés avec le gouvernement fédéral et ils crurent avoir été bernés lorsqu'ils constatèrent que les terres qu'ils avaient cédées aux Blancs l'avaient été à titre permanent et non provisoire. Ils ne reconnaîtront jamais qu'ils avaient vendu leurs terres. Dès 1883, la situation s'aggrava lorsque le gouvernement adopta une politique d'austérité. Ces esprits simplistes avaient d'autant plus raison de se croire dupés que le gouvernement ne leur accorda pas une assistance suffisante. À leurs yeux, Ottawa avait négocié de mauvaise foi, la preuve étant que les dépenses pour les réserves indiennes étaient désormais réduites.

La vie devint assez difficile sur les réserves et bientôt, la rareté des denrées alimentaires poussa les indigènes en colère à la rébellion et au pillage. En 1884, au lac Croche, les Indiens s'emparèrent des vivres qui se trouvaient dans les magasins, au vu et au su des agents de la police montée. Devant la détermination des indigènes, ceux-ci, qui étaient beaucoup moins nombreux que les assaillants, n'osèrent intervenir. Il est pratiquement certain que si les policiers avaient voulu mettre fin au pillage, ils auraient été massacrés. Les Indiens étaient déjà des alliés potentiels de Louis Riel.

Les Métis manifestaient également un vif mécontentement. Après la création du Manitoba, en 1870, la Rivière-Rouge devint le centre d'un important mouvement migratoire vers l'Ouest. Avant la fin de la décennie, des milliers de sang-mêlé, aussi bien francophones qu'anglophones, iraient s'établir à Qu'Appelle et surtout dans le sud de la vallée de la Saskatchewan.

Ils se considéraient comme des étrangers au Manitoba où ils ne pouvaient s'adapter à l'économie sédentaire qui était en train de succéder, à un rythme trop rapide, à l'économie nomade. À ce moment-là, l'espace s'étendant du Manitoba aux Rocheuses ne possédait qu'une organisation politique embryonnaire. Ce territoire connu sous le nom de Territoires du Nord-Ouest était doté d'un conseil qui, depuis 1875, se composait de cinq membres nommés par le gouvernement fédéral. Cette représentation fut par la suite accrue par l'adjonction de membres élus. La fonction du conseil se bornait à administrer les finances locales et à rendre la justice. Depuis 1873, on avait créé une police, la *North-West Mounted Police.*

Dans ce vaste espace, les Métis et les half-breeds qui avaient quitté le Manitoba pouvaient se livrer à leurs activités nomades de naguère. Mais la colonisation agricole, sous l'impulsion des Blancs, commençait à s'étendre et comme agriculture et nomadisme sont aux antipodes, de nouveaux affrontements vont se produire entre sang-mêlé et Blancs. Ce sera la répétition des événements de la Rivière-Rouge, c'est-à-dire un nouveau conflit entre deux civilisations, dont l'une — celle des sang-mêlé — n'était pas contemporaine de l'autre. L'histoire nous enseigne, rappelons-le, que les dénivellements culturels provoquent presque toujours des affrontements.

Les Métis originaires du Manitoba étaient plus aptes à l'agriculture que leurs compatriotes de l'Ouest. Ils contribuèrent à la mise en valeur du sol, mais revinrent rapidement à leurs habitudes nomades et reléguèrent l'agriculture au rang d'activité secondaire.

La persistance du nomadisme nuisait à l'oeuvre des missionnaires. Elle entravait non seulement la colonisation, mais gênait aussi l'action morale du clergé. Au contact des Indiens, les Métis s'adonnaient davantage à l'ivrognerie. Les missionnaires ne songeaient qu'à les instruire et à les initier à la vie sédentaire par le biais de la colonisation agricole. C'était d'ailleurs la seule façon de les intégrer à l'économie moderne. Les efforts du clergé donnèrent toutefois quelques résultats. Un certain nombre de familles se résignèrent à opter pour la vie sédentaire.

Les Métis de la Saskatchewan étaient encore moins civilisés que ceux de la Rivière-Rouge. Comme leurs compatriotes du Manitoba, ils n'appréciaient guère la valeur des terres qu'ils cultivaient et les abandonnaient très souvent pour « courir les prairies ». Louis Riel « reconnaissait lui-même les faiblesses de ses congénères, leur indolence, leur défaut de prévoyance, leur ignorance de tout esprit d'économie: pour eux, la lutte était impossible avec les Blancs[7] ».

En 1879, Mgr Taché envoya un mémoire au sous-ministre de l'Intérieur, le colonel J.S. Dennis, qui avait dirigé des équipes d'arpenteurs en 1869-1870 à la Rivière-Rouge. Le prélat suggérait l'ouverture de réserves pour les Métis, dont les terres seraient inaliénables jusqu'à la troisième génération au moins, et ne pourraient être grevées d'impôt ou d'hypothèques. La solution de l'archevêque de Saint-Boniface était excellente en soi, mais inapplicable puisque la majorité des sang-mêlé « auraient été réfractaires à l'idée de partager le sort des Indiens. Sur ces derniers, ils éprouvaient un sentiment de supériorité[8]... ». Mais Taché avait déjà reconnu qu'une discrimination existait entre Métis et Indiens.

Bien des Métis avaient vécu, parfois par bandes, dans des réserves avec les Indiens. Ils renoncèrent peu après aux avantages que ce régime comportait pour reprendre leur liberté et se livrer au nomadisme.

En fait, les Métis réclamaient l'assurance qu'ils ne seraient pas spoliés de leurs terres. Pourtant beaucoup d'entre eux ne s'étaient pas souciés de les garder, les vendant à des spéculateurs pour des montants dérisoires. Comme au Manitoba, la plupart n'avaient pas de titres de propriété et le gouvernement d'Ottawa fut inondé de pétitions exposant les revendications des Métis qui vivaient dans l'incertitude, craignant qu'avec l'arrivée des Blancs leurs terres leur soient enlevées.

L'agitation gagna également les agglomérations, comme celle de Prince Albert, où les half-breeds se souciaient aussi de leurs terres en raison de leur absence de titres de propriété. Ces craintes communes suscitèrent un rapprochement entre les deux fractions des sang-mêlé, pour la défense de leurs intérêts.

D'autres causes aggravèrent le mécontentement. Les Métis se préoccupaient du système qui serait appliqué pour la division des terres, accordant leur préférence au système québécois. Dans la vallée du Saint-Laurent, par exemple, l'espace était divisé en bandes longitudinales étroites avec façade sur la rivière. Les Métis trouvaient des avantages à ce système, qu'ils appelaient « lot de rivière », parce qu'il leur permettait de vivre en communauté. Il y avait aussi les Métis originaires du Manitoba, qui avaient perdu ou cédé leurs terres, à la Rivière-Rouge. Étant désormais des citoyens sans terre, pourraient-ils profiter d'une nouvelle distribution dans l'Ouest? Comme on peut le constater, le problème était très complexe.

Le gouvernement fédéral, absorbé par bien d'autres problèmes, fit la sourde oreille aux revendications des sang-mêlé. Le conseil des Territoires du Nord-Ouest, qui était sympathique aux demandes des Métis, engagea Ottawa à leur donner satisfaction. En 1884, on fit droit aux revendications d'une partie de la population. Les autres éléments, dont on avait fait fi des doléances, continuèrent à s'agiter.

Le père Fourmond, qui se fit le porte-parole de ces mécontents, écrivit: « Est-il une population, dans aucune des autres provinces, qui n'aurait pas déjà fait une révolution en règle si elle subissait le même traitement[9]? » Dans certains secteurs, on n'avait pas encore procédé à l'arpentage et les Métis n'avaient pas reçu d'assurance qu'ils obtiendraient une terre, ni des titres de propriété.

Par contre à Saint-Albert, près d'Edmonton, les Métis furent satisfaits: les terres avaient été divisées, comme au Québec, dans le sens de la longueur. À Saint-Laurent également, dans le secteur où vivaient les Métis, l'arpentage fut effectué selon le système des « lots de rivière ». En dehors de cet espace restreint, les terres furent divisées selon le système américain, ou celui des Cantons de l'Est au Québec.

Les Métis formulaient d'autres griefs. Les colons et les représentants du gouvernement fédéral ne dissimulaient pas leur mépris à l'égard de l'élément francophone et c'est sans doute pour cette raison que les revendications des sang-mêlé n'inspiraient qu'indifférence. Bien des Métis ne pouvaient expliquer leurs doléances aux fonctionnaires parce que ces derniers ne parlaient pas français.

Il n'est pas surprenant que les Métis aient songé à Louis Riel pour prendre leur cause en main. Il n'y avait pas de chef de leur nationalité en Saskatchewan qui fût assez prestigieux et assez instruit pour prendre la tête d'un mouvement de protestation. Gabriel Dumont était l'homme le plus populaire, mais il était analphabète, n'avait aucune expérience politique et était dénué de dons oratoires. Charles Nolin, cousin de Riel, avait par contre tous les dons qui manquaient à Dumont et il avait même été ministre au Manitoba, mais c'était un intrigant à qui pratiquement personne ne faisait confiance.

Mais ce sont les Blancs de Prince Albert qui précipitèrent les événements en poussant les Métis à l'agitation politique. Ils avaient également des griefs: les modifications apportées au tracé du chemin de fer du Canadien Pacifique, qui devait relier l'Est jusqu'au Pacifique, avaient amené la dépréciation des propriétés foncières et conduit les spéculateurs au bord de la ruine. Plusieurs mauvaises récoltes et la baisse du prix du blé firent subir de grosses pertes aux cultivateurs. Par voie de conséquence, le commerce était tombé dans le marasme et les Blancs, dont plusieurs étaient des adversaires politiques de John A. Macdonald, avaient intérêt à susciter de l'agitation dans le but de contraindre le gouvernement à les aider financièrement. Mais ils se gardèrent bien de trop se compromettre.

Mgr Grandin, évêque de Saint-Albert, près d'Edmonton, en fit part à Sir Hector Langevin, ministre des Travaux publics dans le cabinet conservateur. « Les Métis, écrivait le prélat, sont poussés en avant et excités non seulement par des métis anglais, mais par des habitants de Prince-Albert, des personnages puissants dit-on, d'une certaine considération et opposés au gouvernement, qui espèrent sans doute tirer avantage des démarches regrettables de ces pauvres métis[10]... »

Au lieutenant-gouverneur du Nord-Ouest, Mgr Grandin réitéra les mêmes accusations : « Je dois dire aussi que, actuellement, les métis sont surtout portés à la révolte par une certaine classe de Blancs qui passent auprès d'eux pour gens instruits et bien posés. Le commerce ne va pas, l'argent ne se voit plus. Une révolte sérieuse ferait changer cet état de choses, ce qui arrangerait d'autant mieux les excitateurs qu'ils feraient en sorte de pousser les métis en avant sans se compromettre eux-mêmes[11]. »

Le 6 mai 1884, des Blancs et des half-breeds tinrent une assemblée à l'école Lindsay près de Prince Albert, où toutes les questions qui préoccupaient la population furent de nouveau abordées par les orateurs. La réunion était présidée par un half-breed, Andrew Spence. Cinq Métis, dont Charles Nolin, Maxime Lépine et Gabriel Dumont, y avaient été conviés. Tous les assistants ont été unanimes à condamner la politique du gouvernement fédéral à propos du Nord-Ouest.

Mais dès que quelqu'un lança l'idée de consulter Riel, une vive opposition se manifesta dans la salle. L'unanimité, qui avait prévalue depuis le début de la réunion, se brisa et certains Métis ainsi que des colons blancs firent connaître leur désaccord. Le président Andrew Spence fit preuve d'une grande adresse et à force de compromis, il réussit à faire taire les dissidents.

À la fin de l'assemblée, une résolution fut adoptée. Elle se lisait comme suit : « Nous, Français et Anglais natifs du Nord-Ouest, sachant que Louis Riel a conclu en 1870 un arrangement avec le gouvernement canadien... connu sous le nom d'Acte du Manitoba, nous proposons qu'une délégation soit envoyée à Louis Riel pour qu'il nous aide à formuler nos résolutions qui seront soumises au gouvernement canadien afin que ce dernier fasse droit à nos justes demandes. »

On fit une collecte pour payer les frais de voyage de la délégation. Selon le *Prince Albert Times*, un Canadien de l'Ontario fut le premier à apporter sa contribution[12]. L'assemblée fixa son choix sur trois délégués, dont deux Métis, Gabriel Dumont et Michel Dumas qui représentaient les francophones. Le half-breed James Isbister représentait les anglophones. Moïse Ouellette accompagnera le trio, mais il n'aura aucun mandat et voyagera à ses frais. Le 20 mai, les quatre hommes se mirent en route pour le Montana afin d'aller quérir Louis Riel. Ce sera un voyage assez long, car ils devront franchir une distance de mille kilomètres.

Les plus perspicaces comprirent immédiatement que le retour de Riel risquait de nuire à la cause des Métis au lieu de la servir, en faisant rebondir les antagonismes de race et de religion. Les événements de 1869 et de 1870 étaient encore récents. Leurs prévisions devaient s'avérer justes.

« Nos pauvres Métis, poussés par un certain Charles Nolin, ont fait une grosse bêtise, écrivait Mgr Grandin à ses missionnaires de Saint-Albert. Ils ont envoyé une députation à Louis Riel pour qu'il vienne se mettre à la tête des affaires en vue de faire opposition au gouvernement. Ils n'ont voulu entendre ni le P. André, ni le gouverneur, ni personne. Ils vont se compromettre tous, se faire un mauvais nom et ils ne pourront plus rien obtenir du gouvernement[13]. »

Frank Oliver, directeur du *Bulletin* d'Edmonton, qui sympathisait grandement avec la cause des Métis, eut la même crainte que le prélat de Saint-Albert. Il en fit part au futur secrétaire de Riel, William Henry Jackson, qui n'avait alors que vingt-trois ans et qui était engagé à fond dans l'agitation politique.

Oliver, qui sera ministre de l'Intérieur dans le gouvernement Laurier en 1905, écrivit à Jackson: « Un mot, confidentiellement, à propos de Riel. Il peut être un homme de très grande influence et du patriotisme le plus élevé; mais c'est de la dynamite politique, ou du boomerang politique. En appuyant Riel, vous passerez pour appuyer sa conduite entière, et vos ennemis auront ainsi entre les mains la meilleure arme possible contre vous. Je ne vous dit point de ne pas l'appuyer. Vous devez en juger par vous-même; mais je vous préviens que c'est une chose délicate et que je ne tiendrais pas à endosser pour ma part, d'après le peu de que je connais de l'affaire, avant qu'il n'ait fait quelque chose pour effacer la tache qui pèse sur lui[14]. »

Le dimanche 4 juin, Riel assistait à la messe à la mission Saint-Pierre, au Montana. Avant la fin de la cérémonie religieuse, on vint le prévenir que des visiteurs du Canada désiraient le voir. Le chef métis attendait leur arrivée depuis quelque temps, ayant été informé au cours du mois précédent qu'une délégation de la vallée de la Saskatchewan viendrait le consulter. Les délégués le mirent au courant de la situation dans le Nord-Ouest et le prièrent de rentrer au Canada afin de les aider à obtenir justice.

Selon certains auteurs, Riel, qui semblait hésitant, aurait demandé vingt-quatre heures de réflexion avant de prendre une décision. Un autre donne une version un peu différente: « Il demanda qu'on lui laissât du temps pour réfléchir à leur invitation mais il avait déjà pris sa décision. Mgr Bourget le lui avait bien dit: il avait une mission à accomplir. C'était l'occasion ou jamais. Voilà ce que Dieu avait voulu pour lui et pour le peuple métis[15]. »

Le confesseur de Riel au Montana, le père Frederick Eberschweiler, n'était pas d'accord avec l'initiative de son pénitent. « Le prêtre fit ce qu'il put pour dissuader Riel de rentrer au Canada... l'avertissant que son voyage aboutirait probablement en effusion de sang et en défaite. Mais ce fut en vain[16]. »

Riel prévint les délégués qu'il mettait une condition à sa rentrée au Canada: « Dans votre intérêt comme dans le mien, j'accepte votre bienveillante invitation; je vais passer quelque temps au milieu de vous. Peut-être que, en présentant des pétitions au gouvernement, nous aurons la chance d'obtenir quelque chose. Mais mon intention est de revenir de bonne heure l'automne prochain[17]. »

Le 10 juin, il se mit en route vers la vallée de la Saskatchewan, accompagné de sa femme et de ses deux enfants, Jean et Angélique, ainsi que des délégués, Gabriel Dumont, Michel Dumas, James Isbister et Moïse Ouellette. De la mission Saint-Pierre, au Montana, jusqu'à Batoche, en Saskatchewan, ce fut un long voyage, mais sans histoire.

Après avoir voyagé pendant trois semaines, le groupe arriva à destination au début de juillet. En Saskatchewan, la nouvelle de l'arrivée de Louis Riel se répandit rapidement. Une cinquantaine de charrettes se portèrent à sa rencontre pour lui faire cortège. Riel s'installa à Batoche, chez son cousin Charles Nolin où il passa les quatre mois suivants.

Au père Vital Fourmond, qu'il rencontrait alors pour la première fois, il déclara: « Je suis parti avec la bénédiction des bons Pères Jésuites du Montana; je viens à mon arrivée réclamer très humblement celle des révérends Pères Oblats de Saint-Laurent. Je ne veux rien entreprendre que sous la direction du clergé et d'après ses conseils. »

Le dimanche qui suivit son arrivée, il prit la parole à l'église de Batoche. « Son discours fut loin d'être séditieux: il recommanda à ses amis de patienter, d'être paisibles et d'employer les moyens constitutionnels pour réussir à obtenir, pour eux, les mêmes droits qui avaient été accordés aux Métis de Manitoba. Et ces moyens, c'étaient les pétitions[18]. »

Le retour de Riel eut un grand retentissement, notamment dans les milieux métis où chacun voulait le voir et lui parler. Son ancien secrétaire à la Rivière-Rouge, Louis Schmidt, s'empressa d'aller le rencontrer: « Aussitôt que je connus son arrivée, j'obtins un congé de mon supérieur (du bureau des terres) et j'allai lui rendre visite... Ce ne fut pas sans émotion que je le revis, sachant toutes les traverses où il avait passé, lui qui avait été maître dans son pays où il revenait maintenant comme un étranger sans asile. Je lui offris mes services dans le cas où il en aurait besoin pour l'oeuvre qu'il allait entreprendre maintenant; mais il ne voulut pas me voir abandonner la situation que j'occupais, disant que je pourrais y rendre de grands services à nos gens[19]. »

Le père Alexis André, un de ceux qui s'opposaient au retour du chef métis, se hâta de rassurer le lieutenant-gouverneur sur les intentions pacifiques de Riel. « Vous savez, lui écrit-il, que je suis loin d'être un ami de Riel et que je regardais la perspective de son arrivée comme un danger pour la paix de notre population; mais aujourd'hui je n'ai plus la moindre appréhension. Si j'en crois les rapports que j'ai eus, Riel agit paisiblement et avec sagesse... Il semble réellement animé de bons motifs et n'avoir aucun mauvais dessein[20]. »

Notes

1. George F.G. Stanley, *The Birth of Western Canada*, Toronto, 1960, p. 221.
2. *Ibid.*, p. 225.
3. Marcel Giraud, *Le Métis Canadien*, Paris, 1945, p. 1 167.
4. *Ibid.*, p. 1 175.
5. Marcel Giraud, *Histoire du Canada*, Paris, 1966, p. 105.
6. Marcel Giraud, *op. cit.*, p. 1 176.
7. *Ibid.*, pp. 1 182-1 183.
8. *Ibid.*, pp. 1 184-1 185.
9. *Ibid.*, p. 1 189.
10. *Ibid.*, p. 1 193.
11. *Ibid.*, p. 1 193.
12. J.F.C. Wright, *Saskatchewan*, Toronto, 1955, p. 84.
13. Cité par Jules Le Chevallier, *Batoche*, Montréal, 1941, p. 42.
14. Cité par Donatien Frémont, *Les secrétaires de Riel*, Montréal, 1953, p. 94.
15. Hartwell Bowsfield, *Louis Riel, le patriote rebelle*, Montréal, 1973, p. 101.
16. George F.G. Stanley, *Louis Riel*, Toronto 1969, p. 251.
17. Jules Le Chevallier, *op. cit.*, p. 43.
18. Adolphe Ouimet et B.A.T. de Montigny, *La question métisse*, Montréal, 1889, p. 116.
19. Cité par Jules Le Chevallier, *op. cit.*, p. 46.
20. *Ibid.*, p. 43.

XI

LA RÉBELLION

Le 11 juillet 1884, Riel prit contact avec les anglophones de la Saskatchewan. Accompagné de Charles Nolin, Gabriel Dumont et Maxime Lépine, il rencontra les Blancs et les half-breeds à l'école Lindsay, où de 400 à 500 personnes étaient rassemblées pour l'entendre. L'accueil fut assez chaleureux et le leader métis prononça un discours modéré dans lequel il exposa ses vues et proposa les moyens à prendre pour remédier à la situation sans, toutefois, sortir de la légalité. Par son calme et sa modération, il se gagna l'appui de presque tous les assistants, effaçant ainsi dans leur esprit sa réputation de boutefeu.

Par contre, les orateurs anglophones adoptèrent un ton violent, dont William Henry Jackson, secrétaire d'une association agricole. C'est à cette occasion que Riel fit la connaissance de Jackson. Celui-ci, qui avait étudié à l'université de Toronto, était un homme d'action, parfois assez violent, qui sympathisait avec la cause des Métis. Bien doué pour l'étude des langues, il parlait couramment le français.

À la suite de cette réunion, un avocat anglophone de Prince Albert demanda à Charles Nolin s'il serait possible d'organiser une assemblée dans son village où Riel prendrait la parole. Nolin répondit que la meilleure façon de procéder serait d'envoyer une invitation au chef métis. Riel hésitait à affronter un auditoire qui serait presque exclusivement composé d'anglophones blancs. D'ailleurs, le père Alexis André, qui avait reçu une information selon laquelle il y avait des risques d'incidents, conseilla à Louis Riel de décliner l'invitation.

Riel répondit donc à ceux qui l'avaient invité qu'il lui était impossible pour le moment de se rendre à leur désir : « Je sais qu'en acceptant votre hospitalité, je me trouverais à l'abri de tout acte discourtois et que, dans un milieu aussi respectable que celui des signataires de cette invitation, je me sentirais bien au-dessus de toute insulte qu'on pourrait me lancer à la face ; mais, désireux d'éviter jusqu'à l'ombre d'un incident de peur de semer un grain de discorde à la base de votre organisation, je vous prie d'excuser mon refus. Veuillez remettre à plus tard la réunion projetée [1]. »

Mais la population de Prince Albert ne se résigna pas à ce refus. Elle fit circuler une pétition qui, en peu de temps, se couvrit de quatre-vingt-quatre signatures, dont celles de quatre half-breeds et Riel se trouva dans un grand embarras. D'une part, il ne voulait pas déplaire au père André, redoutant de s'aliéner le clergé sur lequel il comptait pour soutenir son mouvement mais, d'autre part, Maxime Lépine l'engageait fortement à accepter l'invitation, affirmant que Riel ne pouvait laisser passer une si belle occasion. Le père André changea également d'opinion et fit parvenir un billet à Riel : « L'opinion ici est si prononcée en votre faveur et on vous désire si ardemment que ce serait un grand désappointement pour les gens de Prince-Albert si vous ne veniez pas. Vous êtes l'homme le plus populaire du pays et, à l'exception de quatre ou cinq personnes, tout le monde vous attend avec impatience. Je n'ai que cela à vous dire. Venez, venez vite. »

Le leader métis accepta et le 19 juillet, à Prince Albert, la salle où il devait donner une conférence était bondée de monde. La foule ne lui ménageait pas ses applaudissements. Ils n'étaient pas tous des sympathisants de Riel mais bien des curieux qui ne le connaissaient que de nom étaient avides de le voir. Il n'est peut-être pas exagéré d'affirmer que le village au complet s'était déplacé pour aller entendre l'ancien président du gouvernement provisoire de l'Assiniboia.

L'orateur, qui semblait quelque peu nerveux, captiva rapidement son auditoire et ses déclarations, toujours empreintes de modération, semblèrent impressionner la salle. Son discours fut interrompu à maintes reprises par des applaudissements. L'homme, qui avait du charisme, était aussi doté de véritables dons oratoires.

Il n'y eut qu'un incident quand un ancien volontaire dans le corps expéditionnaire de Wolseley à la Rivière-Rouge, en 1870, se leva et accusa Riel d'être un criminel. L'importun fut rapidement mis à la porte et la réunion se poursuivit dans le plus grand calme.

Dans son discours, le leader métis lança un appel à l'unité de tous les éléments composant la population du Nord-Ouest. « Il affirma pourtant que les Indiens s'étaient fait voler leurs biens par l'instauration de la civilisation occidentale et que les sang-mêlé n'étaient pas en mesure de soutenir la concurrence des Blancs de l'Est du Canada [2]. »

À l'issue de l'assemblée, le père André, qui était curé à Prince Albert, s'empressa d'informer le lieutenant-gouverneur, à Regina, du comportement de Riel afin de le rassurer : « ... Depuis la dernière lettre que j'ai écrite à Votre Honneur, il n'est rien survenu pour changer ma conviction que Riel en venant dans le pays n'avait aucun mauvais dessein... Il prêche fortement la paix et l'union dans les diverses sections du pays. Je ne lui ai pas entendu prononcer une parole dure. Quelles sont ses intentions? Elles sont nombreuses et il lui faudra beaucoup de temps pour les mener à bonne fin. En premier lieu il veut que les Métis obtiennent gratuitement un titre aux terres qu'ils occupent. Il veut discuter pour obtenir l'érection en provinces des trois districts de la Saskatchewan, de l'Assiniboia et de l'Alberta ou du moins faire représenter ces trois districts au parlement ; il veut que les lois concernant les terres soient modifiées pour qu'elles s'adaptent mieux à la rapide colonisation du pays... Quelle sera la fin de tout cela? La fin sera que nous aurons pour un temps beaucoup de discussions, d'assemblées et de pétitions... Et puis, Riel, que nous regardons comme un prodige maintenant, ne sera plus considéré que comme un simple mortel. Nous serons aussi avancés que nous le sommes aujourd'hui, et toutes ces grandes réformes deviendront des choses du passé, et le prestige du grand homme aura disparu [3]. »

Il est incontestable que la réunion de Prince Albert a donné un coup de fouet au mouvement de protestation dans les milieux anglophones. Riel en fut amplement satisfait. Des comités locaux virent le jour en vue d'éclairer la population sur les objectifs du leader métis et si aux yeux de bien des anglophones — Blancs ou half-breeds —, le nom de Riel était assimilé à celui de rébellion, cette impression semblait maintenant s'estomper. Les plus violents, du moins en paroles, étaient désormais les anglophones.

William Henry Jackson, qui était un libéral et, partant, un adversaire politique de Sir John A. Macdonald, accusait le Parti conservateur d'être responsable de tous les maux qui affligeaient le Nord-Ouest. Il affirmait que le gouvernement canadien s'opposait systématiquement à faire droit aux justes revendications de la population. Il allait jusqu'à agiter le spectre de la sécession, en soutenant que l'Ouest pourrait se séparer de l'Est et former une fédération qui relèverait de la Couronne britannique.

En août, Riel eut, au domicile de Jackson, à Prince Albert, un entretien avec le chef indien Gros Ours qui accusait le gouvernement fédéral d'avoir violé les engagements pris envers les aborigènes. Il demanda à Riel s'il était prêt à soutenir les revendications des indigènes dès que les Métis auraient eu satisfaction. Le leader métis lui donna cette assurance et quelques jours plus tard, à Batoche, il déclara que les droits des Indiens seraient sauvegardés, tout autant que ceux de ses compatriotes. Jackson, pour sa part, prenant la parole à une réunion de Blancs et de half-breeds, affirma que le Nord-Ouest appartenait aux Indiens et non au Dominion du Canada.

Le rapprochement entre Métis et aborigènes suscita une vive inquiétude dans la communauté blanche, beaucoup moins nombreuse que la population indienne. Le bruit courut que Riel et ses partisans encourageaient les indigènes à la révolte et qu'ils songeaient à utiliser ce soulèvement pour faire triompher la cause des sang-mêlé. Les journaux conservateurs locaux, qui savaient que des libéraux notoires étaient associés à Riel, se livrèrent alors, non sans exagération, à de vives attaques contre le leader métis, afin de défendre le gouvernement de Sir John A. Macdonald. Ils réveillèrent ainsi les vieux préjugés raciaux et religieux et ressuscitèrent les antécédents politiques de Riel en faisant état, en particulier, de ses erreurs passées.

Cette opposition ne revêtait pas encore un caractère très sérieux, mais la froideur du clergé catholique à l'égard de Riel s'accroissait et risquait de compromettre gravement son mouvement. Le père Fourmond était le seul missionnaire à afficher une sympathie marquée pour le leader métis. Il sera d'ailleurs le dernier religieux à se dissocier de lui. Les missionnaires de Saint-Laurent et de Prince Albert, que préoccupait l'alliance conclue avec Gros Ours, se demandaient s'il n'était pas exact que Riel ait encouragé les Indiens dans leurs revendications.

Quant à Riel, il déplorait le manque d'enthousiasme du clergé envers son mouvement. Il eut une prise de bec avec le père André, qu'il accusait d'être de mèche avec le gouvernement, affirmant avoir perdu confiance dans le clergé, et soulignant qu'il doutait désormais de son infaillibilité, non seulement en matière politique, mais également en matière de foi.

Le père André l'accusa, quant à lui, de mêler la politique à la religion et il lui reprocha également de trop parler de sa « mission divine » ainsi que d'avoir des idées irréalistes et utopiques sur les destinées de la « nation métisse ». Pour le missionnaire, Riel était un « véritable fanatique ».

Riel voulait que le clergé l'appuie totalement, comme au Manitoba, dans les années 1869-1870. À cette époque, le clergé l'avait soutenu à fond, mais il était alors encadré par l'abbé Dugas et surtout par le curé Ritchot, son confesseur et son principal conseiller. Mais en 1884, le clergé craignait qu'il aille trop loin et engage les Métis sur une voie dangereuse, car il exerçait sur ses compatriotes illettrés une influence considérable qui dépassait certes celle du clergé.

« Sa réputation de sainteté se répandit dans la population. Un culte se forma autour de sa personne. Les Métis, dit Mgr Grandin, me parlaient de Riel avec un enthousiasme extraordinaire. C'était pour eux un saint, je dirais plus, une espèce de Dieu[4]... »

Les missionnaires n'étaient pas antipathiques à la cause des Métis, bien au contraire, mais plus l'influence de Riel grandissait, plus celle du clergé diminuait. Au début, il y avait peut-être aussi une arrière-pensée de jalousie chez les missionnaires, auxquels le prestige de Riel portait largement ombrage au sein de la communauté métisse.

Le 1ᵉʳ septembre, l'évêque de Saint-Albert, Mᵍʳ Vital Grandin, effectua une visite à Saint-Laurent où il administra la confirmation à vingt-deux enfants. Il était accompagné de Amédée Forget, secrétaire du lieutenant-gouverneur des Territoires du Nord-Ouest, Edgar Dewdney.

Dans une conversation avec des leaders métis, Forget laissa entendre que si la population le désirait, Riel pourrait probablement obtenir un siège au conseil des Territoires du Nord-Ouest. S'il acceptait, toujours selon Forget, il pourrait travailler pour ses compatriotes et toucher un salaire annuel de mille dollars.

Forget avait-il reçu mandat de son supérieur immédiat ou du gouvernement pour faire cette proposition ou bien avait-il pris l'initiative de cette démarche? Il n'y a malheureusement aucun document qui nous permette de répondre et nous en sommes donc réduits aux conjectures. Il est fort possible que le secrétaire ait été chargé par le gouvernement canadien de faire miroiter les avantages de ce poste afin « d'acheter » Riel et de le faire taire de cette façon, car cette stratégie était bien celle de Sir John A. Macdonald. Qu'on se souvienne que lors du mouvement de résistance à la Rivière-Rouge, dans les années 1869-1870, le chef du gouvernement avait proposé d'offrir un poste de policier à Louis Riel.

Le leader métis eut vent du projet et à ceux qui l'interrogeaient, il répliquait : « Pensez-vous que je voudrais salir mon nom dans une place comme celle-là⁵ ? » Il avait des ambitions plus élevées et selon des contemporains, il aurait songé à devenir membre du gouvernement fédéral ou sénateur.

Au cours d'une réunion de Métis à Saint-Laurent, à laquelle assistait Mᵍʳ Grandin, Riel reprocha au clergé de ne pas épauler à fond son mouvement et que, partant, le froid qui existait entre les missionnaires et le peuple allait en s'aggravant. D'autres Métis abondèrent dans le même sens que leur chef. Ils accusèrent le prélat de trop s'associer aux préjugés de son clergé et, comme Mᵍʳ Taché, de favoriser les Canadiens français aux dépens des Métis.

Le prélat avait confié à son journal ce qui s'était passé à cette occasion : « Riel, Gabriel Dumont, Maxime Lépine, etc., prirent la parole et se plaignirent de n'être point appuyés par le clergé. Je répondis que, ne connaissant pas leurs revendications, nous ne pouvions être ni pour eux, ni contre eux. Si vous réclamez les faveurs auxquelles votre titre de premiers occupants vous donne droit, nous serons avec vous, mais jamais nous ne pourrons appuyer une révolution. Riel nia, dans une conversation privée, que la pensée d'une révolution fût dans leurs plans[6]. »

Pour prévenir une rupture avec le clergé, Riel proposa à Mgr Grandin la fondation d'une association nationale métisse, suggestion que le prélat s'empressa d'accepter. Ce dernier désigna saint Joseph comme patron de la nouvelle association qui fut lancée le 24 septembre suivant.

À l'issue de sa tournée pastorale, Mgr Grandin rentra à Saint-Albert et Amédée Forget à Regina où il fit part à son supérieur, le lieutenant-gouverneur, de son appréciation de la situation à Saint-Laurent et à Batoche : « L'agitation n'est pas aussi bruyante qu'au début, mais elle n'en est pas moins sérieuse. Elle embrasse tous les Métis français et anglais et un grand nombre de colons blancs sans scrupules de Prince Albert. Ceux-ci sont politiquement les adversaires du parti au pouvoir et seraient enchantés de créer une situation qui pourrait mettre le gouvernement dans l'embarras[7]. »

Quant à Mgr Grandin, Riel lui laissa une mauvaise impression. « Riel, écrivait le prélat, me fait l'effet d'un homme fort exagéré, aussi bien en religion qu'en politique. Je crains qu'il ne devienne fou. Plusieurs Pères partagent mes craintes, ainsi que plusieurs Métis, mais la généralité de ces derniers le regardent comme un oracle[8]. »

Le 25 novembre suivant, il se produit un incident dont parle le père Végreville : « quand... par suite de divers accidents, je fus contraint de passer la nuit dans la maison de Moïse Ouellette où Riel venait de s'installer avec son secrétaire. Le lendemain, après déjeuner, plusieurs associés de Riel se trouvaient réunis. Le chef se déchaîna contre le gouvernement... qui détient illégitimement le pays... »

« Puis il ajouta : « Il ne doit plus avoir personne appelé évêque, prêtre, père ; on doit les nommer serviteurs de Dieu. Il faut que tous les prêtres, évêques et archevêques marchent avec nous ; nous saurons bien les y contraindre. Je ne suis rien ; je viens d'un grain de poussière, mais *j'ai une oeuvre à accomplir par une vocation divine.* Les prêtres et les évêques n'ont en vue que l'argent et le bien-être; il faut qu'ils deviennent pauvres et qu'ils se suffisent par le travail de leurs mains comme les apôtres. » Le père Végreville fait observer: «Je bouillais d'envie de répondre, mais ce n'était pas le moment, me trouvant absolument seul au milieu de fanatiques résolus de ne rien entendre[9]. »

Le 5 décembre, à Saint-Laurent, Riel tint des propos analogues en présence de plusieurs missionnaires. Après qu'il eut dit ce qu'il avait sur le coeur, le père André lui fit savoir qu'ils devraient désormais le combattre ouvertement et le traiter en ennemi, ne voulant pas donner l'impression par leur silence qu'ils approuvaient sa conduite. À ces mots, Riel fondit en larmes et se mit à genoux pour demander pardon pour ses excès de langage. Le père André, accompagné des autres missionnaires, le conduisit à la chapelle où au pied du tabernacle, le chef métis jura solennellement qu'il ne se laisserait plus aller à la révolte contre le clergé ou les autorités civiles.

Malgré ses propos hétérodoxes, Riel s'était toujours comporté extérieurement en excellent catholique. Il fréquentait l'église assidûment, se confessait et communiait tous les dimanches. À la messe dominicale, il édifiait ses compatriotes par sa piété mais le père Fourmond, qui était pourtant le missionnaire le plus sympathique à l'égard de Riel, écrit: « Ce double jeu ne laissait pas de nous embarrasser fort; si bien qu'il y eut... une consultation à ce sujet pour savoir si l'on pouvait continuer à l'admettre aux sacrements. La réponse fut qu'on pouvait. On attribuait ses écarts de conversation et ses mouvements de colère aux souffrances morales et aux infortunes passées qui, selon nous, suffisaient pour jeter son esprit peu solide dans un état voisin de la folie où il ne se rendait pas compte de ce qu'il disait. »

De son côté le père André ajoute: « En parlant politique, révolte, religion, il disait des choses qui effrayaient les prêtres... Tous déclarèrent à l'unanimité qu'il était *complètement fou* en discutant ces questions. C'était, pour me servir d'une expression vulgaire, comme si on eût montré une étoffe rouge à un taureau[10]. »

Pour les missionnaires du Nord-Ouest, la présence de Riel

suscitait de grands embarras. Ses prises de position en matière religieuse risquaient d'éloigner ses compatriotes de l'orthodoxie. Aussi le clergé désirait-il le voir partir pour les États-Unis avant la fin de l'année. D'ailleurs avant de quitter le Montana, Riel avait prévenu la délégation qui était venue le chercher qu'il reviendrait aux États-Unis à l'automne. Dans les premiers jours de décembre, une occasion se présenta : le leader métis, qui était dans la gêne et qui vivait aux crochets de ses amis, informa Charles Nolin qu'il avait besoin d'argent et que le gouvernement d'Ottawa lui devait une compensation pour les pertes qu'il avait subies au Manitoba.

Riel ayant fait la paix avec le clergé, le père André lui promit d'user de son influence pour l'aider à obtenir du gouvernement fédéral la compensation financière qu'il réclamait. Le 22 décembre, le père André et D.H. MacDowall, membre du conseil des Territoires du Nord-Ouest pour le district de Lorne, eurent un long entretien avec Riel. À l'issue de la conversation, MacDowall fit rapport au lieutenant-gouverneur Dewdney. Il l'informa que « si le gouvernement prenait en considération ses revendications (de Riel) et lui versait un certain montant en dédommagement », le leader métis s'assurerait que ses partisans fussent « satisfaits avec pratiquement tout règlement de leurs revendications sur les concessions de terre que le gouvernement pourrait être disposé à faire et qu'il serait prêt à rentrer aux États-Unis[11] ».

Riel avait déjà réclamé cent mille dollars, mais il s'était rabattu par la suite sur un montant de trente-cinq mille dollars, somme que MacDowall trouva excessive. Ce dernier incita vivement le lieutenant-gouverneur à verser immédiatement une indemnité au leader métis et exhorta le gouvernement canadien à ne pas lésiner « dans cette affaire capitale ».

Le père André fit des démarches dans le même sens. Il écrivit au lieutenant-gouverneur : « Il (Riel) a sûrement des revendications contre le gouvernement... il a beaucoup d'influence pour le bien ou pour le mal avec les sang-mêlé... obtenez-lui quatre ou cinq mille dollars et j'ose dire que M. MacDowall et moi, nous lui ferons accepter toutes les conditions[12]. »

Le major Crozier, de la police du Nord-Ouest, tenait, tout comme les missionnaires, au départ du leader métis. Il écrivit à ce sujet : « ...je pense que, si Riel disparaissait du pays, la tranquillité ordinaire y serait rétablie. Car, en supposant que ses moyens de susciter des troubles sérieux ne soient que problématiques, sa seule présence ici cause parmi les Métis et les Indiens une agitation dont, ainsi que vous le savez, d'autres qui ne sont ni métis ni sauvages profitent pour faire aboutir leurs projets et leurs vues. »

Le premier ministre du Canada ne vit pas d'un oeil favorable les exigences pécuniaires de Riel. Il ne crut plus désormais à la bonne foi du leader métis. « Je crois, dit-il par la suite en Chambre, qu'il est revenu pour soutirer le maximum du trésor public [13]. »

Dès le milieu de l'été 1884, le chef du gouvernement fait savoir que « les nouvelles en provenance du Nord-Ouest m'inquiètent un peu ». Au mois d'octobre, Mgr Grandin, probablement le missionnaire le plus perspicace de la région, prévoit déjà une alliance éventuelle entre Riel et les Indiens. Il en prévient le lieutenant-gouverneur : « Riel, dont on ne parlait plus, redevient un personnage important. J'apprends que les Sauvages eux-mêmes en parlent comme d'un demi-dieu qui apportera l'aisance et le bonheur chez tous. Si donc, il arrivait quelques émissaires de la part de Riel, j'en redouterais singulièrement les effets [14]. »

Dans une lettre au ministre fédéral des Travaux publics, Hector Langevin, il précisait davantage sa pensée : « Je déplore cette façon du gouvernement d'afficher un vrai mépris du pays. Messieurs les membres du gouvernement ne devraient pas ignorer que les Métis, aussi bien que les Sauvages, ont leur orgueil national, et s'irritent du mépris dont ils se croient victimes. Une fois poussés à bout, ni prêtres ni évêque ne pourront leur faire entendre raison. Je vous supplie donc... d'user de toute votre influence, pour qu'il soit tenu compte de leurs justes demandes [15]. »

Après avoir reçu la lettre du prélat, Langevin fait part, au début de novembre, de ses appréhensions à Macdonald, l'avertissant que Riel constituait « un danger permanent. Toutefois, il faut faire attention de ne pas faire de lui un martyr et accroître ainsi sa popularité [16]... »

Macdonald et les fonctionnaires du ministère de l'Intérieur « estimaient inutile toute concession qui ne serait pas susceptible d'améliorer de façon permanente le sort des métis. C'est pourquoi ils avaient depuis longtemps rejeté l'idée de leur concéder des titres négociables. Les experts y étaient opposés. Toute l'histoire de la concession de terres aux métis manitobains mettait les fonctionnaires sur leurs gardes et leur donnait à penser qu'il valait mieux ne pas recommencer à leur donner des titres de propriété négociables. Ceux qui en redemandaient maintenant dans le Nord-Ouest étaient dans l'ensemble un groupe assez peu fiable. Les métis émigrés du Manitoba qui avaient gaspillé les terres qu'on leur avait déjà accordées et qui n'avaient aucun droit à en revendiquer de nouvelles au cours d'une distribution future, se trouvaient bizarrement à la tête du mouvement d'agitation qui se développait sur les rives de la rivière Saskatchewan.

« Macdonald était convaincu que certains spéculateurs fonciers sans scrupules les aidaient et les encourageaient. Ces gens-là avaient tout à gagner d'une nouvelle distribution de titres négociables. « Les métis revendent aux spéculateurs les titres de propriété pour une bouchée de pain et dépensent tout l'argent en whisky », expliquait Macdonald à Lord Landsdowne, « c'est cela que nous voulons éviter à tout prix ». Tout gouvernement responsable se devait d'éviter les erreurs commises avec les meilleures intentions du monde. Quel bénéfice réel ce peuple instable et prodigue pourrait-il retirer d'une compensation aussi éphémère [17]? »

L'archevêque de Saint-Boniface, qui avait connu Riel dès sa plus tendre enfance et qui avait fait appel à la bourse d'amis pour le faire instruire au collège de Montréal, abondait dans le même sens que Macdonald. Dans une lettre à son ancien protégé, en date du 4 octobre 1884, Mgr Taché se demandait « si Riel suivait une ligne de conduite judicieuse quand il demandait des concessions de terres particulières en raison de l'usage lamentable que la plupart de nos gens ont fait des terres qu'ils détenaient au Manitoba [18] ».

Vers la fin de décembre, les craintes de Macdonald au sujet de la situation dans le Nord-Ouest augmentèrent. Le 30 décembre, une pétition, en provenance du district de Lorne, arriva à Ottawa. Envoyée le 16 décembre, elle avait été préparée par William Henry Jackson et Riel, mais elle portait les signatures de Jackson et de Andrew Spence, un half-breed. Selon un historien, « il y avait dans ce document de quoi satisfaire tout le monde ».

La pétition réclame un traitement plus libéral pour les Indiens et les sang-mêlé et elle réitère leurs exigences habituelles ayant trait aux concessions de terres avec des titres de propriété. La pétition demande aussi d'accorder au Nord-Ouest le statut de province avec gouvernement responsable et contrôle de ses ressources naturelles. En outre, elle s'étend longuement sur la façon dont Louis Riel a été traité au Manitoba.

Le 9 janvier 1885, le gouvernement fédéral étudia la pétition et la transmit au ministre de l'Intérieur pour qu'il se chargeât d'y donner suite. « Le gouvernement... avait décidé de faire une énorme concession. Au début de janvier, les ministres finirent par conclure qu'il fallait procéder immédiatement à un dénombrement des Métis du Nord-Ouest en vue de leur donner des terres et les titres fonciers qu'ils réclamaient depuis longtemps. Macdonald n'avait pas changé d'avis concernant le peu de sagesse de ce douteux dédommagement. D'après lui, de telles subventions étaient dans leur principe injustifiables et, dans leurs conséquences, probablement mauvaises. Mais il avait décidé de passer outre à ses jugements personnels et de céder. Plus tard, il dit en Chambre: «Je ne cache pas d'avoir agi à contre-coeur. Je ne cède pas facilement quand une solution meilleure est possible. Mais au dernier moment, j'ai cédé. Je me suis dit: Bon sang! donnons-leur leurs titres fonciers. Peu importe s'ils les boivent, les vendent ou les gaspillent! Mais au moins nous aurons la paix[19]. »

Le 28 janvier, le cabinet décida de créer une commission de trois membres afin de procéder au recensement des Métis et d'étudier leurs revendications. Le lieutenant-gouverneur Dewdney fut informé par télégramme, le 4 février, de la décision gouvernementale, et fut chargé de procéder au recensement de tous ceux qui n'avaient pas reçu de terres en vertu de l'acte du Manitoba.

L'annonce de l'établissement d'une commission d'enquête n'eut pas l'effet désiré sur les sang-mêlé. Depuis 1879, le gouvernement canadien avait fait plusieurs promesses en ce sens et il faut aussi préciser que de nombreux Métis originaires du Manitoba où on leur avait cédé des terres qu'ils avaient ensuite vendues, n'étaient pas touchés par cette mesure. Ils ne pourraient donc pas bénéficier de nouvelles concessions et continuèrent à s'agiter.

Le télégramme envoyé au lieutenant-gouverneur par le ministre de l'Intérieur ne faisait nullement mention des griefs de Riel qui étaient pourtant mentionnés dans la pétition. Quand Riel apprit que la décision d'Ottawa avait été transmise à Charles Nolin par le lieutenant-gouverneur, « il entra en colère et, frappant sur la table, il s'écria: « Dans quarante jours Ottawa aura ma réponse[20]. »

Le 24 février une grande assemblée avait lieu à l'église de Batoche que le curé de la paroisse, le père Julien Moulin, avait mise à la disposition des Métis. L'inspecteur S. Gagnon, de la police du Nord-Ouest, aurait bien aimé assister à la réunion, mais il comprit rapidement, à son arrivée sur les lieux, que sa présence n'était pas désirée. Il n'insista pas et s'en alla.

Riel fut le principal orateur et s'attaqua violemment au gouvernement fédéral qu'il accusa d'avoir volé l'Ouest au peuple. Il lui reprocha ensuite sa mauvaise volonté en ne faisant pas droit aux griefs des Métis et en ne leur accordant pas les concessions de terres qu'ils demandaient.

Puis, calmement, il annonça que la tâche pour laquelle il était venu du Montana était terminée: il avait participé à la rédaction de la pétition et une commission gouvernementale serait formée. Il ne lui restait qu'à retourner aux États-Unis, puisque sa présence au milieu de ses compatriotes était désormais inutile. Il donnait aussi pour raison que le gouvernement le traitait comme un étranger et refusait de le reconnaître comme l'intermédiaire entre la Saskatchewan et Ottawa.

Lorsqu'il manifesta l'intention de rentrer aux États-Unis, la foule fit connaître sa désapprobation en criant: « Non! non! non! » Un vieillard se leva et interpela l'orateur: « Si tu pars, mon neveu, nous partirons tous avec toi. » Dès que le calme eut été rétabli dans la salle, Riel lança à la foule: « Mais les conséquences? » Presque à l'unanimité, les assistants répondirent: « Nous les subirons. » Le délégué de Prince Albert dit quelques mots en anglais, soulignant que Riel devait rester comme leur chef et qu'il était prêt, pour sa part, à le suivre jusqu'au bout. Ces paroles reçurent les vifs applaudissements de la foule.

Riel était-il sincère quand il déclarait vouloir retourner aux États-Unis? Nous croyons qu'il s'agissait plutôt d'une manoeuvre de sa part puisque le lendemain il déclarait qu'il ne quitterait pas la Saskatchewan.

Au début de mars 1885, Riel adopte une attitude plus agressive et décide de prendre les armes si nécessaire. Il semble que ce durcissement lui ait été inspiré par son adjudant-général, Gabriel Dumont, qui lui aurait reproché de n'avoir rien accompli depuis son retour en Saskatchewan, six mois auparavant, et qui lui aurait dit que le gouvernement céderait, comme en 1870, s'il adoptait des mesures plus énergiques.

Avec un groupe d'amis, Riel se rend à Prince Albert pour y rencontrer le père André. Malgré ses relations tendues avec le clergé et la méfiance que lui inspire le missionnaire, il ne tient à prendre aucune initiative importante sans leur approbation, sans doute dans la crainte d'élargir le fossé qui les sépare.

Entre dix et onze heures du soir, le chef métis demande au père André l'autorisation de proclamer, avant minuit, l'établissement d'un gouvernement provisoire. Le missionnaire est nettement opposé au projet et une altercation éclate entre les deux hommes. Riel est vertement rabroué et bouté hors du presbytère.

Le leader métis est furieux, mais il ne renonce pas à son projet. Il réunit ses partisans et leur fait signer une résolution dont un des objectifs est « de sauver notre pays du mauvais gouvernement en ayant recours aux armes si nécessaire ». Le 5 mars, accompagné de militants, il va voir Charles Nolin pour lui soumettre son plan d'action. Nolin, qui a déjà donné au père André l'assurance qu'il s'opposera à tout mouvement de violence, refuse catégoriquement de prendre part à un soulèvement armé.

Au lieu de s'engager dans une voie aussi dangereuse, il propose au chef métis de faire une neuvaine. La suggestion est d'abord écartée, mais le lendemain, Riel revient sur sa décision et l'accepte. Car il estime désormais qu'il « faut prier beaucoup Notre-Dame de Lourdes pour la bonne direction des affaires ».

Ces exercices de piété et de prières commencent le 10 mars. Ils sont suivis par une fraction très importante de la population de Batoche qui remarque l'assiduité de Nolin, un homme assez religieux, et la piété de William Henry Jackson. Celui-ci, qui est méthodiste, a décidé d'adjurer et de recevoir conditionnellement le baptême le 19 mars, jour de la fête de saint Joseph, patron des Métis.

Jackson, quelques semaines auparavant, avait annoncé publiquement, lors d'une réunion de half-breeds, que pour mieux travailler au salut de son âme et se préparer à la réception du sacrement, il avait offert sa démission comme secrétaire de Louis Riel.

Selon le père Vital Fourmond : « Riel n'y parut que le dimanche, 15 mars. L'église était pleine de monde ; beaucoup d'hommes surtout dont plusieurs des principaux meneurs entre autres Lépine, Damase Carrière, Gabriel Dumont, etc. Je profitai de cette circonstance pour récapituler les explications que j'avais données dans la semaine sur les commandements de Dieu, insistant, selon la recommandation de Charles Nolin, sur le quatrième commandement défendant la révolte contre le pouvoir établi. À ce propos je citais les paroles mémorables de Grégoire XVI. Enfin je conclus par la déclaration de refus d'absolution pour tous ceux qui prendraient les armes [21]. »

Après la messe, Riel reprocha au père Fourmond d'avoir fait de la politique en chaire. « Vous avez transformé, me dit-il, la chaire de vérité en chaire de mensonge, de politique et de discorde, en osant menacer du refus des sacrements tous ceux qui prendraient les armes pour la défense de leurs droits les plus sacrés [22]. »

La police montée du Nord-Ouest et les représentants du gouvernement fédéral étaient bien au courant de l'aggravation de la situation dès le début du mois de mars. Le 10, l'inspecteur Gagnon télégraphia au major Crozier, à Prince Albert, pour lui faire savoir que les Métis semblaient bien « excités » et adoptaient des « attitudes inquiétantes ». Selon Crozier, l'agitation avait pour cause le refus du gouvernement fédéral de négocier avec Riel en raison de son statut d'étranger.

Le 14 mars, Crozier télégraphia au commissaire Irvine à Regina : « La révolte des métis peut éclater à tout moment. Il nous faut d'importants renforts de troupes, car si les métis se soulèvent, les Indiens suivront. » Le lendemain, Irvine, à la tête d'une centaine d'hommes, se met en route vers le nord.

Riel se déclara capable de rallier à sa cause toute la population du Nord-Ouest y compris les sang-mêlé et les Indiens des États-Unis. Selon lui, « le temps était arrivé... de gouverner le pays ou de périr dans la tentative ». Le bruit se répandit que cinq cents agents de la police montée s'apprêtaient à juguler l'agitation et la rumeur trouva créance chez les Métis. Un groupe de Métis, se dirigeant vers Batoche pour en informer Riel, fit irruption dans un magasin et s'empara de quelques otages, dont un agent des Affaires indiennes. À Batoche, Riel et ses hommes entrèrent au magasin Walters and Baker et saisirent les armes et les munitions. Le propriétaire, Walters, exigea d'être payé. Riel lui répondit : « Si notre plan réussit, vous serez payé ; sinon, ce sera le gouvernement fédéral qui s'en chargera. De toute façon, vous êtes certain d'être remboursé. » Comme Walters ne semblait pas trop convaincu, il fut fait prisonnier et détenu avec les autres. Riel et Dumont confièrent ensuite à quelques hommes la tâche de couper les fils télégraphiques qui reliaient Batoche à Prince Albert.

Le 19 mars, jour de la fête de saint Joseph, patron des Métis et dernière journée de la neuvaine, Riel, dans la matinée, frappe à la porte du presbytère du père Fourmond et dans un grand état d'excitation lui annonce la formation d'un gouvernement provisoire analogue à celui qu'il avait établi dans l'Assiniboia en 1869-1870.

Il annonce également au missionnaire que la « vieille Rome est tombée et qu'il y a un nouveau pape en la personne de l'évêque de Montréal, Mgr Ignace Bourget. Vous serez le premier prêtre de la nouvelle religion et désormais vous m'obéirez. »

Le missionnaire, qui avait toujours été, chez les religieux, le plus ardent partisan de Riel, n'en croyait pas ses oreilles. Il eut néanmoins le courage de dire au leader métis : « Jamais. » Sans doute pour l'apaiser, le missionnaire procéda quand même au baptême de Jackson et Riel signa dans le registre : *Louis David Riel*. C'était la première fois qu'il ajoutait « David » à son prénom.

Riel, ce même jour, choisit les membres de son conseil,

personne n'étant élu. Pierre Parenteau devint président; Philippe Garnot, secrétaire, et Gabriel Dumont, adjudant-général. Riel ne faisait pas partie des quinze conseillers, « ce qui convenait à sa mission de prophète désigné par Dieu ». Chaque membre de la nouvelle assemblée porterait le nom d'*exovede*, expression latine signifiant « celui qui a été choisi parmi le troupeau ». Quant au conseil, il serait désigné sous le nom d'*exovidate*.

Riel avait commis une grave erreur en agissant avec une trop grande précipitation et sans se soucier des conséquences. L'unité n'existait pas au sein de son mouvement. Une des premières causes de division prenait sa source dans le conflit avec le clergé, qui avait dégénéré en rupture. Le mouvement de rébellion, sans cohésion, ne pouvait atteindre ses objectifs. Riel avait sans doute avec lui le gros des Métis, mais une fraction importante hésitait car ces hommes, qui avaient subi si longtemps l'influence morale des missionnaires, n'étaient pas toujours disposés à donner tort au clergé. Le mouvement de Riel avait déjà du plomb dans l'aile.

Les missionnaires, qui savaient qu'une insurrection aboutirait à un échec complet — les événements leur donneront raison —, comptaient sur Charles Nolin pour prévenir la rébellion en semant la division parmi les partisans de Riel. Nolin ne possédait toutefois pas le charisme du leader métis et il ne saurait saper efficacement l'influence de Riel.

Il se fit quelques alliés mais Riel eut vent de la défection de son cousin. Nolin ainsi que Louis Marion et William Boyer, deux Métis qui s'opposaient au recours aux armes, furent arrêtés et mis en accusation. À la suite d'un procès expéditif, Nolin, considéré comme le chef de l'opposition, fut condamné à mort, mais Riel n'exigea pas l'exécution immédiate de la sentence. Sur les instances de Maxime Lépine, le condamné consentit désormais à donner son appui à Riel. Ce dernier avait déjoué les plans du clergé, mais ce n'était qu'une victoire temporaire.

Dans l'entourage de Riel, quelques-uns de ses principaux lieutenants préconisaient une manifestation armée en vue d'impressionner le gouvernement fédéral, mais s'opposaient à tout affrontement armé avec le Canada. C'était l'opinion de Maxime Lépine et de Philippe Garnot, secrétaire de Riel depuis la démission de Jackson.

C'est sans doute en partie pour cette raison que Riel s'efforça de capturer le fort Carlton sans avoir à recourir à la violence. L'ouvrage n'avait aucune valeur stratégique, mais il renfermait des provisions qui seraient fort utiles pour assurer la subsistance des hommes en armes de Gabriel Dumont. D'ailleurs la violence risquait d'affaiblir le mouvement de Riel.

Dans l'entourage du leader métis, les plus exaltés, comme Gabriel Dumont, exigeaient qu'on fasse immédiatement appel aux Indiens. Riel, cependant, croyait encore que le premier ministre du Canada, Sir John A. Macdonald, céderait à la menace d'une insurrection des Métis plutôt que de faire face à l'éventualité d'un soulèvement général des Indiens.

Riel fit parvenir un ultimatum au major Crozier, lui ordonnant d'abandonner le fort Carlton, sans quoi ses hommes l'attaqueraient et ce serait « une guerre d'extermination contre ceux qui ont manifesté de l'hostilité envers nos droits ». Crozier ne se laissa pas impressionner et répondit par un refus catégorique. Il attendait d'ailleurs de Regina l'arrivée d'une centaine d'hommes sous le commandement du commissaire Irvine.

Les half-breeds, qui avaient également des griefs contre le gouvernement fédéral, n'étaient pas disposés à recourir aux armes pour les faire redresser. Ils ne voulaient pas non plus prendre les armes contre Riel et ses partisans et s'engager ainsi dans une guerre fratricide. Ils préféraient rester neutres. Il n'y a aucun doute que la plupart des half-breeds sympathisaient avec les Métis, mais ils étaient plus conscients que ces derniers du risque d'affronter le Canada. Malgré les appels réitérés de Riel à leur endroit, ils restèrent sourds à ses exhortations.

Quant aux Blancs, qui au début avaient appuyé les revendications de Riel dans l'espoir de tirer profit de l'agitation, ils se dissocièrent rapidement du leader métis dès qu'il eut abordé sa réforme religieuse et parlé de rébellion. Ils craignaient surtout que l'agitation s'amplifie et qu'elle aboutisse à une alliance entre les Métis et les Indiens, risquant ainsi de les transformer en cibles de choix. Quand les autorités firent appel à des volontaires, les Blancs furent les premiers à s'inscrire dans les unités, notamment ceux de Prince Albert.

Le 26 mars, le major Crozier envoya un petit détachement au lac aux Canards, à une vingtaine de kilomètres du fort Carlton, pour faire l'achat de provisions de bouche et d'armes au magasin de Hillyard Mitchell. Ce dernier, en raison de la situation tendue depuis l'ultimatum de Riel, avait prévenu le major Crozier d'attendre et « de ne pas agiter un chiffon rouge devant un taureau ». Le commandant de la police montée ne tint aucun compte de l'avertissement. Avant que le détachement n'arrive à destination, Gabriel Dumont et ses partisans lui barrent la route et Dumont enjoint aux policiers de retourner au fort Carlton.

Dès qu'il apprend l'action de Dumont, le major Crozier, homme au caractère impétueux, se met en route pour le lac aux Canards. Il ne disposait pourtant que d'une centaine d'hommes, autant de policiers que de volontaires de Prince Albert et le moins qu'on puisse dire, c'est qu'il s'agissait d'une grande imprudence de sa part. Le commissaire Irvine qui n'était qu'à quelques heures du fort Carlton déclarera plus tard que Crozier « avait agi avec trop de précipitation et manqué de jugement ».

Crozier faisait route vers le lac aux Canards quand Riel arriva avec quelques trois cents Métis et Indiens. Au moment où les deux groupes étaient sur le point de prendre contact, Crozier crut que les Métis voulaient parlementer et il s'approcha avec son interprète, le half-breed Joseph McKay. Isidore Dumont, le frère de Gabriel, vint à leur rencontre avec un Indien qui fit alors un mouvement comme s'il avait voulu s'emparer du fusil de McKay. Crozier, voyant que les Métis effectuaient une manoeuvre d'encerclement, et convaincu que les pourparlers n'aboutiraient à aucun résultat, ordonna à ses hommes de tirer pour se soustraire à ce qu'il croyait être un piège.

Riel ordonna de riposter au feu ennemi: « La première décharge, au nom du Père Tout-Puissant; la deuxième, au nom de Dieu le fils; la troisième, au nom de Dieu le Saint-Esprit, et ainsi de suite. » Trois ans après l'engagement, Gabriel Dumont a déclaré: « Pendant que nous nous battions, Riel était à cheval, exposé aux balles, et n'ayant pour toute arme qu'un crucifix qu'il tenait à la main[23]. »

Le combat ne dura qu'un quart d'heure, mais il fit douze

morts et onze blessés du côté des forces du major Crozier tandis que les Métis perdirent cinq hommes, dont Isidore Dumont. Quant à Gabriel, il reçut une balle à la tête qui lui laissa une profonde cicatrice. Il aurait voulu poursuivre l'ennemi, mais son chef l'en empêcha. « Riel a alors demandé, pour l'amour de Dieu, de ne plus en tuer, disant qu'il y avait déjà trop de sang répandu [24]. »

Sans l'intervention de Riel, il n'y a aucun doute que les hommes de Crozier auraient été anéantis. Quatre jours après l'engagement, les cinq victimes, quatre Métis et un Indien, furent inhumées à Saint-Laurent. « Le Père Fourmond, à l'occasion de leurs obsèques, essaya de détourner les Métis de leur folle entreprise; mais leurs coeurs, déjà endurcis, restèrent sourds à ses appels. Ils étaient plus résolus que jamais à continuer la lutte et à venger leurs morts. Les familles éprouvées refusèrent de prendre le deuil; les mères défendaient à leurs enfants de pleurer ceux qu'elles regardaient comme de véritables martyrs de la cause métisse [25]. »

La popularité de Riel avait atteint un nouveau sommet. Les Métis n'avaient jamais cru pouvoir remporter un succès si facile et l'engagement du lac aux Canards eut pour conséquence de fortifier la conviction des Métis dans la mission divine de Riel, d'autant plus que la plupart d'entre-eux n'avaient jamais même songé à se mesurer au Canada.

Quelques minutes après la défaite du major Crozier, Irvine arriva à fort Carlton avec cent huit hommes. Il jugea que le fort était indéfendable. D'ailleurs, les volontaires qui faisaient partie de l'unité de Crozier voulaient rentrer à Prince Albert. Ils craignaient pour leurs familles si les Indiens se soulevaient pour appuyer Riel. Volontaires et policiers se mirent donc en route pour Prince Albert, à une soixantaine de kilomètres du fort Carlton.

Les forces d'Irvine atteignent leur destination, deux jours plus tard, le 28 mars, à un moment où un vent de panique souffle sur la région. Charles Nolin s'était réfugié à Prince Albert. Il s'était enfui du lac aux Canards dès que les premiers coups de feu avaient éclaté et la population le soupçonnait de jouer double jeu. Nolin est coffré et le restera jusqu'à la fin de la rébellion.

Riel exploite à fond cet incident. Il prévient les Métis qui songeraient à l'abandonner, du sort qui les attend s'ils se réfugient à Prince Albert. Dès le début des hostilités, le père André, qui était convaincu que bien des Métis étaient retenus contre leur gré dans le camp de Riel, avait demandé au major Crozier de promettre l'immunité aux fugitifs. Crozier avait accepté la suggestion et fait répandre la proclamation suivante: « Toute personne contrainte de prendre part à la rébellion contre notre auguste souveraine la reine Victoria, ou retenue malgré elle, recevra protection en se présentant devant les officiers commandant les places de Carlton et de Prince Albert. » Nolin s'en était prévalu, mais les anglophones de Prince Albert le considéraient comme un des principaux lieutenants de Riel.

À Ottawa, les premières nouvelles du succès de Riel contre la police montée n'impressionnèrent guère le premier ministre. Pour Sir John A. Macdonald, la révolte de quelques centaines de Métis ne constituait pas un grave danger. Ce qu'il craignait surtout, c'était la possibilité d'un soulèvement général des Indiens. Il était convaincu que les aborigènes ne prendraient pas l'initiative d'une insurrection, mais que s'il y avait une rébellion, il y avait risque que les Indiens suivent le mouvement. Le chef du gouvernement avait vu juste.

Au début d'avril, Riel ne comptait plus sur le soutien des half-breeds et des Blancs mais il avait la conviction qu'il pourrait conclure des alliances avec des tribus autochtones, dont certaines avaient déjà pris les armes dès qu'elles eurent appris le succès des Métis à l'engagement du lac aux Canards.

À Battleford, les Indiens de Faiseur d'Enclos et de Petit Pin firent irruption dans les magasins et les maisons, forçant la population à se réfugier dans les casernes de la police montée. À la fin de mars, les autochtones étaient les maîtres du village et des environs. Les indigènes de la réserve de Eagle Hills se soulèvent également et assassinent un Blanc, leur instructeur agricole.

Le pire massacre eut lieu au lac à la Grenouille, le 2 avril. C'était un jeudi saint et les hommes de Gros Ours, ayant à leur tête Esprit Errant, qui n'était qu'une brute, firent irruption à l'église catholique au moment de la cérémonie du lavement des pieds. Ils expulsèrent tous les Blancs. L'agent des Affaires indiennes fut abattu comme un chien par Esprit Errant. Gros Ours tenta de sauver la victime en criant : « Arrêtez ! arrêtez ! » On ne l'écouta pas.

Neuf personnes furent tuées, dont deux missionnaires, les pères Léon Fafard et Félix Marchand. Ils avaient tous deux été ordonnés par Mgr Grandin, évêque de Saint-Albert. Le premier était né à Saint-Cuthbert, dans le diocèse de Montréal, en 1850, tandis que le second, originaire du diocèse de Rennes, en France, avait vu le jour en 1858. Ce massacre suscita dans tout le pays un frémissement d'horreur. Ailleurs, les Indiens attaquèrent les magasins du gouvernement et semèrent la terreur partout sur leur passage.

Riel envoie, en de nombreux endroits, des messagers pour inciter les Indiens et les Métis à de nouveaux actes de violence. Il dit aux Indiens et aux Métis de Battleford : « Soulevez-vous, faites face à l'ennemi... » Dans un autre message aux Métis, il lance la même exhortation : « Menacez, soulevez les sauvages, réduisez avant tout la police du fort Pitt et de Battleford à l'impuissance. »

Les missionnaires réussirent à contrecarrer partiellement les initiatives belliqueuses de Riel. « Le Père Lacombe maintint les Pieds-Noirs dans le sentier de la paix, et en ce faisant il s'acquit un titre à la gratitude éternelle de l'Ouest ; car on ne peut penser sans frémir aux résultats d'une révolte à laquelle une tribu nombreuse et belliqueuse comme celle de ces Indiens eut participé d'une manière active[26]. »

À Saint-Albert, « l'immense influence du vénérable Mgr Grandin tint en échec les métis de sa mission, en dépit de leur mécontentement manifeste. Grâce aux efforts des missionnaires, un corps de volontaires y fut même organisé, ainsi qu'au lac la Biche et à l'Île-à-la-Crosse, en vue de protéger ces localités contre les attaques des rebelles[27] ». Aussi Riel a-t-il pu écrire : « Je ne puis compter sur les gens de Saint-Albert[28]. »

Le gouvernement canadien avait pris des mesures avant l'affrontement sanglant du lac aux Canards. Dans la nuit du 23 mars, le major général Frederick Middleton, commandant en chef de la milice canadienne depuis 1884, avait été chargé de faire route pour Winnipeg. Né à Belfast, le général Middleton avait épousé en secondes noces une Canadienne française à la cathédrale de Montréal, en 1870. Il s'agissait de la fille aînée du notaire Théodore Doucet[29].

Le 25, une unité d'infanterie de Winnipeg arriva à Qu'Appelle (en Saskatchewan), qui sera le quartier général de Middleton. Ce dernier occupe son nouveau poste deux jours plus tard et prépare son plan de campagne. Il n'a évidemment pas assez d'hommes pour affronter les Métis et les Indiens. On fait donc appel aux volontaires de l'Ontario et du Québec. Quelque huit mille hommes seront mobilisés pour mettre fin à l'insurrection.

Le commandant en chef est un homme très prudent, mais il a les préjugés de bien des officiers supérieurs britanniques et ne voue pas une grande confiance aux vertus militaires des Canadiens. Pour juguler la révolte, Middleton établit un plan assez simple. De Qu'Appelle, près de Regina, il fera marcher ses forces vers Batoche, quartier général de Riel. Un autre détachement, sous le commandement du major général Thomas Strange, se dirigera vers Edmonton, à partir de Calgary (en Alberta), pour attaquer les Indiens de Gros Ours, après quoi il opérera sa jonction avec les forces de Middleton. Enfin, le lieutenant-colonel William Otter sera chargé de délivrer Battleford où la population, réfugiée dans les casernes de la police, est encerclée par les Indiens.

Grâce à ses éclaireurs métis et indiens, Riel était au courant des déplacements du détachement de Middleton depuis que ce dernier avait quitté Qu'Appelle. Pour faire face à l'ennemi, il fallait s'assurer de la cohésion de son mouvement. La fuite de Nolin, qui était un élément de division, était une bénédiction pour le leader métis. Mais il y en avait d'autres qui manifestaient de l'opposition ou de la tiédeur envers Riel, et plusieurs ardents partisans de la première heure refusaient maintenant de combattre ou prenaient la fuite. Bien d'autres auraient agi de la même façon, mais ils craignaient que le chef n'use de représailles envers leurs familles.

Certains, par ailleurs, doutaient que Riel ait eu des visions et c'était le cas de Philippe Garnot, secrétaire du conseil. Il n'avait que vingt-six ans, mais il était plus instruit que l'immense majorité des Métis. Canadien français du Québec, il avait étudié pendant quatre ans au collège Bourget de Rigaud, non loin de Montréal. Selon Garnot, « tous les matins il (Riel) apparaissait devant le conseil et donnait ses prophéties. Il commençait toujours par ces paroles : « L'Esprit de Dieu m'a dit ou m'a fait voir... »

Les Métis, gens simples et crédules, le considéraient « comme un homme à miracles » et obéissaient aveuglément à ses instructions. « La majorité, ajoute Garnot, avait une telle foi dans ses prophéties qu'ils se seraient jetés à l'eau si l'Esprit de Dieu l'eût dit à Riel. »

Riel était-il sincère ? Garnot a l'impression que le chef exploitait l'ignorance de ses compatriotes pour accroître son influence sur eux. Il s'agit d'une question qui ne sera jamais résolue. Louis Schmidt, secrétaire de Riel à la Rivière-Rouge, pensait comme Garnot et désapprouvait la conduite de son ancien chef. Il a soutenu que Riel voulait se faire passer, aux yeux de ses compatriotes, pour un homme inspiré et un prophète, ajoutant que c'est ainsi qu'il « a entraîné tant d'innocents vers l'abîme ».

Ce n'est que le 24 avril que les Métis et les troupes de Middleton croisèrent le fer pour la première fois. La veille, les sang-mêlé s'étaient mis en route, de Batoche, à la rencontre de l'adversaire. « À toutes les haltes, a raconté Gabriel Dumont, l'adjudant-général, Riel nous faisait dire le chapelet. »

Dans la soirée, après le souper, alors qu'ils ne se trouvaient qu'à une douzaine de kilomètres de Batoche, ils apprirent que la police montée, par le chemin de Qu'Appelle, s'approchait de Batoche. Dumont renvoya une cinquantaine d'hommes avec Riel pour se rendre au désir de son frère, Édouard, qui avait été chargé de garder la place.

Il ne restait à Gabriel que cent cinquante Métis et Indiens pour affronter Middleton à l'Anse-aux-Poissons. Le lendemain, relate Dumont : « J'ai parti vers 4 heures du matin avec Napoléon Naud, pour aller reconnaître le camp ennemi, et je me suis avancé à environ un demi-mille de l'endroit où il était. J'ai mis pied à terre sur une élévation. Comme j'aperçus les éclaireurs ennemis poursuivre les nôtres, j'essayai de les entraîner dans les isles de bois. Je les ai entendus donner des ordres avec la bugle (clairon), mais ils n'ont pas osé nous suivre.

« Nous nous sommes rendus chez les Tourond où j'ai fait tuer un boeuf pour déjeuner.

« Vers sept heures, un éclaireur, Gilbert Berland, nous avertit qu'une colonne d'environ 800 hommes s'avançait sur nous. J'ai alors placé mes gens au nombre de 130, dans un bas-fond... et j'ai fait cacher les chevaux dans le bois. J'ai parti avec 20 cavaliers pour aller m'embusquer plus en avant sur le passage des troupes, avec le dessein de ne les bousculer que lorsqu'elles seraient repoussées, et donnant ordre à mon corps principal de ne les attaquer que lorsqu'elles se seraient complètement engagées dans la coulée. Je voulais les traiter comme on traite les buffles[30]. »

Selon Dumont, les soldats de Middleton ouvrirent le feu à sept heures vingt. Au cours de l'engagement, bien des Métis et des Indiens prirent la fuite. De Batoche, dans l'après-midi, Édouard entendit le rugissement du canon. Il s'écria, selon son frère Gabriel : « Quand les miens sont exposés je ne puis rester ici, et il est accouru à nous avec 80 cavaliers [31]. » Avec ses hommes et en compagnie de Riel, il prit la place des fuyards.

Middleton, qui ignorait les effectifs de son adversaire, n'osa s'engager trop loin et au crépuscule, les combats avaient cessé. Les Métis avaient eu quatre morts et deux blessés, dont l'un succombera trois jours plus tard. « J'attribue notre succès, a dit Dumont, aux prières de Riel, qui pendant tout le temps de l'engagement, priait les bras en croix et faisait prier les femmes et les enfants, leur disant qu'il ne nous arriverait pas grand mal[32]. » Et pour ne pas céder à la fatigue, le leader métis se faisait soutenir les bras par des partisans.

Les forces gouvernementales perdirent dix hommes et eurent une cinquantaine de blessés. Les Métis, quoique bien moins nombreux, jouissaient par contre de l'avantage du terrain et « avaient sans aucun doute stoppé Middleton dans son avance [33] ». Mais ce n'était qu'un succès temporaire.

Pendant les deux semaines suivantes, Riel n'épargna aucun effort pour détruire l'influence du clergé. Le 26 avril, l'*exovidate*, à l'instigation de Riel, résolut de substituer le sabbat au dimanche et de célébrer la fête de Pâques à jour fixe, le 1er mai. Les missionnaires dénoncèrent avec véhémence ces innovations et menacèrent d'excommunication toutes les personnes adhérant à cette nouvelle doctrine.

Malgré la proclamation du sabbat comme dimanche légal, plusieurs Métis, de crainte d'encourir l'excommunication, assistèrent à la messe le dimanche suivant, ce qui eut pour effet d'irriter Riel. Ce dernier eut un affrontement public avec le père Fourmond : « Comment ces pauvres gens que vous essayez de tromper et d'aveugler sur ma mission divine, peuvent-ils se fier un instant à vous, quand ils ont devant eux un traître indigne de leur confiance ? Comment osez-vous prétendre que c'est pour eux un crime de prendre les armes contre un tyran pour la défense de leurs droits ? »

Le père Fourmond ne perdit pas son calme et répliqua : « Oui, je l'ai dit et je le répète ici devant vous et devant ce peuple, égaré par vous, que vous conduisez à la ruine, au désespoir et à la mort. C'est un crime de prendre les armes contre les autorités constituées ; c'est un crime de lever l'étendard de la révolte. Dieu proclame un devoir pour tout chrétien de rendre à César ce qui est à César, et à Dieu ce qui est à Dieu. »

Riel, piqué à vif, s'écria : « Oui, rendez à Dieu gloire, honneur et adoration, mais, aux tyrans du monde, rendez ce qui leur revient ; lancez-leur à la face ce sceptre qu'ils ont usurpé, faites-les dégringoler de ce trône où ils sont placés. Voilà les ordres de Dieu. Écoutez ce prêtre qui ose vous faire un crime de vous soumettre à ma direction quand j'accomplis une mission divine ; ce prêtre qui a l'audace de donner le nom de rébellion à votre soulèvement pour une cause sacrée, une cause ordonnée et dirigée par Dieu, la cause de votre pays natal qui gît sanglant et prostré aux pieds des tyrans, la cause sacrée de la liberté, de l'existence et des droits de vos femmes et de vos enfants pour tous les siècles à venir. »

Le père Fourmond, qui n'avait pas le charisme et l'éloquence de Riel, ne put subjuguer son auditoire comme le fit Riel par ses envolées oratoires. Il ne reçut qu'un faible appui des Métis qui croyaient, pour la plupart, que l'argumentation de leur chef était plus solide que celle du missionnaire.

Depuis l'engagement de l'Anse-aux-Poissons, les Métis creusaient des tranchées et dressaient des embuscades pour freiner la marche des troupes de Middleton et des éclaireurs surveillaient constamment les mouvements du camp ennemi. Tous les soirs, ils faisaient rapport et c'était toujours les mêmes constatations: rien à signaler.

Le 7 mai, Middleton se mit en route vers son objectif principal: Batoche. Ce n'est que deux jours plus tard que les Métis et les Canadiens livreront bataille pour la seconde et dernière phase de la révolte du Nord-Ouest. Dès qu'il fut connu que les troupes canadiennes s'étaient mises en mouvement, l'inquiétude s'empara de beaucoup de Métis. Profondément chrétiens, ils redoutaient d'affronter l'ennemi sans avoir auparavant reçu les encouragements d'un prêtre.

« Quand ils voulaient aller à l'église pour recevoir les sacrements avant la bataille, a écrit Philippe Garnot, Riel, redoutant l'influence du prêtre, leur disait qu'il avait le pouvoir d'administrer les sacrements. Un pauvre homme le supplia d'être autorisé à aller à l'église, disant qu'il ne pouvait affronter la mort sans préparation; Riel lui répondit: « Je te promets solennellement que pas un de tes cheveux ne sera touché dans la bataille. »

Ces crises de conscience ont provoqué de nombreuses défections. Le 8 mai, les éclaireurs vinrent annoncer que les troupes de Middleton étaient campées près de la maison de Gabriel Dumont et que l'affrontement était imminent. L'attaque était prévue par les Canadiens pour le 9. Le bateau à vapeur *Northcote*, qui était muni d'une mitrailleuse sur le pont supérieur, devait attaquer Batoche de la rivière Saskatchewan tandis que Middleton engagerait simultanément la bataille sur terre.

Le 9 mai au matin, à la suite d'un malentendu, le *Northcote* passa à l'attaque une heure plus tôt que prévu. Dumont, qui n'avait que deux cents hommes, était prêt. Il était assez réaliste pour savoir qu'il ne vaincrait pas les Canadiens, mais il croyait toujours pouvoir négocier. Sur ce point, il se faisait des illusions.

« J'ai fait placer un corps de garde vis-à-vis l'église de Batoche, a déclaré Dumont, pour empêcher l'équipage de débarquer. Comme le bateau... devait... passer dans un rapide causé par un coude de la rivière, j'avais recommandé de paralyser, à cet endroit, l'homme du gouvernail, afin d'envoyer à la dérive ce bateau, qu'un câble en fer, jeté en travers de la rivière, devait faire chavirer.

« Mes gens ont en effet tiré sur eux qui étaient sur le pont et plusieurs se sont jetés à l'eau. Et le bateau, comme je l'avais prévu, s'est trouvé à la dérive. Je me portai sur la rive à course de cheval pour donner le signal de baisser le câble, mais l'opération ayant été trop lente, le câble n'a accroché que le tuyau qui s'est arraché et le feu a pris. L'équipage l'a cependant éteint, quoique nos hommes tiraient sur ceux qui se montraient sur le pont[34]. »

Le *Northcote* ne fut pas d'une grande utilité dans cette bataille. Vers neuf heures, les forces de Middleton passèrent à l'offensive. « Durant ces engagements, a déclaré Dumont, Riel se promenait sans armes au front de notre ligne, encourageant les combattants. »

L'église et le presbytère dissimulaient le mouvement des Métis. Middleton aurait bien voulu raser ces deux immeubles : « Vous n'y perdrez rien, disait-il au Père Moulin ; le gouvernement vous dédommagera de vos pertes. » Mais le prêtre maintint son opposition et le général céda devant la ténacité de ce Breton têtu.

Le 12 mai, quatre jours après le début des opérations, les Métis, à bout de munitions, abandonnèrent le combat et se dispersèrent dans les environs. Leurs adversaires disposaient d'une supériorité écrasante : ils avaient quelque huit cents hommes bien armés. Huit Métis y perdirent la vie, dont deux vieillards, José Ouellette, quatre-vingt-treize ans, et Joseph Vandal, soixante-quinze ans.

« Lorsque Riel rencontra Dumont, dans le bois, il lui dit : « Qu'allons-nous faire, nous sommes vaincus. Je lui ai dit : « Il faut périr ; vous deviez savoir qu'en prenant les armes, nous serions vaincus. Eh ! bien, il faut qu'ils nous détruisent[35]. » Les deux hommes se séparèrent et ne se revirent jamais. « J'ai cherché Riel pendant quatre jours, a déclaré Dumont, malgré la recommandation de ma femme qui me sollicitait de traverser les lignes pour ne pas être pris. Je ne pouvais me décider à partir sans savoir où était mon malheureux ami[36]. »

Le 16 mai, Gabriel Dumont, ayant appris que le leader métis s'était livré aux autorités, résolut d'aller se réfugier aux

États-Unis. « Le bon Dieu, a-t-il dit, n'a pas voulu que je revoie mon pauvre Riel, auquel je voulais recommander de ne pas se rendre; mais il aurait bien pu me gagner à son opinion[37]. »

Le 15 mai, Riel s'était rendu à trois éclaireurs de la police montée. Deux jours plus tôt le général Middleton avait laissé savoir que s'il se livrait, il lui garantissait protection jusqu'au moment où le gouvernement fédéral déciderait de son sort. Après sa reddition, le leader métis fut conduit au quartier général de Middleton. Un des éclaireurs le présenta en ces termes: « Général, M. Riel. »

Le 26 mai, Middleton reçut à Battleford la reddition de Faiseur d'Enclos qui s'était engagé dans cette insurrection à contrecoeur, poussé par ses lieutenants les plus bellicistes. Le 2 juillet, Gros Ours se livrait à son tour. La révolte en Saskatchewan était terminée. Elle avait coûté au gouvernement canadien plus de cinq mille dollars, sans compter les pertes de vies.

Dès le début, l'action de Riel, en s'engageant sur la voie de l'insurrection, était vouée à un échec total. Depuis les événements de la Rivière-Rouge, en 1869-1870, bien des changements s'étaient produits. Le chemin de fer du Canadien Pacifique était pratiquement terminé et il était désormais facile d'acheminer des troupes, en un laps de temps assez court, vers le Nord-Ouest. Les Métis, trop peu nombreux, ne pouvaient se mesurer militairement aux Canadiens.

Mgr Grandin avait prévu que la révolte ferait fondre de nouveaux malheurs sur les Métis. Les avertissements de ce prélat perspicace restèrent sans écho. Il est très probable que les Métis, à l'exception de quelques-uns, plus instruits, ne comprirent pas clairement les risques auxquels ils s'exposaient en recourant aux mesures extrêmes.

Marcel Giraud, historien et ethnologue français qui a publié un livre classique et monumental sur la question métisse, nous fournit, à propos du comportement de Riel dans cette affaire, une explication qui nous paraît très juste: « On conçoit plus difficilement que Louis Riel, qui avait donné maintes preuves de son intelligence lucide en 1869-70, et qui venait de se distinguer par la modération de ses premiers actes, n'ait pas discerné les obstacles contre lesquels son entreprise devait fatalement se briser. Peut-être obéissait-il, comme on l'a souvent dit, à l'obsession d'une prétendue mission, d'une « oeuvre » qui lui était tracée par une « vocation divine ». Peut-être espérait-il pouvoir réaliser ces projets de réorganisation de l'humanité qu'il avait exprimés au cours de son exil, et qu'il devait reprendre avec plus d'éclat, dans sa captivité, peu avant sa mort.

« Certainement aussi, il était poussé par l'exaspération du ressentiment qu'il éprouvait contre les autorités fédérales. Au mois de décembre, le P. Végreville avait noté chez lui des accès de colère d'une violence croissante contre le gouvernement canadien. Avec le P. Fourmond, il en attribuait la cause aux « souffrances et aux infortunes » de son passé. Or, depuis son retour, de nouvelles déceptions avaient surgi. Ç'avait été d'abord le refus du gouvernement de faire droit à sa demande de compensations pour les torts qu'il avait subis. Dès juillet 1884, il avait publiquement déclaré, à Prince Albert, qu'il avait des droits à faire valoir contre le gouvernement, et, quatre mois plus tard, il avait parlé au P. André de son désir de toucher une importante indemnité. Sa demande, transmise au gouvernement avec la suggestion qu'un moyen terme lui donnerait satisfaction, n'avait trouvé qu'indifférence auprès des autorités.

« Il est vraisemblable que ce nouveau refus l'affecta profondément, au moins autant que celui qui lui fut opposé de le reconnaître comme sujet britannique sous prétexte qu'il était « naturalisé américain », ce qui ôtait toute base légale à l'action qu'il avait entreprise et le privait du droit de formuler aucune demande de compensation. « Cette dure nouvelle », note le P. Fourmond, « lui fut communiquée le 8 février », au moment même où le gouvernement répliquait à la pétition des métis par une vague promesse d'enquête. Ajoutons la campagne que les journaux conservateurs avaient engagée contre Riel, et il deviendra logique de supposer que ces déceptions avaient fortement ébranlé sa nature émotive, déjà irritée par les événements des années précédentes, et qu'elles furent la cause déterminante du revirement qui se produisit alors dans son esprit.

« Faut-il enfin, pour expliquer ce revirement, invoquer l'état mental de Riel, et le retour de ce déséquilibre nerveux qui avait, en 1876, déterminé son internement dans les asiles de Longue Pointe et de Beauport? La lecture des nombreux manuscrits où il a consigné ses impressions, ses projets, ses rêves de réorganisation, laisse malheureusement peu de doute à cet égard. Dans ce cas, les déceptions qu'il éprouva auraient eu sur son tempérament des répercussions particulièrement vives, qui l'auraient immédiatement conduit aux mesures extrêmes qu'il adopta au mois de mars.

« ... Se déclarant en état de rébellion contre le gouvernement fédéral, Riel perdit aussitôt l'appui des Métis anglais et des Blancs qui l'avaient d'abord soutenu dans l'espoir qu'une action commune faciliterait le succès de leurs revendications. Au gouvernement de Riel et à la tactique insurrectionnelle, ils opposaient les arguments qui les avaient longtemps détournés de s'associer au gouvernement provisoire de la Rivière-Rouge. C'était réduire le mouvement aux seuls métis de langue française, et, de nouveau, faire de ces derniers les ennemis de l'ordre établi, de la domination fédérale et du développement paisible de l'Ouest canadien. C'était concentrer sur leur groupe la haine de race et de religion qui animait la population de l'Ontario. Bientôt, d'ailleurs, la collusion qui s'établit entre eux et les indigènes, les provocations à la révolte et au pillage que Riel adressa aux chefs indiens, l'insurrection qui éclata quelques jours après la constitution du gouvernement provisoire achevèrent de compromettre les Métis canadiens et de discréditer leur cause auprès des Blancs [38]. »

Les Métis n'étaient pas contemporains des Blancs. Ce décalage chronologique explique leurs malheurs. Le grand historien et orientaliste français, René Grousset, a écrit quelque part: « Le drame de notre époque, c'est que nous ne soyons pas tous contemporains. » La remarque s'applique exactement aux Métis de la seconde moitié du XIXe siècle. Ils étaient incapables de rivaliser avec les Blancs et, partant, se croyaient victimes de discrimination. Ils ne pouvaient comprendre que « l'ancien régime » était chose du passé et que l'avance de la civilisation blanche était un mouvement irréversible et qu'elle s'imposerait. Il n'y a aucun doute que ce dénivellement culturel fut la cause fondamentale de l'insurrection.

Mgr Vital Grandin, en 1887, écrivait avec raison: « Les métis... ont grandement souffert des changements arrivés dans leur pays. Ils n'étaient pas assez préparés à cette civilisation qui tout à coup est venue fondre sur eux... Je pourrais dire que c'est là toute l'explication de la guerre civile[39]. »

Notes

1. Cité par Jules Le Chevallier, *Batoche*, Montréal, 1941, p. 47.
2. Cité par Hartwell Bowsfield, *Louis Riel, patriote rebelle*, Montréal, 1973, p. 119.
3. Cité par Jules Le Chevallier, *op. cit.*, p. 49.
4. Marcel Giraud, *Le Métis Canadien*, Paris, 1945, p. 1196.
5. Cité par Jules Le Chevallier, *op. cit.*, p. 51.
6. Rev. P. Jonquet, O.M.I., *Mgr Grandin*, Montréal, 1904, p. 375.
7. Cité par Jules Le Chevallier, *op. cit.*, p. 52.
8. Cité par P. Jonquet, *op. cit.*, p. 376.
9. Cité par Jules Le Chevallier, *op. cit.*, p. 55.
10. *Ibid.*, p. 56.
11. George F.G. Stanley, *Louis Riel*, Toronto, 1969, p. 295.
12. Cité par George F.G. Stanley, *The Birth of Western Canada*, Toronto, 1960, p. 311.
13. Cité par Donald Creighton, *John A. Macdonald*, tome 2, Montréal, 1981, p. 352.
14. Cité par P. Jonquet, *op. cit.*, p. 375.
15. *Ibid.*, p. 375.
16. Cité par Barbara Fraser, *Political Career of Langevin*, dans *Canadian Historical Review*, juin 1961, p. 116.
17. Creighton, *op. cit.*, p. 329.
18. George F.G. Stanley, *op. cit.*, p. 290.
19. Creighton, *op. cit.*, p. 351.
20. Jules Le Chevallier, *op. cit.*, p. 59.
21. *Ibid.*, p. 61.
22. *Ibid.*, p. 61.
23. Adolphe Ouimet et B.A.T. de Montigny, *La question métisse*, Montréal, 1889, p. 124.
24. *Ibid.*, p. 125.
25. Jules Le Chevallier, *op. cit.*, p. 74.
26. A.G. Morice, *Histoire de l'Église catholique dans l'Ouest canadien*, tome 2, Montréal, 1915, p. 363.
27. *Ibid.*, p. 364.
28. Cité par P. Jonquet, *op. cit.*, p. 383.
29. Jean-Jacques Lefebvre, *Revue du notariat*, Québec, 1956, p. 11.
30. Ouimet et de Montigny, *op. cit.*, p. 131.

31. *Ibid.*, p. 133.

32. *Ibid.*, p. 134.

33. G. H. Needler, *Louis Riel. The Rebellion of 1885*, Toronto, 1957, p. 45.

34. Ouimet et de Montigny, *op. cit.*, pp. 136-137.

35. *Ibid.*, p. 139.

36. *Ibid.*, p. 141.

37. *Ibid.*, p. 142.

38. Marcel Giraud, *op. cit.*, pp. 1198-1200.

39. Cité par George F.G. Stanley, *op. cit.*, p. VIII.

XII

LE PROCÈS

Dans la matinée du 16 mai 1885, le ministre de la Milice, Adolphe Caron, trouve sur son bureau une dépêche datée de la veille : « Riel a été capturé aujourd'hui à midi par trois éclaireurs... à quatre milles au nord de Batoche. » L'information n'était pas exacte puisque le chef métis s'était livré de lui-même aux trois éclaireurs.

Pourquoi Riel s'est-il rendu ? Deux raisons expliquent son geste. D'une part, il ne désirait plus vivre le dur exil qu'il avait déjà connu, et d'autre part, il espérait qu'on lui fasse un grand procès qui lui permette d'établir devant l'opinion publique ses griefs et ceux de ses compatriotes. Il était convaincu qu'il serait en mesure de confondre ses adversaires et de les contraindre à lui rendre justice.

Après la reddition de Riel, le général Middleton reçut instruction d'envoyer le prisonnier à Winnipeg pour y être jugé. Le ministre de la Milice avait pris cette initiative parce qu'il craignait que les Métis tentent de libérer Riel s'il était conduit à Regina. Cette décision de Caron suscita un certain malaise à Ottawa. « Le gouvernement avait déjà étudié les avantages relatifs de juger Riel en vertu des lois du Manitoba ou de celles des Territoires du Nord-Ouest et il avait conclu qu'en aucun cas Riel ne devrait être dirigé vers Winnipeg[1]. »

Si on jugeait Riel au Manitoba, il aurait droit à un jury mixte, c'est-à-dire composé de six francophones et de six anglophones et ses avocats pourraient récuser péremptoirement vingt aspirants jurés. Le tribunal serait alors présidé par un juge inamovible et, partant, indépendant du pouvoir politique.

Dans les Territoires du Nord-Ouest, le jury n'était composé que de six personnes et l'accusé ne pouvait exiger la présence de francophones. En outre, la loi n'autorisait la défense à récuser péremptoirement que six aspirants jurés et la Couronne, quatre. Le président du tribunal était un magistrat amovible et, partant, un véritable fonctionnaire que le gouvernement pouvait congédier s'il n'était pas satisfait de son comportement.

Le ministre de la Justice, Alexander Campbell, fit savoir au premier ministre, Sir John A. Macdonald, qu'il doutait de la légalité d'un procès tenu au Manitoba. D'ailleurs, il est dans la tradition judiciaire britannique de juger les accusés non loin de l'endroit où ils sont censés avoir commis leurs crimes. L'offense reprochée à Riel avait été perpétrée dans les Territoires du Nord-Ouest et non au Manitoba.

Riel pouvait subir son procès à Battleford, Prince Albert ou Regina. Regina fut choisie, étant l'endroit le plus éloigné du théâtre des opérations militaires et par conséquent des passions suscitées par la révolte. Le 23 mai, Riel débarquait donc à Regina et était confié à la garde de l'inspecteur Richard Burton Deane, de la police montée du Nord-Ouest.

Riel, afin de venir en aide à sa famille qui était dans le besoin, eut une idée assez saugrenue. Il demanda à Deane de permettre qu'on le photographie, dans sa cellule, boulet aux pieds, seul ou entre deux gardes. Il estimait que la vente de ces photos rapporterait de l'argent. Il suggéra aussi la mise en vente de ses poésies afin d'aider sa famille. L'inspecteur Deane resta sourd à ces propositions.

À l'approche du procès, Riel affirma que « ses voix l'avaient assuré que sa vie n'était pas menacée, mais plutôt que le moment de l'apothéose approchait où il deviendrait le point de mire de l'univers[2]. » Au mois de juin, il donna instruction à ses avocats de demander « au gouvernement fédéral de faire instruire son procès devant la Cour suprême et au Bas-Canada[3] ». Cette requête était inadmissible, le plus haut tribunal du pays ne pouvant se transformer en une cour de première instance pas plus qu'il ne pouvait siéger dans la province de Québec.

Comme en 1869-1870, les Canadiens français épousent la cause de Riel qui symbolise à leurs yeux la survivance française dans l'Ouest du Canada. Pour l'Ontario, Riel n'est qu'un criminel qui a semé la rébellion et la mort en Saskatchewan. Il est aussi le « meurtrier » de Thomas Scott, le souvenir de l'exécution de ce jeune orangiste n'étant pas effacé dans l'esprit de bien des anglophones, même si l'événement remonte à une quinzaine d'années.

Au Québec, de nombreux ultramontains se dissocient du clergé en prenant la défense de Riel. La voix du sang l'emporte sur celle de l'épiscopat. Le clergé, notamment les évêques, est nettement opposé au chef métis. Mgr Taché, protecteur de Riel et qui l'a défendu vigoureusement auprès des autorités fédérales à la suite du mouvement de résistance au Manitoba dans les années 1869-1870, prévient à la fin de mai son collègue, Mgr Laflèche : « Que le *Journal* des Trois-Rivières ne prenne pas fait et cause pour Riel, c'est un misérable fou et un sectaire[4]. »

Deux semaines avant le procès du chef métis, l'évêque de Saint-Albert, Mgr Grandin, dans une lettre au premier ministre Macdonald, attribue à Riel l'entière responsabilité de ce qui est arrivé[5]. Un mois plus tôt, six missionnaires de l'Ouest canadien avaient adressé une lettre collective à la province de Québec[6] :

Prince Albert, 12 juin, 1885.

Nous, prêtres des districts qu'affecte plus particulièrement la rébellion... désirons attirer l'attention de nos nationaux du Canada et d'ailleurs sur les faits.

Louis David Riel ne mérite pas la sympathie de l'Église catholique romaine et des membres de cette église, ayant usurpé notre mission de prêtres et privé notre population des avantages et des consolations que nous aurions pu lui offrir. Il a fait tout cela dans son intérêt personnel.

Nous croyons donc que l'Église et les habitants du Canada devraient sympathiser avec nous et notre population, laquelle est plutôt à plaindre qu'à blâmer, pour s'être laissé égarer.

Nombre de nos gens sont dans la plus grande misère. Riel et son conseil leur ayant d'abord enlevé ce qu'ils possédaient. Le général Middleton n'a rien épargné pour alléger, autant que possible, les misères et les souffrances de notre population, et a droit, en conséquence, à nos sincères remerciements. Mais si nous ne recevons pas d'autres secours, notre population mourra de faim. Nous prions donc les Canadiens français de nous accorder leurs sympathies, et de conjurer le gouvernement de tempérer la justice par la clémence, au sujet de ceux qui furent égarés.

(Signé:) RR. Pères André
Touze
Moulin
Fourmond
Végreville
Lecoq

Le 24 juin, le père Alexis André écrivait: « Le nom de Riel est en grand discrédit parmi eux (les Métis). Riel parut comme un nuage dans le ciel pur, sa présence bouleversa tout cet heureux pays[7]. » Le 16 juillet, le père Vital Fourmond, le plus ardent des partisans de Riel et le dernier à s'en dissocier, le jugea aussi sévèrement: « Nous avions notre antéchrist dans la personne de Riel contre lequel il nous a fallu lutter pour détruire sa funeste influence sur nos pauvres gens... C'est par une conséquence horrible de ses plans diaboliques qu'a coulé le sang des blancs et celui des chers et zélés confrères massacrés par les sauvages sous ses ordres[8]. »

Comment expliquer l'attitude du clergé envers le chef métis? Il faut d'abord se placer dans la perspective de l'époque. Le clergé, aussi bien au Québec que dans l'Ouest du Canada, était encore fidèle aux idées de Grégoire XVI sur la révolution. Ce pape avait désapprouvé l'insurrection polonaise de 1830 et dans un bref publié au début de juin 1832, le souverain pontife avait rappelé aux évêques polonais que « la soumission au pouvoir institué par Dieu est un principe immuable et qu'on ne peut s'y soustraire qu'autant que ce pouvoir violerait les lois de l'Église ».

Il flétrissait ensuite les manoeuvres de « quelques artisans de ruse et de mensonge qui, dans ces temps malheureux, sous le couvert de la religion, ont dressé la tête contre le pouvoir légitime des princes, brisé tous les liens de la soumission qu'imposait le devoir, jeté leur patrie dans le malheur et le deuil[9] ». Mgr Lartigue, évêque de Montréal, avait également appliqué la même doctrine, en 1837, quand il avait condamné l'insurrection dans le Bas-Canada. En outre, dans les deux cas, il n'y avait aucune chance de succès.

Il s'ajoutait à cela une autre raison. On pourrait en effet comparer l'attitude du clergé francophone au Canada à celle du clergé français sous l'Ancien Régime, dont la politique était caractérisée par l'union du trône et de l'autel. Ainsi, au Canada, une alliance tacite existait entre le clergé catholique et le parti conservateur qui, pour les ecclésiastiques, incarnait la survivance des traditions religieuses et nationales. Les conservateurs, en combattant les libéraux, endiguaient les idées subversives propagées par le libéralisme doctrinaire que l'on confondait trop souvent avec le libéralisme politique, qui était dénué de sectarisme, comme l'avait expliqué Wilfrid Laurier dans une célèbre conférence en 1877. En épousant la cause de Riel, le clergé risquait d'affaiblir considérablement les conservateurs.

Enfin, au Québec, où la presse canadienne-française fouettait les passions, une grande agitation semblait vouloir prendre corps, ce qui inquiétait vivement le clergé et notamment l'épiscopat, composé d'hommes partisans du maintien de l'ordre. Il ne faut donc pas s'étonner de la réaction du clergé face à une exploitation excessive de l'affaire Riel, en particulier par les libéraux, dont les préoccupations politiques importaient bien plus que le sort du leader métis.

Les Canadiens français vivant aux États-Unis se souciaient également du sort de Louis Riel. À la suite d'une assemblée publique tenue à Fall River, dans l'État du Massachusetts, les Franco-Américains firent parvenir au secrétaire d'État, Adolphe Chapleau, une lettre dans laquelle ils demandaient son intervention en faveur du leader métis. L'homme politique conservateur leur répondit par une longue lettre polie, mais très ferme, le 6 juin 1885 :

À cause de l'attitude ultérieure de Chapleau dans cette affaire, nous reproduisons le texte presque *in extenso*, n'omettant que quelques lignes qui n'ont aucune utilité.

... 1 - Qu'étant un des membres du gouvernement du Canada, je ne saurais accepter l'envoi de résolutions qui sont une condamnation injuste de l'action du gouvernement.
2 - Que, comme citoyen du Canada, je ne saurais que con-

damner et flétrir la conduite de ceux qui ont pris les armes contre nous et qui sont responsables des meurtres et des autres crimes commis sur le territoire canadien.

3 - Que les allégations contenues dans les résolutions que vous avez votées sont inexactes, et que vous avez été mal informés sur ces événements malheureux.

Si les Métis avaient des griefs sérieux contre le gouvernement canadien, la voie ordinaire de la pétition leur était ouverte, comme à tout citoyen libre. Ils ne s'en sont pas prévalus.

Si leurs pétitions n'avaient pas été exaucées par le gouvernement, ils avaient le droit, comme citoyens libres, de faire une agitation constitutionnelle et de charger leurs amis au Parlement de faire connaître leurs griefs, leur abandon, leurs protestations. Ils ne l'ont pas fait. Ils savaient qu'ils avaient des amis dévoués dans le Conseil privé, dans la Chambre, dans la presse; ils n'ont pas paru se soucier d'eux et de leur appui. Sous ce rapport, Louis Riel a été plus inexcusable que les autres, car, plus que personne, il avait été l'objet d'une sympathie active dont il connaissait la valeur.

Louis Riel a été l'auteur de l'insurrection; c'est lui qui a voulu satisfaire sa vanité en donnant à ce soulèvement un caractère officiel, lui-même dirigeant l'action.

Il n'est pas exact que Riel ait refusé de s'unir aux Sauvages et qu'il ait épargné l'effusion de sang. Au contraire, il a réussi à soulever les plus crédules parmi les Sauvages; il a essayé de faire révolter les tribus les plus éloignées, même les tribus sujettes à la domination américaine; et si les guerriers de Faiseur d'Enclos n'ont pu rejoindre les rebelles avant l'engagement de Batoche, ce n'est pas grâce à l'intervention de Riel, mais bien à la diligence du général commandant nos troupes. Faiseur d'Enclos et ses guerriers devaient se joindre à Riel, à la demande de ce dernier.

Louis Riel n'a qu'une excuse pour les crimes auxquels il a donné lieu: c'est la manie dont il est atteint. C'est un crank dangereux, un de ces esprits détraqués pour qui la rébellion et la loi ne sont rien quand leur orgueil est en jeu. Ce qu'il a fait est une folie que la pitié même ne saurait excuser et que la loi doit visiter avec la même sévérité que la préméditation malicieuse.

Maintenant, veuillez excuser la franchise de ma réponse. En 1874, j'ai volé au secours des Métis quand leurs chefs, Riel, Lépine et autres étaient aux prises avec la justice. Je me serais fait un devoir de leur servir encore d'avocat et de faire valoir leurs réclamations. N'allez pas dire que mon devoir comme ministre était de les protéger. Rien ne fut présenté au Conseil de leur part, qui ait requis l'attention de leurs amis, et jamais Riel ni aucun des Métis ne m'ont seulement adressé une requête, ni

même une simple lettre, demandant de les protéger, de les défendre.

Que ces pauvres Métis aient été trompés, qu'il y ait eu chez la
masse de ces braves gens plus d'imprudence que de malice, je le
crois, et nos efforts peuvent se diriger dans ce sens. Quant au
chef, il ne mérite aucune sympathie, si ce n'est celle qui s'attache
au malheur d'un homme qui a commis un grand crime dont il
va subir le juste châtiment...

J. A. Chapleau [10].

Au Québec, un comité ne tarda pas à se former pour la
défense de Riel. Il fut présidé par L.-O. David, libéral notoire et
ami de Wilfrid Laurier. Patriote sincère, David n'avait toutefois
pas la carrure et l'éloquence des remueurs de foules. Des adeptes de toutes les formations politiques firent partie de ce comité,
dont Laurier, Rodolphe Laflamme, à l'étude légale duquel Riel
avait travaillé après avoir quitté le collège de Montréal, Romuald Fiset (député de Rimouski et confrère de classe de Riel),
les conservateurs Georges Duhamel et Louis-Philippe Pelletier,
l'ultramontain François-Xavier Trudel et bien d'autres encore.

Le comité recueille des fonds et choisit les trois avocats qui
assureront la défense de Riel au procès de Regina. Romuald
Fiset, qui accompagna le leader métis chez le greffier des Communes, en 1874, pour lui faire prêter serment, prévient Riel du
choix de ses avocats.

Il s'agit de François-Xavier Lemieux, député de Lévis à
l'Assemblée législative, alors âgé de trente-cinq ans, criminaliste de grand talent qui avait à son actif de nombreux acquitte-
ments et qui deviendra plus tard juge en chef du Québec. Le
second, Charles Fitzpatrick, fils d'un marchand de bois de
Québec, est un jeune Irlandais de trente-deux ans, bûcheur et
ambitieux, qui occupera par la suite de hautes fonctions telles
que ministre dans le gouvernement Laurier, juge en chef de la
Cour suprême du Canada et lieutenant-gouverneur de la province de Québec. Beau-frère du ministre de la Milice, Adolphe
Caron, il fait partie de la même étude légale que lui, mais ne
partage pas la même allégeance politique.

Le troisième et le plus jeune, James Greenshields, est reconnu comme un des meilleurs avocats du barreau de Montréal. Le trio boucle ses valises et part pour Regina, mais avant

d'atteindre sa destination, il s'arrête à Saint-Boniface pour rendre visite à la famille de Riel. La soeur de Louis, Henriette, remet à un des avocats un chapelet pour son frère.

Quant au gouvernement fédéral, il trie sur le volet les avocats de la poursuite. Le ministre de la Justice, Alexander Campbell, et le premier ministre, Sir John A. Macdonald, s'en chargent personnellement. Personne aujourd'hui n'est en mesure de savoir ce que pensait le chef du gouvernement. En effet, des lettres ont été détruites, probablement à dessein, et les responsables firent preuve d'une extrême prudence, exprimant le moins possible leurs opinions par écrit [11]. Mais il semble évident que Macdonald était convaincu, dès le début, de la culpabilité de Riel et qu'il ne voulait pas qu'il échappe à la justice.

Le gouvernement fédéral fait appel à trois avocats compétents pour assister le sous-ministre de la Justice, W.G. Burbidge, originaire des Maritimes, qui doit, en théorie, diriger la poursuite. Le premier, Christopher Robinson, avocat de Toronto, qui jouit d'une grande renommée, est âgé de soixante ans et a déjà refusé d'accéder à la magistrature.

Le second, Britton Bath Osler, éminent criminaliste de l'Ontario, compte parmi ses frères trois grandes personnalités, dont un financier bien en vue, un juge et un médecin. « Le docteur William Osler, qui était une des gloires de McGill mais que les grandes universités d'Angleterre et des États-Unis se disputaient depuis longtemps, vient de quitter Montréal pour Philadelphie [12]. »

À la demande du ministre de la Milice, Adolphe Caron, le Canada français sera représenté au procès de Regina. Thomas-Chase Casgrain, avocat conservateur de Québec, et associé professionnel du ministre, sera le troisième procureur de la poursuite. Cet ancien président du Club Cartier a déjà fait la preuve de son talent et de son énergie au cours de plusieurs procès.

Le procès de Riel, pour haute trahison, est fixé au 20 juillet. Des soixante-douze accusés, Riel est le seul à répondre à une telle inculpation. Le 16 juillet, les avocats du prévenu le rencontrent pour la première fois. À l'issue de leurs entretiens avec le détenu, ils décident d'invoquer la folie pour expliquer l'attitude de leur client. À leurs yeux, c'est la seule façon de le sauver de la potence. Ils ne pouvaient contester que Riel s'était engagé dans la voie de la rébellion. Bien qu'ils auraient pu alléguer des circonstances atténuantes, il était pratiquement certain qu'ils n'auraient pu arracher à un jury un verdict de non-culpabilité.

Le tribunal sera présidé par le lieutenant-colonel Hugh Richardson. Né en Grande-Bretagne, le magistrat vit au Canada depuis son jeune âge. Il avait pratiqué le droit pendant vingt-cinq ans à Woodstock, en Ontario et en 1872, les conservateurs l'avaient nommé premier clerc au ministère de la Justice. Cinq ans plus tard, les libéraux lui confiaient le poste de magistrat dans les Territoires du Nord-Ouest. Avant d'entendre la cause de Riel, Richardson avait déjà présidé quatre procès qui s'étaient terminés par des condamnations à la peine capitale. Un des condamnés, un Blanc nommé Connor, avait interjeté appel et soutenu que le tribunal n'avait pas juridiction pour instruire un procès dont l'inculpé risquait la peine de mort.

La Cour d'appel du Manitoba avait maintenu le verdict et la sentence de mort, rejetant ainsi les allégations de la défense. Cette question a son importance, car elle sera soulevée à l'ouverture du procès de Riel. Richardson, âgé de soixante-quatre ans, était, en fait, un fonctionnaire et, partant, amovible. Il avait la réputation, selon le lieutenant-gouverneur Edgard Dewdney, de manquer de caractère [13]. On ne peut l'accuser, toutefois, de s'être fait l'instrument du gouvernement au cours du procès de Riel. Il semble qu'il n'ait eu aucune sympathie pour l'accusé, mais il n'outrepassa pas ses attributions.

Le procès commence, comme prévu, le 20 juillet à Regina, à onze heures du matin. La salle est comble. Il s'agit du plus célèbre procès de l'histoire du Canada. Le lieutenant-gouverneur Dewdney, le général Middleton et sa femme, une Canadienne française de Montréal, la femme du juge Richardson et bien d'autres personnalités sont assis sur les premiers bancs. L'accusé est bien gardé. Le bruit avait couru que des Métis tenteraient de le libérer et pour prévenir une telle éventualité, la police montée ainsi que des militaires surveillent toutes les entrées de Regina. Il n'y aura aucun incident.

Dès l'ouverture de l'instruction, Lemieux et Fitzpatrick déclinent la compétence du tribunal. Ils qualifient d'inconstitutionnel l'acte des Territoires du Nord-Ouest de 1880. En vertu de cette loi, un magistrat jouissant d'un statut particulier (c'est le cas de Richardson) et un jury de six personnes peuvent décider du sort d'un accusé dans une cause comportant la peine capitale. Richardson, s'appuyant sur le cas de Connor, rejette la requête.

Le greffier pose ensuite à Riel la question traditionnelle: « Louis Riel, êtes-vous coupable ou non-coupable? » Le prévenu, qui était d'une politesse parfois obséquieuse, réplique avec dignité: « J'ai l'honneur de répondre à la cour que je ne suis pas coupable. » Puis la défense demande la présence au procès de trois Métis, dont Gabriel Dumont, qui avaient fui aux États-Unis. Comme des accusations avaient été portées contre le trio en rapport avec la rébellion, le tribunal refuse d'accorder des sauf-conduits aux trois Métis.

Le magistrat rejette également une autre requête. Les procureurs de Riel réclament un ajournement d'un mois afin de préparer leur défense, mais le tribunal juge le délai trop long et n'accorde qu'une remise d'une semaine. Entre-temps, on procède à l'instruction de la cause de William-Henry Jackson, ancien secrétaire de Riel, accusé de trahison.

Le 24 juillet, trois témoins déposent, dont deux médecins. L'inculpé Jackson fut déclaré « non-coupable pour raison d'aliénation mentale ». La Couronne ne contesta pas l'état mental du prévenu. Tous ceux qui étaient entrés en contact avec lui étaient convaincus qu'il était fou. Comme Riel, Jackson a soutenu envers et contre tous qu'il était sain d'esprit et qu'il devait partager le sort du chef métis. Il fut confiné dans un asile d'aliénés à Selkirk, au Manitoba. Le 14 août suivant, il s'évada et s'enfuit aux États-Unis. Le jour de l'exécution de Riel, il écrivit à sa soeur, lui demandant de faire savoir à Sir John A. Macdonald qu'il était prêt à mourir à la place du leader métis. Jackson est mort misérablement à New York, nonagénaire, en 1952.

Certains historiens francophones ont sévèrement jugé le verdict rendu dans le cas de Riel, comparé à celui de Jackson. À leurs yeux, il y eut deux poids, deux mesures, un accusé étant francophone et l'autre anglophone. Ce sont des propos dictés par la passion et le parti pris, bien plus que par la froide objectivité historique.

Il y a incontestablement d'importantes différences entre les deux cas. Personne n'avait été impressionné par Jackson: bien au contraire, tous ceux qui l'avaient approché avaient été atterrés par son déséquilibre mental. Par contre, bien des interlocuteurs de Riel, dont le général Middleton, le capitaine Young, le docteur Jukes et bien d'autres avaient été frappés par son intelligence et son charisme. Jackson n'avait pris part à aucun combat au cours de la rébellion et dès que les premiers coups de feu avaient retenti, Riel et d'autres Métis, qui avaient perdu confiance en lui, le gardèrent prisonnier.

Le mardi 28 juillet 1885, le procès de Riel commence pour de bon. Trente-six aspirants jurés ont été convoqués, la plupart des cultivateurs qui habitent le long de la voie ferrée du Canadien Pacifique, dans la région de Regina.

On ne relève que deux noms francophones parmi les trente-six, Benjamin Limoges et Albert E. Frégent. D'ailleurs, à l'ouverture du procès, Limoges ne répond pas à l'appel de son nom. On ignore totalement comment s'effectua le recrutement des aspirants jurés mais on ne doit pas se surprendre outre mesure de l'absence quasi-totale de francophones parmi eux puisqu'il aurait fallu, pour en trouver, les recruter plus au nord, ce qui aurait violé la tradition judiciaire britannique qui exige que les aspirants jurés soient choisis dans le district judiciaire où l'accusé est jugé.

La défense récuse péremptoirement cinq candidats et la Couronne un seul, un catholique d'origine irlandaise. Le jury sera donc composé de six anglophones protestants, dont deux sont marchands et les quatre autres cultivateurs. Francis Cosgrave, un cultivateur irlandais, est choisi président du jury par ses collègues.

La poursuite fait ensuite entendre plusieurs témoins, dont Charles Nolin, le cousin de Riel, qui avait rompu avec lui dès le début de la rébellion. Ce témoignage fut probablement le plus accablant pour Riel. Il est évident pour tous que Nolin nourrit une vive hostilité envers le leader métis. Il sera interrogé par Thomas-Chase Casgrain:

— Savez-vous à quelle époque l'accusé est venu dans le pays?

— Oui.

— Vers quel temps était-ce?

— Vers le commencement de juillet 1884, je pense.

— Vous l'avez rencontré plusieurs fois entre cette date et celle de l'insurrection?

— Oui.

— L'accusé a-t-il parlé de ses intentions, et s'il l'a fait, qu'a-t-il dit?

— Environ un mois après son arrivée, il m'a montré un livre qu'il avait écrit aux États-Unis. Ce qu'il me montrait dans ce livre était qu'il fallait d'abord détruire l'Angleterre et le Canada.

— Et puis?

— Et détruire aussi Rome et le Pape.

— Rien autre chose?

— Il disait qu'il avait une mission à remplir, une mission divine, et pour le prouver, il montrait une lettre de l'évêque de Montréal, datée de onze ans auparavant.

— A-t-il dit comment il se proposait d'exécuter ses plans?

— Non, pas alors.

— En a-t-il parlé dans la suite?

— Il commença à en parler vers le premier décembre 1884. Il commença à manifester le besoin d'avoir de l'argent. C'est à moi, je crois qu'il en a parlé le premier.

— Quelle somme a-t-il dit qu'il voulait?

— La première fois qu'il parla d'argent, je pense qu'il disait qu'il lui fallait $10,000 ou $15,000.

— De qui entendait-il avoir cet argent?

— La première fois qu'il en parla, il ne savait trop quel moyen prendre pour l'obtenir, en même temps il me parla de son intention de réclamer une indemnité du gouvernement canadien, prétendant que ce gouvernement lui devait $100,000, mais la question était de savoir quelles personnes seraient chargées de s'adresser au gouvernement à ce sujet. Quelque temps après, l'accusé me dit qu'il avait eu une entrevue avec le Père André... Le Père André lui promit de se servir de son influence auprès du gouvernement pour lui faire obtenir $35,000. Il se déclarait satisfait s'il recevait $35,000 alors, et dit qu'il règlerait lui-même avec le gouvernement pour la balance des $100,000...

— A-t-il dit ce qu'il ferait, si le gouvernement lui payait l'indemnité en question?

— Il dit que s'il recevait du gouvernement l'argent qu'il voulait, il consentirait à aller partout où le gouvernement voudrait l'envoyer. Il dit au Père André que si son séjour dans le Nord-Ouest était une cause d'embarras pour le gouvernement il consentirait même à aller demeurer dans la province de Québec. Il dit encore que s'il recevait cet argent, il s'en irait aux États-Unis, établirait un journal et soulèverait les autres nationalités des États-Unis. Il dit: « Avant que l'herbe ait atteint cette hauteur dans ce pays, vous verrez des armées étrangères ici. » Il dit: « Je vais commencer par détruire le Manitoba, et ensuite je viendrai détruire le Nord-Ouest et m'emparer du Nord-Ouest. »

Casgrain interroge ensuite Nolin sur ce qui s'est passé le 5 mars 1885 et Nolin répond:

— L'accusé vint me faire visite, accompagné de Gabriel Dumont. Il me proposa un plan qu'il avait jeté sur une feuille de papier. Il avait décidé de prendre les armes et d'induire la population à prendre les armes aussi, et que le premier devoir était de combattre pour la gloire de Dieu, pour l'honneur de la religion et le salut de nos âmes. L'accusé dit qu'il avait neuf noms sur son papier et me demanda le mien. Je lui dis que son plan n'était pas parfait, mais que puisqu'il voulait combattre pour la gloire de Dieu, je proposerais un plan plus parfait. Mon plan était d'avoir des prières publiques dans la chapelle catholique pendant neuf jours, de se confesser et de communier, et ensuite d'agir suivant notre conscience...

— Vous rappelez-vous le 26 mars, le jour du combat du lac aux Canards?

— Oui.

— L'accusé se trouvait-il là?

— Oui, quand on apporta la nouvelle que la police arrivait, l'accusé partit à cheval un des premiers.

— Que portait-il?

— Une croix.

— Vous êtes parti quelque temps après?

— Oui.

— Vous allâtes à Prince Albert?

— Oui.

— L'accusé avait commencé à parler de ses plans au commencement de décembre 1884, de son intention de prendre les armes?

— Oui.

La défense fait entendre ensuite plusieurs témoins en vue d'établir que Riel n'est pas sain d'esprit. Le père Alexis André, supérieur des oblats dans le district de Carlton, est le premier à déposer. Il sera interrogé par François-Xavier Lemieux.

— Aimiez-vous à vous entretenir avec lui (Riel) de religion et d'affaires politiques?

— Non, je n'aimais pas cela.

— Voulez-vous me donner les raisons pourquoi vous n'aimiez pas à parler avec lui d'affaires politiques et de religion?

— La politique et la religion étaient des sujets dont il parlait toujours en conversation. Il aimait ces sujets-là.

— Parlait-il sensément?

— Je désire dire pourquoi je n'aimais pas à m'entretenir avec lui de ces sujets-là. Sur toutes les autres matières, la littérature, les sciences, il était dans son assiette ordinaire.

— Sur les sujets politiques et la religion?

— Sur la politique et la religion, il n'était plus le même homme. Il semblait qu'il y eût en lui deux hommes. Il perdait le contrôle sur lui-même, lorsqu'il abordait ces questions...

— Considérez-vous, d'après les entretiens que vous avez eus avec lui, que lorsqu'il parlait politique et religion, il avait son bon sens?

— Plusieurs fois, vingt fois au moins, je lui ai dit que je ne voulais pas traiter ces matières-là parce qu'il était fou, qu'il n'avait pas son bon sens.

— Est-ce la conclusion pratique que vous avez tirée de votre conversation avec Riel sur les questions politiques et les questions religieuses?

— C'est mon expérience.

Puis Thomas-Chase Casgrain, un des procureurs de la poursuite, contre-interroge le témoin.

— L'accusé... (a-t-il réclamé) une certaine indemnité du gouvernement fédéral?

— Lorsque l'accusé fit sa réclamation, j'étais là avec une autre personne et il voulait avoir $100,000 du gouvernement. Nous fûmes d'avis que cette demande était extravagante et l'accusé répondit: « Attendez un peu; je prendrai tout de même $35,000 comptant. »

— Et à cette condition l'accusé devait quitter le pays, si le gouvernement lui donnait $35,000?

— Oui, c'est la condition que Riel mit.

— Quand ceci se passait-il?

— Le 23 décembre 1884.

— N'est-il pas vrai que l'accusé vous a déclaré qu'il était lui-même la question métisse?

— Ce n'est pas ce qu'il a dit en propres termes, mais c'était bien la pensée qui ressortait de ses paroles. Il m'a dit: « Si je suis satisfait, les Métis le seront. » Je dois expliquer ceci. On lui objecta que si le gouvernement lui accordait les $35,000, la question métisse resterait toujours la même et il répondit: « Si je suis satisfait, les Métis le seront. »

— N'est-il pas vrai qu'il vous a dit qu'il accepterait même une somme moindre que $35,000?

— Il m'a dit: « Faites valoir toute l'influence que vous pouvez avoir; il se peut que vous n'obteniez pas tout cela, mais obtenez tout ce qu'il est possible d'avoir; si vous obtenez moins, nous verrons. »

Philippe Garnot, ancien secrétaire de Riel, est appelé à la barre des témoins. Il est interrogé par Charles Fitzpatrick, un des avocats de Riel.

— (L'accusé) vous a-t-il parlé de l'Esprit-Saint ou de l'Esprit de Dieu?

— Oui, il a dit en ma présence, mais pas à moi directement, que l'Esprit de Dieu était avec lui.

— Qu'a-t-il dit à ce sujet autant que vous vous en rappelez?

— Il désirait que l'assemblée le reconnut pour prophète, et il lui a fait comprendre qu'il possédait l'Esprit de Dieu et qu'il prophétisait.

— Vous rappelez-vous quelqu'une de ses nombreuses prophéties?

— Je ne me les rappelle pas toutes.

— Vous en rappelez-vous quelqu'une?

— Je sais que chaque matin, ou presque chaque matin, il se montrait aux gens et leur disait: « Il arrivera telle ou telle chose. Je ne me rappelle aucune de ses prophéties en particulier. »

— Vous avez dit, il y a un instant, qu'il avait passé quelques nuits chez vous?

— Oui, il a couché une ou deux fois chez moi.

— Avez-vous remarqué quelque chose de particulier ces nuits-là?

— Je me rappelle qu'il priait tout haut, toute la nuit, et qu'il m'a tenu éveillé quelque temps.

— Pouvez-vous vous rappeler les prières qu'il faisait?

— C'était des prières qu'il composait lui-même et que je n'avais jamais entendues auparavant.

— Dans les conversations qu'il a eues avec vous ou avec d'autres, en votre présence... a-t-il jamais donné à entendre qu'il doutait du succès, ou que quelque obstacle pourrait l'empêcher de réussir?

— Non, il a toujours dit qu'il réussirait. Il prétendait que sa mission était divine et qu'il n'était qu'un instrument dans la main de Dieu.

— Que pensiez-vous de lui?

— Je croyais qu'il était fou, parce qu'il agissait très sottement.

Le père Vital Fourmond succède à Philippe Garnot à la barre des témoins et est interrogé par François-Xavier Lemieux.

— À quelle conclusion en êtes-vous venu au sujet de la lucidité mentale de l'accusé dans les questions religieuses?

— Nous avons été très embarrassés tout d'abord parce qu'il paraissait quelquefois raisonnable, et que d'autres fois il avait l'air d'un homme qui ne savait pas ce qu'il disait.

— Quand vous êtes allé à Batoche pour la première fois, étiez-vous l'ami de l'accusé?

— Oui, je l'étais.

— Répétez-nous ce que vous avez déjà dit: que dans les questions politiques et religieuses l'accusé n'avait pas sa raison?

— Oui.

— Et qu'il ne pouvait être contrôlé?

— Oui.

— Et qu'il n'était pas sain d'esprit?

— Oui.

Le père Fourmond est ensuite contre-interrogé par Thomas-Chase Casgrain.

— À quelle date fixez-vous le commencement de la rébellion?

— Au 18 mars. L'accusé vint lui-même proclamer la rébellion.

Le docteur François Roy est ensuite appelé à déposer par la défense. Il s'identifie comme « médecin-surintendant et l'un des propriétaires de l'asile de Beauport ». Le témoin a eu Riel sous ses soins dans les années 1875-1876 et il s'est entretenu plusieurs fois avec lui. Charles Fitzpatrick l'interroge.

— Pouvez-vous dire... de quelle maladie mentale l'accusé souffrait alors?

— Il souffrait de la maladie que les auteurs désignent sous le nom de mégalomanie.

— Voulez-vous nous donner les symptômes de cette maladie?

— On constate plusieurs symptômes de la maladie chez les maniaques ordinaires. Ce qu'il y a de particulièrement caractéristique dans cette maladie, c'est que toujours les malades montrent beaucoup de jugement dans toutes les questions qui ne se relient pas immédiatement à la maladie particulière dont ils souffrent.

— Voulez-vous donner de mémoire, ou en consultant les auteurs, les autres symptômes de cette maladie?

— Les malades nous donnent des raisons qui seraient raisonnables, s'ils ne partaient pas d'une idée fausse. Dans ces discussions, ils se montrent très adroits et ils sont portés à l'irritabilité quand vous mettez en doute leur état mental, parce qu'étant fortement sous l'impression qu'ils ont raison, ils considèrent que vous les insultez en voulant les ramener à la raison. Dans les questions ordinaires, ils peuvent être raisonnables et même quelquefois se montrer très intelligents. En vérité, à moins de les surveiller soigneusement, on serait porté à croire qu'ils ont leur bon sens.

— Dans cette maladie mentale, est-ce que le sentiment d'orgueil prédomine?

— Oui, il y en a différentes formes. La religion, des fois, et chez un grand nombre l'orgueil. Nous avons des rois à l'asile...

— Les personnes affectées de cette maladie particulière sont-elles généralement portées à compter aveuglément sur le succès de leurs projets?

— La difficulté est de leur faire croire qu'ils ne réussiront pas. Vous ne pouvez les faire changer d'idée, et c'est là un des traits caractéristiques de la maladie.

— Ceux qui souffrent de cette forme particulière de la maladie, peuvent-ils complètement guérir, ou sont-ils exposés à retomber dans leur ancienne maladie?

— Généralement ils restent dans cet état. Ils peuvent avoir quelques moments de bon sens, mais ils retombent ensuite...

— Avez-vous assisté à l'interrogatoire des témoins aujourd'hui et hier?

— En partie.

— Avez-vous entendu hier et aujourd'hui les témoins décrire les idées particulières que professait l'accusé sur la religion et relativement à son pouvoir, à son espérance de succéder au pape, ainsi qu'à ses prophéties?

— Oui.

— D'après ce que vous avez entendu dire à ces témoins, et, d'après les symptômes qu'ils disent s'être manifestés chez l'accusé, êtes-vous en état de dire s'il était alors oui ou non, un homme d'un esprit sain?

— Je suis parfaitement certain qu'à l'époque où l'accusé se trouvait sous mes soins, il n'était pas sain d'esprit. Mais il était plus ou moins guéri quand il a quitté l'asile. D'après ce que j'ai entendu ici aujourd'hui, je puis dire que je crois que dans ces occasions il n'était pas sain d'esprit et qu'il souffrait de la maladie si bien décrite par Dagoust.

— Pensez-vous que dans l'état d'esprit auquel vous faites allusion et dont ont parlé les témoins, l'accusé était capable ou incapable de comprendre la nature des actes qu'il a commis?

— Non je ne crois pas qu'il fût en état de contrôler ses

actes et le jure positivement. J'ai encore sous ma surveillance des gens qui souffrent de la même maladie.

— Jurez-vous par ce que vous en avez appris?

— Par ce qu'en ont dit les témoins.

Après le témoignage du docteur Roy, la défense fait déposer un autre aliéniste (on dirait aujourd'hui un psychiatre). Il s'agit du docteur Daniel Clarke, directeur de l'asile des aliénés de Toronto, qui est également interrogé par Charles Fitzpatrick.

— Avez-vous eu l'occasion d'examiner l'accusé à la barre?

— Je l'ai examiné trois fois...

— D'après ce que vous avez entendu dire par les témoins, ici en cour, et d'après l'examen que vous avez fait de l'accusé, êtes-vous en mesure de vous former une opinion sur la bonne ou la mauvaise condition de son état mental?

— Eh! bien, en supposant que les témoins ont dit la vérité — je dois le croire — et en supposant que l'accusé à la barre n'est pas un fourbe qui feint la maladie, tout être doué de raison, se plaçant à mon point de vue naturellement, ne peut en arriver à d'autres conclusions que l'homme qui a eu ces idées et qui a fait ces choses doit certainement être atteint d'aliénation mentale...

— D'après la connaissance que vous avez de cet individu, pensez-vous qu'à l'époque mentionnée par les témoins en cette cause, c'est-à-dire aux mois de mars, avril et mai derniers, sa raison était affectée par la maladie au point qu'il ne savait pas qu'il faisait mal?

— Je crois qu'il le savait, je pense qu'il était parfaitement en état de distinguer le bien du mal...

— Ainsi, vous pensez qu'à cette époque il était parfaitement aliéné?

— En acceptant comme fondées les déclarations qui ont été faites, je crois que oui...

— Vous tenez sans doute compte, dans cette opinion, de toute la preuve qui a été faite par les médecins et les autres témoins?

— Oui, je suppose naturellement, comme je l'ai déjà dit,

que non seulement les témoignages donnés sont exacts, mais qu'il n'était pas un imposteur...

Dans son contre-interrogatoire, un des avocats de la Couronne, Osler, réussit à réduire l'impact du témoignage du docteur Clarke.

— Il (l'accusé) connaissait la nature et la qualité de l'acte qu'il commettait, même si cet acte était mauvais?

— S'il était mauvais, basé sur son illusion, oui.

— Et tous les faits sont compatibles avec une habile supercherie par celui qui emploie la feinte?

— Oui, je le crois. Je pense que personne, du moins je parle pour moi, en examinant à la hâte un homme comme celui-ci, rusé et instruit, ne peut dire, après trois examens, s'il est un imposteur ou non. Il me faudrait avoir cet homme sous ma surveillance pendant des mois entiers, le veiller jour et nuit, avant de pouvoir dire s'il est ou non un mystificateur.

— Et il n'y a rien ici pour vous démontrer que dans la condition de son intelligence, il n'était pas en état de distinguer entre le bien et le mal, et qu'il connaissait la qualité de l'acte qu'il commettait?

— Non, je dis que je crois qu'il savait distinguer le bien du mal et connaissait la qualité de l'acte qu'il commettait, sujet à ses illusions; mais remarquez que j'ajoute qu'un grand nombre de fous distinguent le bien du mal.

La poursuite fait entendre deux témoins en vue de contredire les dépositions des docteurs Roy et Clarke. Il s'agit des docteurs James Wallace, directeur de l'asile des aliénés de Hamilton, en Ontario, et de A. Jukes, médecin de la police montée à Regina où Riel est détenu depuis la fin de mai. Wallace reconnaît qu'il ne s'est entretenu avec l'inculpé que pendant une demi-heure et que c'est à la suite de cette conversation, qu'il est arrivé à la conclusion que le prévenu ne présentait aucun symptôme de folie.

La valeur de ce témoignage était très faible et il y a tout lieu de croire que les jurés n'ont pas été impressionnés par cette affirmation, notamment après avoir entendu les dépositions des docteurs Roy et Clarke.

Le docteur Jukes, qui pratiquait la médecine générale, n'était pas un spécialiste des maladies mentales, mais il avait une expérience de trente-cinq ans dans sa profession. Ayant vu l'inculpé, presque journellement pendant deux mois, il était plus en mesure de porter un jugement sur la santé mentale de Riel. Il fut interrogé par Christopher Robinson.

— Je suppose... que vous avez eu l'occasion d'observer son état mental?

— Je lui parlais chaque fois que je le rencontrais, et en général il me faisait connaître ce qu'il croyait être ses besoins. J'étudiais l'état de la santé de son corps, de sa santé en général; je m'assurais si le traitement lui allait, et je m'occupais de tout ce qui était de mon ressort. Parfois il me retenait pour me parler d'autres sujets.

— Vous êtes-vous formé une opinion de son état mental? Je parle de sa folie, véritable ou non.

— Dans mes rapports avec M. Riel, je n'ai jamais rien remarqué qui m'ait mis sous l'impression qu'il était fou.

— Alors, si je comprends bien, vous le croyez sain d'esprit?

— D'autant que mes connaissances me permettent de juger de ces choses-là, je le crois sain d'esprit. Je n'ai rien observé qui me porte à croire le contraire.

— Je suppose que votre attention a été plus ou moins appelée sur son état mental?

— Non, je n'ai jamais rien vu qui m'ait fait mettre en doute son état mental et je n'ai jamais, en conséquence, cherché à trouver dans sa conversation des preuves de folie. Je n'ai jamais fait de tentative en ce sens, parce que j'avais autre chose à faire.

Puis le témoin est contre-interrogé par Charles Fitzpatrick.

— N'est-il pas vrai, docteur, qu'il y a deux formes de folie qui ne sont susceptibles d'être découvertes qu'à la suite d'efforts considérables?

— Oui, il est hors de tout doute que l'on peut converser régulièrement avec un homme et ne pas s'apercevoir de sa folie jusqu'à ce que l'on touche par accident le point par où il est fou.

— Ainsi, docteur, vous savez parfaitement, n'est-ce pas, que des fous ont fait preuve de grande finesse sous certains rapports?

— Oui.

— Maintenant docteur, êtes-vous en état de dire sous serment que cet homme-ci n'est pas fou?

— Je suis en état de dire, qu'après avoir très longuement conversé avec lui, qu'après des relations quotidiennes avec lui, j'en suis encore à chercher un seul sujet sur lequel il ait parlé d'une manière déraisonnable.

Les témoignages terminés, un des procureurs de la défense, Charles Fitzpatrick, prend la parole. Il prononce une plaidoirie très émouvante, se révélant ainsi un grand avocat d'assises. Il affirme que les Métis avaient des griefs contre le gouvernement, mais il s'empresse de préciser que ces griefs ne justifiaient pas la rébellion.

L'avocat rappelle que l'agitation de Riel s'était d'abord confinée aux moyens constitutionnels et que, soudainement, l'accusé changea d'attitude. Pour expliquer ce changement brusque, Fitzpatrick plaide la folie. « Cet homme, dit-il, est complètement fou et irresponsable de ses actes. »

Après avoir énuméré tous les arguments qui militent en faveur de la folie de l'inculpé, il conclut : « Je sais que vous rendrez justice, et que vous n'enverrez pas cet homme à la potence, et que vous ne tisserez pas la corde qui le pendra et le pendra haut à la face du monde entier, un pauvre lunatique invétéré; une victime, messieurs, de l'oppression ou la victime du fanatisme[14]. »

Le juge Richardson permet alors à Riel de prendre la parole après la plaidoirie de Fitzpatrick. François-Xavier Lemieux, autre avocat de la défense, se lève alors et fait savoir que ses collègues et lui se dissocient de toutes les déclarations que ferait l'inculpé. Il ne pouvait, toutefois, contester à son client le droit de parler au jury.

Tous les regards étaient fixés sur le prévenu lorsqu'il se leva pour parler. « Il est vrai que j'ai cru depuis nombre d'années que j'avais une mission, et quand je parle d'une mission je ne voudrais pas que vous soyiez sous l'impression que je joue le rôle d'un fou devant le grand jury afin de me faire acquitter pour cette raison. J'ai toujours été convaincu que j'avais une mission, et ce qui m'encourage à vous parler dans le moment malgré les imperfections dans ma manière de parler l'anglais, c'est que j'ai toujours eu et j'ai encore une mission, et je prie

Dieu qui est avec moi à la barre de ce tribunal et du côté de mes avocats, même avec cette honorable cour, la couronne et le jury, de m'accorder une aide extraordinaire afin de pouvoir prouver qu'il y a une Providence dans mon procès, comme il y en avait une dans les batailles de la Saskatchewan.

« ... Lorsque j'ai vu, aujourd'hui, le glorieux général Middleton rendre témoignage et dire qu'il ne me croyait pas fou, et le capitaine Young prouver aussi que je l'étais pas, j'ai senti que Dieu m'avait béni et effaçait de mon nom la tache qui s'était imprimée sur ma réputation parce que j'avais été dans l'asile d'aliénés de mon bon ami le docteur Roy. J'ai été enfermé dans un asile d'aliénés, mais je remercie l'avocat de la couronne, qui a renversé le témoignage de mon ami le docteur Roy; parce que j'ai toujours été convaincu qu'on m'avait enfermé sans raisons dans un asile. Aujourd'hui ma prétention est confirmée et je considère cela comme une bénédiction.

« ... Même si je devais être condamné par vous, messieurs les jurés, j'ai cette satisfaction que, si je meurs, je n'aurai pas la réputation, auprès de tous les hommes, d'être un fou, un lunatique[15]... »

Lorsque Riel eut fini de parler, un des procureurs de la poursuite, Christopher Robinson, se leva pour prononcer son réquisitoire devant le jury. Il était sans doute convaincu, ainsi que ses collègues, que sa cause était gagnée. Riel avait contribué puissamment et incontestablement plus que le témoin à charge le plus incriminant, à détruire dans l'esprit du jury la preuve laborieusement montée par Fitzpatrick pour le faire passer pour fou. Ainsi l'accusé perdait sa dernière chance d'échapper à la potence, mais il conservait au moins sa dignité personnelle.

À l'encontre de la plaidoirie de l'avocat de la défense, le réquisitoire de Robinson était dénué de toute émotion. Il était sec, froid et précis. Il semble avoir eu un fort impact sur le jury. Dès le début de son exposé, il notait: « Mes savants amis doivent faire un choix dans leur défense. Ils ne peuvent réclamer pour leur client ce qu'on appelle une niche dans le temple de la renommée et soutenir en même temps qu'il a droit à une place dans un asile d'aliénés[16]. » Il estimait que le prisonnier « à la barre n'était ni un patriote, ni un lunatique ».

Le procureur rappela que Riel avait pris la parole à sept assemblées et qu'il avait parlé devant au moins deux mille personnes avant la rébellion. Ce qui l'a étonné, c'est que personne parmi les assistants n'ait exprimé l'avis que l'orateur souffrait d'aliénation mentale. Il affirma qu'il existait une abondante jurisprudence selon laquelle les aliénistes ne sont pas les seuls aptes à trancher la question de la folie et que le témoignage d'un homme intelligent a pratiquement autant de valeur, dans bien des cas, que celui du médecin pour juger de l'état mental d'une personne.

Pour illustrer sa théorie, il cita comme exemple la déposition du capitaine Young qui avait été un des gardiens de Riel et qui avait soutenu qu'il n'était pas fou. À une question d'un avocat, Young avait répondu : « Je crois que je me serais rendu compte, si j'avais vécu huit jours avec un lunatique. »

Après le réquisitoire de Robinson, le juge Richardson fit ses recommandations au jury. Il leur expliqua qu'il n'avait à choisir qu'entre deux verdicts : soit culpabilité, soit non-culpabilité. « La loi m'oblige à vous dire, de poursuivre le tribunal, que tout homme est censé être sain d'esprit et posséder un degré suffisant de raison pour être responsable de ses crimes jusqu'à preuve du contraire à votre satisfaction. »

En droit, une défense fondée sur l'aliénation mentale exige qu'il soit clairement prouvé que l'accusé, au moment où il a posé son acte, souffrait d'un tel déséquilibre mental qu'il ne connaissait pas la nature de l'acte qu'il posait, ou bien s'il la connaissait, qu'il ne savait pas que c'était mal. Richardson termina ses recommandations au jury par ces mots : « Si, en conséquence, la couronne n'a pas prouvé de manière concluante la culpabilité du prisonnier, vous devez l'acquitter pour cette raison. »

Le 1er août à 14 heures 15, le jury se retire dans la salle des délibérations. Riel s'agenouille dans le box des accusés et prie avec une grande ferveur. Journalistes et spectateurs échangent des pronostics. Ce ne sont évidemment que des impressions car personne n'est parvenu à communiquer avec les jurés. Une heure plus tard, les jurés reviennent dans la salle, l'air grave. Pour les avocats et les habitués des cours d'assises, il est évident que ce sera un verdict de culpabilité. Riel se lève immédiatement et semble faire des efforts pour conserver son calme.

Le greffier de la cour demande: « Messieurs, êtes-vous d'accord sur votre verdict ? Que dites-vous ? L'accusé est-il coupable ou non-coupable ? » Le président du jury, Francis Cosgrave, qui pleure à chaudes larmes, selon le correspondant du *Globe* de Toronto[17] déclare l'accusé coupable.

LE GREFFIER. — Messieurs du jury, écoutez votre verdict tel que la cour l'enregistre. Vous déclarez l'accusé Louis Riel coupable, ainsi dites vous tous.

LE JURY RÉPOND. — Coupable.

UN JURÉ. − Votre Honneur, j'ai été prié par mes confrères jurés de recommander le condamné à la clémence de la Couronne.

M. LE JUGE RICHARDSON. — Je puis dire en réponse que la recommandation que vous venez de faire sera transmise en la manière voulue aux autorités qu'il appartient... Louis Riel, avez-vous quelque chose à dire avant que la cour ne prononce votre sentence pour l'offense dont vous avez été trouvé coupable ?

LE CONDAMNÉ. — Oui, Votre Honneur.

M. FITZPATRICK. — Avant que le condamné réponde ou fasse aucune remarque, selon que le suggère Votre Honneur, je prie seulement Votre Honneur d'avoir la bonté de noter l'objection que j'ai déjà faite à la compétence de ce tribunal.

M. LE JUGE RICHARDSON. — Elle est notée, M. Fitzpatrick. Vous comprenez, sans doute, que je ne puis donner une décision sur ce point.

M. FITZPATRICK. — C'est afin de nous réserver tout recours que la loi pourrait nous permettre désormais.

LE CONDAMNÉ. — Puis-je parler maintenant ?

M. LE JUGE RICHARDSON. − Oh ! Oui.

LE CONDAMNÉ. — Votre Honneur, messieurs les jurés.

M. LE JUGE RICHARDSON. — Il n'y a plus de jurés, ils ont été renvoyés.

LE CONDAMNÉ. — Eh bien, ils ont passé avant moi.

M. LE JUGE RICHARDSON. — Oui, ils ont passé.

LE CONDAMNÉ. — ...Je suppose qu'ayant été condamné, on ne m'appellera plus un fou, et je considère cela comme un grand avantage. Si j'ai une mission, je dis « si », pour ceux qui doutent, mais pour moi c'est : « puisque », puisque j'ai une mission, je ne puis accomplir cette mission tant qu'on me regardera comme un aliéné ; du moment donc que je monte cet échelon, je commence à réussir...

« Si je suis exécuté — du moins si je devais être exécuté, je ne le serais pas comme un aliéné — cela serait une grande consolation pour ma mère, pour mon épouse, pour mes enfants, pour mes frères, pour mes parents, et même pour mes protecteurs et mes concitoyens. Je remercie les messieurs qui composaient le jury de m'avoir recommandé à la clémence de la Cour...

« À présent que j'ai été jugé sain d'esprit, je ne puis en conséquence être considéré autrement qu'un imposteur. Je voudrais qu'une commission fût chargée de m'examiner. Il y a eu des témoins, autour de moi, pendant dix ans, vers l'époque où l'on m'a déclaré aliéné, et ils prouveront s'il y a en moi la nature d'un imposteur. Si on me déclare aliéné, j'ai erré, j'ai erré non pas en imposteur mais selon les dictées de ma conscience. Votre Honneur, c'est là ce que j'avais à dire[18]. »

Il ne semble pas que le long discours de Riel ait produit un grand effet sur les spectateurs. Quant au juge, la loi ne lui laissait d'autre choix que d'imposer au condamné la peine capitale. Le prononcé de la sentence fut bref et même empreint d'une certaine brutalité. Richardson laissa entendre assez clairement à Riel qu'il ne pouvait s'attendre à une commutation de peine, ce qui n'était pas de son ressort.

Nous reproduisons *in extenso* le prononcé de la sentence : « Louis Riel, après une longue considération de votre cause, dans laquelle vous avez été défendu, avec autant d'habileté qu'aucun avocat, d'après moi, aurait pu déployer, vous avez été déclaré, par un jury qui a montré, je puis dire, une patience sans exemple, coupable d'un crime, le plus pernicieux et le plus grand qu'un homme puisse commettre ; vous avez été déclaré coupable de haute trahison ; vous avez été convaincu d'avoir fait se déborder un torrent de rapines et de meurtres ; vous avez, avec l'assistance trouvée dans la contrée de la Saskatchewan, réussi à soulever les sauvages et avez causé la ruine et la misère de bien des familles qui, si vous les aviez laissées en paix, étaient dans l'aisance, et dont plusieurs étaient sur le chemin de la prospérité. Pour ce que vous avez fait, les remarques que vous venez de nous adresser n'offrent aucune excuse: la loi exige que vous répondiez.

« Il est vrai que le jury, dans sa miséricordieuse considération, a demandé à Sa Majesté telle clémence qu'elle pourra lui accorder. J'avais presque oublié que ceux qui vous défendent ont mis entre mes mains, un avis que l'objection qu'ils ont soulevée, à l'ouverture de cette cour, ne doit pas être omise du dossier, afin que s'ils le jugent à propos, ils puissent soulever la question en temps et lieu; cela a été fait, mais néanmoins, je ne puis pas vous faire espérer que vous réussirez à obtenir votre liberté complète, ou que Sa Majesté après tout le mal dont vous avez été la cause, vous montrera de la clémence. Pour moi, je n'ai plus qu'un devoir à remplir, qui est de vous dire quelle est la sentence de la loi contre vous. J'ai, comme je le dois, donné le temps nécessaire pour que votre recours soit entendu.

« Tout ce que je puis vous conseiller est de vous préparer à mourir, voilà le seul conseil que je puisse vous offrir. C'est un pénible devoir pour moi maintenant de prononcer sur vous la sentence de la cour, qui est que vous soyez conduit d'ici au corps de garde de la police à Regina, qui est la prison et l'endroit d'où vous venez, et que vous y soyez gardé jusqu'au 18 septembre prochain, et que, le 18 septembre prochain, vous soyez conduit à l'endroit désigné pour votre exécution, et que vous y soyez pendu par le cou jusqu'à ce que mort s'en suive, et que Dieu ait pitié de votre âme[19]. »

Un historien anglophone a jugé plutôt sévèrement les avocats de la défense et a exprimé l'opinion que Riel n'avait pas été adéquatement défendu: « En étudiant le procès, on constate que les avocats de Riel défendirent sa cause d'une manière qui laissait beaucoup à désirer. Ils ne demandèrent pas le rejet de l'accusation pour raison d'aliénation mentale, en dépit du fait que Jackson avait été acquitté quelques jours plus tôt pour ce motif. Ils refusèrent aussi à Riel le droit de contre-interroger les témoins, bien qu'eux-mêmes, comme l'accusé le souligna au cours du procès, « (aient) perdu plus des trois quarts des chances d'obtenir de bonnes réponses » parce qu'ils ne connaissaient pas les témoins ni les conditions locales.

« L'accusé se trouva ainsi gravement lésé dans ses droits par ses défenseurs. Lemieux déclara, en outre, que les avocats du prévenu déclinaient toute responsabilité à l'égard de ce qu'il allait dire pendant sa première allocution au jury. Il est curieux que les avocats de Riel n'aient pas demandé qu'il fût jugé en vertu de la loi canadienne de 1868, laquelle prévoyait une accusation d'attentat à la sûreté de l'État et une peine d'emprisonnement à vie. Sur les 84 rebelles jugés à Battleford et à Regina, 71 subirent un procès pour attentat à la sûreté de l'État, 12 pour meurtre et un seul, Riel, pour haute trahison. Celui-ci faisait l'objet d'une accusation portée en vertu d'une loi anglaise moyenâgeuse, datant de 1352, qui prévoyait une peine de mort obligatoire[20]. »

Quant aux Indiens, onze furent condamnés à la peine capitale, mais trois seront par la suite graciés. D'autres indigènes, par contre, prirent le chemin de la prison à la suite de procès où le souci de la justice n'a pas toujours dominé les débats. « Le procès de Faiseur d'Enclos fut une parodie de la justice[21] », a écrit un historien. Le père Louis Cochin, qui a témoigné en sa faveur à son procès, avait déclaré « que par sa conduite en ces temps troublés, il méritait plutôt la reconnaissance publique que l'incarcération[22] ».

Au procès de Regina, l'accusé protesta de son innocence : « Tout ce qui était en mon pouvoir pour arrêter l'effusion de sang, je l'ai fait. Si j'avais souhaité la guerre, je ne serais pas ici en ce moment. Je serais dans la Prairie. Vous ne m'avez pas capturé. Je me suis rendu. (Si) vous m'avez, (c'est) parce que je voulais la justice. »

Il fut néanmoins reconnu coupable et condamné à trois ans de prison. Après avoir purgé moins d'une année de sa peine, il fut gracié, mais il mourut quatre mois après sa libération.

Gros Ours connut le même sort. « Tout le monde, nous dit le père André, s'attendait à le voir acquitté, car toutes les dépositions des témoins (à l'exception d'une seule), lui avaient été favorables. Malgré cela on a été sans pitié et sans compassion pour le pauvre Sauvage qu'un jury moins animé de sentiments hostiles et haineux contre les Indiens aurait certainement absous. Le juge même s'est montré très sévère envers cet infortuné[23]. »

Le jury rendit un verdict de culpabilité après avoir délibéré moins de quinze minutes. Le juge Hugh Richardson le condamna à trois ans de prison. Élargi en février 1887, en raison de sa mauvaise santé, Gros Ours mourut à la mi-janvier 1888.

Faiseur d'Enclos et Gros Ours «furent accusés de trahison bien que (le lieutenant-gouverneur) Dewdney savait que ni l'un ni l'autre n'avait pris part à une rébellion. Des témoins oculaires des événements de Fort Pitt, du lac à la Grenouille et de Battleford ont précisé que ni l'un ni l'autre des chefs n'avait participé aux meurtres et au pillage qui s'étaient produits. En fait, plusieurs de ces personnes ont déposé au nom de la défense[24]. »

Notes

1. Peter B. Waite, *Canada (1874-1896)*, Toronto, 1971, pp. 161-162.
2. Desmond Morton, *The Queen v Louis Riel*, Toronto, 1974, p. IX.
3. Cité par Thomas Flanagan, *Riel and the Rebellion 1885 Reconsidered*, Saskatoon, 1983, p. 122.
4. Cité par Albert Tessier, *Correspondance Taché-Laflèche* dans *Cahier des Dix*, Montréal, 1958, p. 255.
5. Desmond Morton, *op. cit.*, p. XI.
6. Cité par Auguste-Henri de Trémaudan, *Histoire de la nation métisse*, Montréal, 1936, p. 428.
7. *Ibid.*, p. 429.
8. *Ibid.*, p. 429.
9. Cité par Jean Leflon, *La crise révolutionnaire (1789-1846)*, Paris, 1951, pp. 456-457.
10. Cité par Robert Rumilly, *Honoré Mercier et son temps*, tome I, Montréal, 1975, pp. 248-249.
11. Peter B. Waite, *op. cit.*, p. 164.
12. Robert Rumilly, *Histoire de Montréal*, tome 3, Montréal, 1972, p. 172.
13. Peter B. Waite, *op. cit.*, p. 163.
14. Cité par Desmond Morton, *op. cit.*, p. 311.

15. *La Reine vs Louis Riel*, Ottawa, 1886, pp. 153-155.
16. Cité par Desmond Morton, *op. cit.*, pp. 326-327.
17. *Ibid.*, p. XX.
18. *La Reine vs Louis Riel*, *op. cit.*, pp. 160-161, 172.
19. *Ibid.*, p. 172.
20. Lewis H. Thomas, *Louis Riel*, dans *Dictionnaire biographique du Canada*, tome XI, Québec, 1982, pp. 828-829.
21. Peter B. Waite, *op. cit.*, p.162.
22. Jules Le Chevallier, *Batoche*, Montréal, 1941, p. 259.
23. *Ibid.*, p. 261.
24. Cameron, *Blood Red the Sun*. Cité par John L. Tobias, *Canada's Subjugation of the Plains Cree, 1879-1885*, dans *Canadian Historical Review*, décembre 1983, p. 547.

XIII
_____

L'EXÉCUTION

Le verdict et la condamnation à mort de Louis Riel furent accueillis fort différemment au Canada anglophone et au Canada francophone. D'une manière générale, les anglophones, notamment ceux de l'Ontario, ont approuvé le verdict de culpabilité. Certains se sont même étonnés que le jury ait recommandé l'inculpé à la clémence de la Couronne. Que des circonstances atténuantes aient pu expliquer la rébellion ne semble pas avoir influencé le jugement des anglophones. À leurs yeux, Riel avait pris deux fois les armes contre la Couronne et il était en outre le « meurtrier » de Thomas Scott, exécuté après un « procès » on ne peut plus sommaire.

Au Québec, on entendit un autre son de cloche. « Ce fut, au pays de Québec, comme si la foudre était tombée sur chaque maison. On fut atterré pendant vingt-quatre heures, puis l'émotion monta, d'abord sourde comme une lame de fond[1]. » Pour les Canadiens français, Riel apparaissait comme un patriote qui avait lutté pour la défense des droits de ses compatriotes au Manitoba et en Saskatchewan. Il avait été jugé par un jury et un juge anglophones et, partant, hostiles à l'inculpé. La conduite de Riel avait pratiquement été impeccable et il fallait être de mauvaise foi pour le condamner.

Les journaux adoptèrent le même langage. Comparant la

différence de traitement entre Riel et Jackson, *La Presse*, dans son édition du 2 août 1885 écrivait : « Si la folie est une excuse pour un Anglais, elle doit en être une pour Riel, quoique Métis. » *L'Électeur* abonda dans le même sens : « Pourquoi cette différence entre Riel et Jackson ? Parce que Jackson est anglais et que Riel est canadien-français. »

Pour *La Patrie* : « Riel était condamné d'avance. » Les Canadiens français, à l'unanimité, réclamaient la grâce de Riel. *La Minerve*, journal conservateur, parfois sévère pour le chef métis, écrivit qu'il fallait donner suite à la recommandation du jury et qu'un acte de clémence « ne saurait manquer d'avoir l'approbation générale. »

Des assemblées se tinrent un peu partout au Québec pour réclamer la grâce du condamné. Le 9 août, le comité Riel organisa une assemblée à Montréal, au Champ de Mars, où dix mille personnes répondirent à la convocation. Des conservateurs et des libéraux prirent place sur la même estrade, dont le libéral Rodolphe Laflamme.

À Ottawa, le premier ministre Macdonald et ses collègues du cabinet ne firent aucun commentaire sur les réactions provoquées par la condamnation de Riel, la cause étant *sub judice*. Les avocats de la défense avaient interjeté appel. Joseph Dubuc, juge à la Cour d'appel du Manitoba et confrère de classe de Riel à Montréal, se désista. Le juge en chef de ce tribunal, T.C. Wallbridge, donna lecture du jugement unanime, le 9 septembre, rejetant le pourvoi en cassation.

Dans son arrêt, il déclara : « Il est vrai que quelques médecins ont exprimé l'opinion que le condamné était fou, en la basant sur un aperçu de ses actes et de sa vie passée, mais le jury n'était pas tenu d'accepter leur opinion. Il avait à examiner les raisons sur lesquelles s'appuyait cette opinion, et à former son jugement au sujet de cette opinion. À mon avis, les preuves étaient telles que le jury n'eût pas été justifiable de prononcer un autre verdict que celui qu'il a rendu, mais, même en admettant qu'il aurait pu raisonnablement se décider en faveur de l'insanité du condamné, on ne saurait dire qu'il ne pouvait raisonnablement le déclarer sain d'esprit...

« Le condamné est évidemment un homme d'une intelligence plus qu'ordinaire, qui aurait pu être grandement utile à ceux de sa race en ce pays ; et s'il était frappé d'aliénation mentale, le plus grand service qu'on pourrait rendre au pays serait de le rétablir, si possible, dans cet état d'esprit qui lui permettrait d'employer ses facultés intellectuelles et son instruction à l'avancement des intérêts de la société à laquelle il appartient. C'est avec le plus profond regret que je reconnais que les actes dont il est accusé ont été commis sans qu'on puisse invoquer aucune justification de ce genre, et que ce tribunal ne saurait être en aucune façon justifiable d'intervenir.

« Suivant moi, la conviction doit être maintenue[2]. »

Le comité judiciaire du Conseil privé fut ensuite saisi d'une demande d'en appeler. Cette requête fut rejetée. Cette décision fut rendue le 22 octobre. Les recours judiciaires étant épuisés, il appartenait désormais au gouvernement canadien de trancher cette question, soit en commuant la peine, soit en décidant que la justice doive suivre son cours.

Entre-temps, Riel attendait, dans sa cellule de la prison de Regina, qu'on décide de son sort. Tous les dimanches, il assistait à la messe. Il employait son temps à prier, à écrire et à confier au papier ses visions et ses prophéties. En prison, le condamné renonça à ses erreurs en matière religieuse.

Le 31 août, le père André écrivait : « Mais... le pauvre Riel est surtout l'objet de ma sollicitude, et je le visite régulièrement presque tous les jours. Il montre beaucoup de calme et de résignation dans la terrible situation où il se trouve placé. Vous savez qu'il a rétracté ses erreurs, mais je vous assure qu'il possède encore les mêmes lubies et qu'il est convaincu que l'esprit de Dieu lui communique ses secrets, et il se regarde comme un prophète ayant reçu une mission spéciale à remplir. Impossible de raisonner avec lui sur ce point ; il se rend quand je le menace de le priver des sacrements, mais le lendemain les mêmes idées reviennent sur le tapis. Plus j'acquiers de l'expérience sur ce singulier personnage par le contact habituel que je suis obligé d'avoir avec lui, plus je suis convaincu qu'il ne joue pas la comédie et qu'il est véritablement sous l'empire d'une illusion folle qui lui ôte la raison et ne le rend guère responsable des blasphèmes qu'il émet en se portant comme réformateur[3]. »

Le 18 septembre, jour fixé par Richardson pour l'exécution, approchait. Le bruit courait toutefois qu'un sursis serait accordé. Malgré les rumeurs, Riel continuait à se préparer à bien mourir. Au début du mois, il reçut la visite de sa mère, de sa femme, et de son frère. Le 17, le condamné apprit qu'un sursis d'un mois lui avait été accordé.

La nouvelle le troubla. Le 25 septembre, le père André fit part de ses impressions au père Lacombe : « Il a été pendant plusieurs jours en proie à une grande excitation qui lui ôtait presque totalement la raison. Il est maintenant plus calme et dans une assiette d'esprit plus tranquille. J'espère qu'il échappera à la corde malgré la haine féroce de ceux qui lui souhaitent la mort[4]. »

Le 12 octobre, le père André demanda à Mgr Taché s'il ne pourrait pas lui trouver un remplaçant afin qu'il puisse retourner à Prince Albert. Il ne croyait pas que sa présence à Regina puisse être d'une grande utilité. Mais ni l'archevêque ni Riel ne souhaitaient le départ du père André comme aumônier de la prison à Regina. Le condamné exhorta le religieux à rester et l'oblat céda à la requête de Riel, même si la perspective de devoir assister à l'exécution du condamné le remplissait d'horreur.

Au début d'octobre, Riel écrivit à sa femme une lettre assez étrange dans laquelle il lui fit part d'une vision[5].

5 octobre (Regina) 1885

Ma Bien chère Marguerite,

Je voulais t'écrire hier : mais j'ai remis la partie à aujourd'hui. Et je ne veux pas retarder. J'ai reçu presque tout de suite la lettre que notre chère Henriette m'a écrite le 30. Elle m'a parlé de ta santé. Je te recommande de bien écouter notre tante Julie ; et de ne pas négliger les bons conseils.

Prie le Bon Dieu afin qu'il éloigne de toi les accidents et les malheurs.

Hier, dans l'après-midi, en priant la Sainte Vierge, il m'est venu comme une grande espérance et une grande assurance que ta santé se fortifierait et que tu serais protégée. Prends donc courage. Fais prier tes petits enfants, qu'ils récitent toutes sortes de petites prières et que souvent dans la journée, ils adressent au Bon Dieu, pour moi, leurs supplications pures et puissantes ; les mains jointes et à genoux.

Recommandons-nous bien. Et si le Bon Dieu est pour nous, sa charité nous mettra à l'abri de toute peine.

De grand matin, comme il commençait à faire jour, aujourd'hui, j'ai vu notre Dame de pitié. Elle tenait à sa main du câble. Mais il n'y en avait pas plus grand que l'ongle de mon pouce. Et encore il était tout en charpie. Elle m'a dit que c'était par un sentiment de pitié qu'elle avait mis la main sur le câble qu'on me préparait.

J'espère, espérez. Mais ne cessons pas de prier. La Sainte Vierge est puissante. C'est elle qui m'a sauvé la vie, plusieurs fois sur le Missouri. C'est elle qui peut encore auprès de Dieu faire des merveilles de bonté, de charité. Ayons confiance. Vous autres qui êtes libres allez, s'il vous plaît, de temps en temps, faire une visite au Très Saint Sacrement pour moi.

Chère Marguerite, si tu écris à ton père, fais lui bien tous mes compliments ; qu'ils prient (sic) pour moi. Mes respects à toute la famille, à Moïse Auguste, mes bons souvenirs.

Embrasse pour moi nos chers petits enfants. Mes affections toutes filiales à maman ; mes bons souhaits à mes frères et soeurs, à nos beaux-frères et belles-soeurs, à nos parents, à nos amis.

Ton mari effectionné en N.S.J.C.
Louis « David » Riel

En octobre, Riel obtint un second sursis. L'exécution était remise au 10 novembre. Sa femme donna naissance à un troisième enfant, mais le garçon ne vécut que quelques heures. Marguerite, qui était malade depuis quelque temps, était déjà marquée par la mort. Elle ne survivra que de quelques mois à son mari. Louis Riel fut atterré par la mort de son enfant et ce qui l'attristait le plus, comme il l'écrivit à sa soeur Henriette, c'était de n'avoir pu l'embrasser. Il se consola cependant en constatant que la Providence avait permis à l'enfant de vivre quelques heures pour recevoir le baptême.

Comme le jour de l'exécution approchait, la température montait au Canada. Les anglophones réclamaient la pendaison du condamné à mort tandis que les francophones demandaient sa grâce. Les amis de Macdonald, dont le premier ministre du Manitoba, John Norquay, un half-breed, le prévinrent que toute mesure de clémence envers Riel risquait de faire perdre des voix aux conservateurs dans le Canada anglophone. Au Québec, des centaines et des centaines de personnes avaient signé des pétitions en faveur du condamné.

Macdonald était sur la corde raide. Il s'exposait à perdre bien de ses amis au Québec si Riel était pendu, notamment

Adolphe Chapleau et Hector Langevin. Ce dernier avait proposé la création d'une commission médicale chargée d'étudier l'état mental du condamné afin d'apaiser l'opinion publique au Québec. Le ministre de la Milice, Adolphe Caron, qui n'était qu'un béni-oui-oui, ne manifesta guère d'enthousiasme pour cette solution.

Néanmoins, le chef du gouvernement céda et créa la commission médicale qui serait chargée de se prononcer sur l'état mental présent de Riel. Il y avait des précédents en Grande-Bretagne pour justifier une telle initiative. Il s'était produit des cas assez rares où des détenus avaient perdu la raison après leur condamnation. La justice britannique estimait qu'il serait inhumain d'exécuter un fou qui ne comprenait pas les raisons pour lesquelles on le mettait à mort. Dans des cas analogues, la Couronne pouvait gracier un condamné sans avoir à se prononcer sur les décisions rendues antérieurement par les tribunaux.

L'ancien ministre de la Justice, Alexander Campbell, proposa au premier ministre la nomination du docteur Michael Lavell, directeur du pénitencier de Kingston, en Ontario, depuis janvier 1885. Lavell, un fervent méthodiste et un ardent conservateur en politique, avait été professeur d'obstétrique à l'université Queen's, à Kingston.

Le second médecin, qui ferait partie de la commission, serait le docteur François-Xavier Valade, originaire de Montréal, qui pratiquait sa profession à Ottawa. Il était âgé de trente-huit ans. Valade, qui était apparemment un ami politique d'Adolphe Caron, était analyste au ministère du Revenu intérieur depuis 1884. Le troisième était le docteur Jukes, médecin de la police montée à Regina, dont l'opinion sur la santé mentale de Riel était connue. Il avait déposé au procès du condamné et l'avait déclaré sain d'esprit.

Aucun des trois médecins, tous des fonctionnaires fédéraux, n'était aliéniste, et à l'exception de Jukes, aucun n'avait encore rencontré Riel. Ils avaient reçu instruction de Macdonald de lui faire savoir, en se fondant sur l'affaire McNaghten de Grande-Bretagne, si le condamné pouvait faire la distinction entre le bien et le mal.

« La cause qui faisait jurisprudence dans toutes les questions de crime et de maladie mentale était le cas McNaghten de

1843. À cette occasion, en réponse à une série de questions de la Chambre des Lords, quatorze juges britanniques avaient répondu, entre autres, qu'un homme devait être considéré sain d'esprit jusqu'à preuve du contraire, et « que pour établir une défense fondée sur les troubles mentaux, il devait être clairement prouvé qu'au moment de commettre l'acte délictuel, l'accusé, à cause de déficiences mentales, ne jouissait pas de sa raison et n'était plus capable de connaître la nature et la qualité des gestes qu'il posait; ou s'il les connaissait, qu'il n'était pas capable de savoir que ce qu'il faisait était mal. » La question de la maladie mentale, avaient poursuivi les juges, ne devait pas être posée en termes généraux et abstraits, mais en référence à la capacité de l'accusé de distinguer le bien et le mal, « tout au moins en ce qui concerne l'acte précis dont on l'accuse ». Pour finir, dans le cinquième et dernier paragraphe de ce qu'on appela plus tard les « règlements McNaghten », les juges affirmaient qu'on ne pouvait en aucun cas demander à un médecin, même s'il avait assisté à l'ensemble du procès et entendu toute la preuve, son opinion sur l'état mental d'un prisonnier au moment où il avait commis le délit, à moins que les faits n'aient été admis ou qu'ils ne soient pas contestés, auquel cas le problème devenait essentiellement d'ordre scientifique[6]. »

Le docteur Augustus Jukes prépara un rapport de dix pages. Il souligna que Riel était une personnalité attirante et intéressante, qui nourrissait des illusions en matière politique et religieuse, mais qu'il était responsable de ses actes. Jukes ajouta que le condamné, ayant entendu dire qu'une commission médicale l'examinerait, accueillit favorablement cette nouvelle, espérant ainsi prouver qu'il était sain d'esprit. Le médecin, qui éprouvait de la sympathie pour Riel, écrivit au premier ministre. Adversaire de la peine capitale, il fit savoir à Macdonald qu'il serait bien content si on pouvait satisfaire la justice et la clameur publique sans exécuter cet homme.

Les docteurs Lavell et Valade ne révélèrent pas leur véritable identité quand ils rencontrèrent le prisonnier. Ils se présentèrent comme des touristes qui désiraient faire sa connaissance. Au bout de deux jours, les deux médecins firent leur rapport, mais en arrivèrent à des conclusions différentes.

Lavell écrit: « Je suis d'opinion que Riel, bien que tenant

des vues insensées et curieuses concernant des visions quant à la religion et au gouvernement en général, est un être responsable qui connaît le bien du mal[7]. » De son côté, le docteur Valade exprime l'opinion que le condamné « n'est pas un être responsable, il est incapable de faire la distinction entre le bien et le mal sur des sujets politiques et religieux... mais sur d'autres points je le crois tout à fait sensé et peut faire la distinction entre le bien et le mal[8] ».

Après avoir pris connaissance des télégrammes que lui fit parvenir le lieutenant-gouverneur Dewdney sur les opinions des trois médecins, mais avant d'avoir reçu leurs rapports, John A. Macdonald prépara un mémorandum à l'intention de son cabinet. Le 11 novembre, le cabinet, sans se montrer apparemment plus exigeant que le premier ministre, décida que Riel serait pendu. Il n'y eut pas de longues discussions pour en arriver à cette décision qui était prévue. L'exécution aurait lieu le 16 novembre, le condamné ayant obtenu un troisième et dernier sursis quelques jours avant le 10 novembre afin de permettre à la commission médicale de faire son enquête.

Macdonald aurait déclaré que « Riel sera pendu, même si tous les chiens du Québec aboyaient[9] ». George R. Parkin, qui cite ce propos, auquel bien des historiens font référence, ne mentionne ni l'endroit ni les circonstances dans lesquelles le premier ministre du Canada a fait cette déclaration. Les ministres canadiens-français se rallieront-ils à l'opinion majoritaire du cabinet? Le ministre de la Milice, Adolphe Caron, apparemment sans la moindre hésitation, a entériné la décision du cabinet.

Hector Langevin avait décidé qu'il ne pouvait sacrifier le Canada français pour un criminel. Riel était évidemment coupable. Il avait poussé à la rébellion, avait soulevé les sauvages contre des citoyens innocents, y compris des prêtres, et avait été responsable de morts et de dévastations. En conscience, Langevin estimait que la loi devait suivre son cours. « Il est possible que nous perdions l'appui de la majorité des députés français mais notre conscience nous appuie et l'avenir dira que nous n'avons fait que notre devoir[10]. »

À Montréal, le bruit court que Chapleau songe à démissionner. Le chef de l'opposition à l'Assemblée législative, Honoré Mercier, griffonne à la hâte un message pathétique à Chapleau, qu'un messager se chargera de porter d'urgence à Ottawa. « Si Riel est pendu sans que tu résignes, tu es un homme fini ; si tu résignes, tu sauves Riel. Dans le premier cas, le parti libéral a un puissant adversaire de moins et le pays une honte de plus. Dans le second cas, le pays a une gloire de plus, et le ministre résignataire devient l'idole de ses compatriotes. J'ai tout à gagner comme chef de parti si tu restes. Tu as tout à gagner si tu résignes. Résigne, Chapleau, et mets-toi à la tête de la province. Je serai à tes côtés pour t'aider de mes faibles efforts et bénir ton nom avec notre frère Riel, sauvé de l'échafaud[11]. »

En recevant la lettre de Mercier, Chapleau convoque dans la capitale nationale Alexandre Lacoste, jeune sénateur, et les journalistes Arthur Dansereau et Israël Tarte. « Chez Chapleau, ils passent la nuit à discuter. Les amis du ministre inclinent à conseiller sa démission, mais ils ne sont pas formels. Chapleau arpente son bureau de long en large, ses mains derrière le dos relevant les pans de sa jaquette. Le rôle qui lui est offert, c'est le rôle joué par Papineau, un demi-siècle plus tôt. En prenant la tête du mouvement rielliste, comme Mercier l'y invite, Chapleau stimulerait ce mouvement, l'amplifierait dans des proportions imprévisibles. Et dans l'état des esprits au Canada anglais, ce serait, tout probablement, déclencher des représailles, une guerre civile où les Canadiens français ne seraient pas les plus forts. Chapleau pèse ses responsabilités. À quatre heures du matin, Lacoste, Dansereau et Tarte vont se coucher dans la maison, laissant à Chapleau le soin de sa décision. À huit heures, ils se lèvent pour le petit déjeuner. Chapleau, qui n'a pas dormi, annonce à ses amis sa décision de ne pas démissionner. Il l'explique, faisant effort pour maîtriser ses nerfs, repoussant son bol, appuyant ses raisons du plat de la main sur la table. Il ne provoquera pas une « révolution », comme a fait Papineau — sans le vouloir expressément, sans doute — en 1837. Il observe : « Il y a parfois plus de courage à braver le courant qu'à le suivre. » Puis il dit : « Nous sommes dans la fosse aux lions[12]. »

Le sort de Riel était désormais scellé. Le gouverneur général aurait pu commuer la sentence de mort, avec ou même sans l'avis du cabinet[13]. À aucun moment, Lord Lansdowne n'a manifesté l'intention d'intervenir. En 1874, Lord Dufferin avait commué en deux ans d'emprisonnement la sentence de mort prononcée contre Ambroise Lépine, mais il avait été autorisé par le gouvernement britannique. Il est fort improbable que dans le cas de Riel, le gouvernement de Londres aurait permis au gouverneur général de prendre cette initiative.

Comme le jour de l'exécution approchait, des suppliques affluaient à Ottawa, venant de tous les coins du Québec et de la Nouvelle-Angleterre et même d'Europe, demandant au gouvernement fédéral de commuer la peine du condamné. Une femme de lettres française, Mme Juliette Adam, qui devait mourir centenaire en 1936, télégraphia à Lord Lansdowne, le priant de gracier Riel. Un ami du condamné, Edmond Mallet, de Washington, obtint une audience du président Cleveland et tenta vainement de convaincre le chef d'État américain d'intervenir en faveur de l'infortuné[14].

Désormais tous les espoirs d'une commutation de la sentence de mort s'étaient évanouis. Le 15 novembre, un dimanche, le père André rencontra par hasard le colonel Irvine qui lui fit savoir que le condamné serait exécuté le lendemain matin, un officier de la police du Dominion étant arrivé d'Ottawa quelques instants plus tôt, porteur de l'ordre d'exécution. Le religieux s'empressa de se rendre à la prison, mais il s'abstint de faire part de la mauvaise nouvelle au prisonnier.

Un peu plus tard, le docteur Jukes vint rendre visite au condamné qui lui parla de ses visions. Il relata à son interlocuteur « qu'il avait eu une vision dans le Montana au cours de laquelle un ange lui avait promis que, comme le Christ, il ressusciterait trois jours après sa mort[15] ». Jukes l'écouta, mais ne fit aucun commentaire.

C'est alors que le colonel Irvine, accompagné du shérif Samuel Chapleau, frère du ministre fédéral, entra dans la cellule. Chapleau informa Riel que l'exécution aurait lieu le lendemain à huit heures. En apprenant la terrible nouvelle, le prisonnier ne manifesta aucune émotion. Il était certainement plus calme que le père André et le père Charles McWilliams, un confrère de classe de Riel, qui venait d'arriver de Toronto et qui l'assistera jusqu'au dernier moment.

Selon le père André: « Toute la nuit qui a précédé sa mort, Riel n'a pas manifesté le moindre symptôme de frayeur. Il a prié une grande partie de la nuit, et cela avec une ferveur, une beauté d'expression et une contenance qui le transfiguraient et donnaient à sa physionomie une expression de beauté céleste[16]. » Il pria pour sa mère, pour sa femme, pour sa famille, pour ses bienfaiteurs et même pour ses ennemis, Mgr Taché, Mgr Grandin, le pape Léon XIII et Sir John A. Macdonald.

Le prisonnier rassura le père André: « Soyez tranquille, Père André, je mourrai joyeux et courageux. Avec la grâce de Dieu, je marcherai bravement à la mort[17]. »

Il était passé minuit le 16 novembre, jour fatidique, lorsque Riel commença à rédiger sa dernière lettre, avant de mourir, qui était destinée à sa mère:

Ma chère Mère,

J'ai reçu votre lettre de bénédiction, et hier (dimanche) j'ai demandé au Père André de la placer sur l'autel pendant la célébration de la messe, pour que son ombre se répandît sur moi. Je lui ai demandé après de m'imposer ses mains sur la tête pour que je puisse la recevoir efficacement, attendu que je ne pouvais me rendre à l'église, et il a ainsi répandu sur moi les grâces de la messe, avec l'abondance de ses bienfaits spirituels et temporels.

À ma femme, mes enfants, mes frères, ma belle-soeur et autres parents qui me sont tous chers, dites pour moi adieu.

Chère mère, c'est le voeu de votre fils aîné que vos prières pour moi montent jusqu'au trône de Jésus-Christ, à Marie, à Joseph, mon bon protecteur, et que la miséricorde et l'abondance des consolations de Dieu répandent sur vous, sur ma femme, mes enfants et mes autres parents, de génération en génération, la plénitude des bénédictions spirituelles pour celles que vous avez répandues sur moi; qu'elles se répandent sur vous surtout qui avez été pour moi une si bonne mère. Puisse votre foi, votre espérance, votre charité et votre exemple être comme un arbre chargé de fruits abondants pour le présent et pour l'avenir. Puisse Dieu, quand sonnera votre heure dernière, être tellement satisfait de votre piété qu'il fasse rapporter votre esprit de la terre sur les ailes des anges.

Il est maintenant deux heures du matin, en ce jour, le dernier que je dois passer sur cette terre, et le Père André m'a dit de me tenir prêt pour le grand événement. Je l'ai écouté et je suis disposé à tout faire suivant ses avis et ses recommandations.

Dieu me tient dans sa main pour me garder dans la paix et la douceur, comme l'huile tenue dans un vase et qu'on ne peut troubler. Je fais ce que je peux pour me tenir prêt ; je reste même calme, conformément aux pieuses exhortations du vénérable archevêque Bourget. Hier et aujourd'hui, j'ai prié Dieu de vous rassurer et de vous dispenser toute sorte de consolations, afin que votre coeur ne soit pas troublé par la peine et l'anxiété. Je suis brave ; je vous embrasse en toute affection.

Je vous embrasse en fils respectueux de son devoir, toi, ma chère femme, comme un époux chrétien, conformément à l'esprit conjugal des unions chrétiennes. J'embrasse tes enfants dans la grandeur de la miséricorde divine. Vous tous, frères et belles-soeurs, parents et amis, je vous embrasse avec toute la cordialité dont mon coeur est capable.

Chère mère, je suis votre fils affectionné, obéissant et soumis.

Louis-David Riel.

Le prisonnier ne dormit pas de la nuit. « À cinq heures, écrit le père André, je dis la messe pour lui et il y communia pour la dernière fois avec une piété angélique. Après six heures, il demanda la permission d'aller se laver et se préparer, regrettant qu'il n'eût pas reçu plus tôt la notice afin de préparer ses effets et afin, dit-il, d'aller à la mort le corps et l'âme purifiés, comme marque de respect pour la majesté de Dieu qu'il allait rencontrer. Il aurait désiré être bien habillé, tant il avait cette vertu de propreté et d'ordre si fortement imprimée dans son coeur. Malgré la pauvreté de son accoutrement, il alla à la mort, son habillement bien épousseté, ses cheveux bien peignés ; tout en lui respirait la propreté qui était le symbole de la pureté de son âme[18]. »

Vers huit heures, le shérif Gibson, qui remplaça Chapleau, ouvrit la porte de la cellule. Riel, pâle mais calme, le regarda et lui dit en anglais : « *Mr. Gibson, you want me ? I am ready.* » Le condamné, de poursuivre le père André, « partit sur ces mots... et il monta le long escalier... Je craignais cette ascension, mais il monta sans montrer ni faiblesse ni hésitation. Il me laissa loin derrière lui, quand tout à coup, s'apercevant qu'il n'était pas suivi par son père spirituel, il m'attendit au milieu de la grande chambre qui conduit à l'échafaud. Quand je l'eus rejoint, nous continuâmes notre marche funèbre en récitant des prières jusqu'à ce que nous eussions atteint la place fixée pour

l'exécution. Là, en face de l'échafaud, nous nous mîmes à genoux et nous priâmes assez longtemps[19]... »

Le condamné se plaça sur l'échafaud où l'attendait le
bourreau, John Henderson, un ancien prisonnier de Riel au
Manitoba, qui reçut la somme de cinquante dollars pour ses
services[20]. Les représentants du *Leader* de Regina, qui ont assisté à l'exécution, ont publié un compte rendu détaillé de cet
événement que nous reproduisons *in extenso*.

> Regina, 16 Nov. — L'aube se leva aussi belle que jamais, sur
> le dernier acte — l'événement final — de la vie accidentée de
> Louis Riel. Le soleil brillant dardait d'impitoyables rayons; la
> prairie, légèrement teintée d'argent par la gelée, semblait une
> vaste plaine semée de diamants. Nous étions en voiture avec M.
> Sherwood, Chef de la police de la Puissance du Canada, lequel
> était arrivé le dimanche soir, avec l'arrêt de mort. Comme nous
> approchions de l'Hôtel du Gouvernement, deux hommes de la
> Police à cheval mirent leurs chevaux en travers de notre route, et
> demandèrent notre passe, qui était rédigée ainsi:
> À M. Gibson: Laissez passer les représentants du *Leader*.
>
> (Signé)   Chapleau, Shérif.

Lorsque nous approchâmes du pont, nous vîmes qu'il y avait
là de la troupe, commandée par un inspecteur; deux compagnies, l'arme au pied. Un des soldats serra la main de M. Percy
Sherwood, un ancien ami. Nous échangeâmes quelques mots
d'amitié avec M. F.J. Hunter et M. W.C. Hamilton. Notre passe
fut visée de nouveau, et nous continuâmes notre route. Arrivés à
la prison, nous trouvâmes en dehors les représentants de la presse, le Dr. Dodd, le Dr. Pugsley, MM. Marsh, Gillespie, Dawson,
Bole et plusieurs citoyens. La conversation roulait sur le beau
temps de cette matinée.

Vers huit heures, nous fîmes une trouée à travers les soldats;
avec l'aide bienveillante du Colonel Irvine, nous montâmes l'escalier, traversâmes la prison dans toute sa longueur; et là, sur le
seuil de l'endroit sinistre de l'exécution, nous vîmes Riel agenouillé, son profil se détachant nettement dans la lumière. Nous
vîmes encore le Père André, à genoux aussi, un surplis par dessus sa soutane, et nous tournant le dos; le Père McWilliams,
avec une étole jetée sur ses habits de voyage, agenouillé, et la
figure tournée vers nous, tenait un cierge allumé. Dans les mains
de Riel était un crucifix d'ivoire, monté en argent, qu'il baisait
fréquemment. Le Père McWilliams et le Père André jetaient à
tous moments de l'eau bénite sur le condamné. Riel était pâle

— mortellement pâle — et sa physionomie paraissait excessivement intelligente.

Le Père André (en français). — Pardonnez-vous à tous vos ennemis, du fond de votre coeur?

Riel. — Je leur pardonne, mon père. Je pardonne à tous mes ennemis pour l'amour du bon Dieu.

Le Père André. — Avez-vous aucun sentiment de méchanceté, de haine, contre qui que ce soit?

Riel. — Non, mon père, je pardonne à tous.

Le Père André. — Offrez-vous votre vie en sacrifice à Dieu?

Riel. — Oui, mon père.

Le Père André. — Mon enfant, la chair est faible et l'esprit est fort; vous repentez-vous de tous les péchés que vous avez pu commettre, en pensée, parole ou action?

Riel. — Oui, mon père. J'ai commis beaucoup de péchés et j'en demande pardon à mon Dieu, au nom de Jésus, Marie et Joseph.

Le Père André. — Vous ne désirez pas parler au public. Vous faites ce sacrifice à Dieu?

Riel. — Oui, mon père. Je fais à Dieu le sacrifice de ne pas parler au public, à mes derniers moments.

Le Père André. — Dieu a été bon pour vous, mon fils, en vous donnant l'occasion de vous repentir; l'en remerciez-vous?

Riel. — Je remercie le bon Dieu de m'avoir permis, dans sa Providence, de faire ma paix avec lui et avec tout le monde, avant de mourir.

Les deux prêtres mirent alors les mains sur sa tête, et prononcèrent l'absolution.

Riel, alors, pria Dieu avec des accents pénétrants et presque enfantins, de bénir sa mère, sa femme, ses frères, ses amis et ses ennemis. « Mon père, bénissez-moi », dit-il en levant les yeux au ciel, « selon les vues de votre Providence, qui sont complètes et absolues. » S'adressant alors au Père André: « Voulez-vous me bénir, mon père? »

Le Père André le bénit, comme aussi le Père McWilliams. Alors il se leva et fut ligoté, pendant que lui et les prêtres priaient. Lorsqu'il fut prêt à marcher à l'échafaud, le Père André lui dit en français: « Bon! Allez au ciel! » Il embrassa le Père André sur la bouche et le Père McWilliams sur les deux joues. Riel dit alors, avant de tourner pour passer la porte conduisant à cette salle étroite en bois non équarri, et qui, si le Père André a raison, si Riel était vraiment repentant et si les idées chrétiennes sont une chose vraie, était pour lui le pauvre misérable portique d'un séjour éternel de paix et de béatitude sans fin: « Je donne ma vie entière comme un sacrifice à Dieu. Remerciez Madame Forget et Monsieur Forget. Ô mon Dieu! » s'écria-t-il, parlant encore en français, comme il descendait les escaliers, « vous êtes mon soutien. Mon soutien, c'est Dieu! »

Il était alors sur la trappe. On lui passa la corde autour du cou. « Courage, mon père », dit-il.

Le Père André d'une voix étranglée: « Courage! Courage! »

Ils lui serrèrent la main, comme le fit aussi le Dr. Jukes, et Riel, conservant jusqu'au bout cette politesse qui était un des traits de son caractère, et qui fut si remarquée pendant le procès, dit: « Merci, Docteur. »

Alors il pria en français: « Jésus, Marie et Joseph, ayez pitié de moi. J'espère encore. Je crois en Dieu jusqu'au dernier moment. »

Le Père McWilliams. — Priez le Sacré-Coeur de Jésus.

Riel. — Ayez pitié de moi, Sacré-Coeur de Jésus! Ayez pitié de moi. Jésus, Marie et Joseph, assistez-moi dans mes derniers moments. Assistez-moi, Jésus, Marie et Joseph!

Le Père McWilliams lui présenta la croix, qu'il baisa.

M. le Député Shérif Gibson. — Louis Riel, avez-vous quelque chose à dire pour que la sentence de mort prononcée contre vous ne soit pas exécutée?

Riel, lorsque le Père André se préparait déjà à monter l'escalier, évidemment anxieux de quitter le lieu de cette scène douloureuse, dit en français: « Faut-il dire quelque chose? »

Le Père André. — Non.

Riel (en français) — Alors, je voudrais prier encore un peu.

Le Père André. — Il demande à prier encore un peu plus.

Le Député Shérif Gibson (regardant sa montre). — Deux minutes.

Le Père McWilliams. — Dites Notre Père, et, s'adressant à M. Gibson, « lorsqu'il en sera à Délivrez-nous du mal, alors, dites-le lui ».

M. Gibson donna ses instructions au bourreau, qui mit alors le bonnet blanc sur la tête de Riel.

Riel et le Père McWilliams. — Notre Père qui êtes aux cieux, que Votre Nom soit sanctifié, que Votre Règne arrive, que Votre Volonté soit faite sur la terre comme au Ciel; Donnez-nous aujourd'hui notre pain quotidien, pardonnez-nous nos offenses comme nous pardonnons à ceux qui nous ont offensés, ne nous laissez pas succomber à la tentation, mais délivrez-nous...

Le bourreau tira la barre et Riel tomba de neuf pieds.

Les docteurs Dodd et Cotton étaient en dessous. Le noeud, pendant la chute, avait glissé de dessous l'oreille. Le corps tremblait et oscillait légèrement. Le docteur Dodd tâta le pouls.

Le Reporter du *Leader*. — Comment est le pouls, docteur?

Le Dr. Dodd. — Il bat encore... légèrement.

Le Reporter du *Leader* (s'adressant au Dr. Cotton). — J'espère qu'il ne souffre pas.

Dr. Cotton. — Oh! pas du tout. La sensibilité a disparu.

Le corps cessa d'osciller. Il restait alors pendu, rigide et sans la moindre convulsion. Le Dr. Dodd, regardant à sa montre et sentant le pouls: « Il est mort. Mort en deux minutes. » Le Dr. Cotton mit son oreille là, à la place où avait battu ce coeur infatigable: « Mort[21]! »

Après l'exécution, on mit le corps du supplicié dans un cercueil de bois grossièrement équarri. Le shérif, Samuel Chapleau, avait dit au père André que le corps de Riel pourrait être envoyé à Saint-Boniface sans la moindre difficulté, mais le colonel Irvine s'y opposa à moins de recevoir l'autorisation du lieutenant-gouverneur Dewdney. Ce dernier n'osa prendre cette décision sans l'assentiment d'Ottawa. Macdonald ne fit pas d'objection. Ce n'est que le mercredi, 18 novembre, que le corps fut remis aux intéressés.

Le bruit avait couru que le corps de Riel avait été mutilé. Pour mettre un terme à ces rumeurs, le cercueil fut ouvert en présence de plusieurs personnes, dont le père André, le docteur Jukes, le colonel Irvine et Pascal Bonneau, un ami de Riel qui était venu à Regina pour se charger du transport de la dépouille mortelle au Manitoba.

« Nous fûmes heureux de constater que le corps était intact, a écrit le père André, et qu'il avait été religieusement respecté. Mais nous fûmes tous frappés d'admiration quand le corps fut exposé devant nous, de voir cette figure si calme et sur laquelle semblait courir un ineffable sourire, comme pour marquer la paix dans laquelle son âme l'avait laissé en partant pour un monde meilleur[22]. »

Le 19, un service funèbre eut lieu en l'église St. Mary's de Regina. Le 9 décembre, Bonneau fit transporter secrètement par train le corps du supplicié à Saint-Boniface. Riel fut exposé pendant deux jours en chapelle ardente dans la maison de sa mère à Saint-Vital. Des centaines de Métis défilèrent devant la dépouille mortelle de celui qu'ils considéraient comme le plus grand de leur nation. Les funérailles eurent lieu en la cathédrale de Saint-Boniface, le 12 décembre.

L'abbé Georges Dugas, curé de la cathédrale, qui avait bien connu Louis Riel au Manitoba, a célébré la messe en présence de nombreux ecclésiastiques, dont Mgr Taché et le curé de Saint-Norbert, Joseph-Noël Ritchot, ancien confesseur de Riel et son conseiller politique à la Rivière-Rouge. Vers la fin de l'après-midi, le cercueil fut déposé dans la fosse qu'on recouvrit d'une épaisse dalle de béton armé. Dans le cimetière de la cathédrale où repose Louis Riel, la pierre tombale porte une simple inscription: *Riel, 16 novembre 1885.*

Dans la matinée du 27 novembre, onze jours après la mort de Riel, huit Indiens étaient pendus à Battleford, dans le nord de la Saskatchewan. Comme les Métis, ils avaient pris part à la rébellion. Les autorités avaient permis à un certain nombre d'Indiens vivant dans les réserves avoisinantes d'assister à cette multiple exécution en vue de les dissuader à jamais de suivre les brisées des condamnés.

Pour prévenir tout incident, environ trois cent cinquante agents de la police montée étaient sur les lieux. Les huit condamnés, qui s'étaient convertis à la foi catholique, marchèrent d'un pas ferme vers l'échafaud. Les Indiens, la tête rasée, furent placés côte à côte sur la potence, chacun se tenant sous une corde. Quand la trappe s'ouvrit, les huit corps s'engouffrèrent dans le vide. La mort fut presque instantanée.

« La mort si édifiante de ces huit chrétiens ne suffit pas pour faire oublier leur inconduite. On s'acharna sur leurs cadavres. L'enlèvement des suppliciés avait été concédé par adjudication; mais l'adjudicataire, ne voulant pas se souiller les mains au contact de cette vile charogne, refusait de les mettre en bières. Pour concilier son honneur et son devoir, il fit mettre, au-dessous de chaque pendu, une boîte de bois grossier où les corps tombaient d'eux-mêmes quand on coupa la corde. Il en disposa ensuite comme s'il se fût agi de carcasses de brutes en les jetant pêle-mêle dans une fosse creusée dans les dunes de la Saskatchewan[23]. »

Ainsi un Métis et huit Indiens avaient payé de leur vie la rébellion de 1885 dans les Territoires du Nord-Ouest.

Notes

1. Robert Rumilly, *Histoire de la province de Québec*, tome 5, Montréal, 1941, p. 63.
2. *La Reine VS Louis Riel*, Ottawa, 1886, p. 204.
3. Cité par Jules Le Chevallier, *Batoche*, Montréal, 1941, p. 263.
4. *Ibid.*, p. 264.
5. *Le Bulletin des Recherches Historiques*, Lévis, octobre 1967, p. 160.
6. Donald Creighton, *John A. Macdonald*, tome 2, Montréal, 1981, p. 369.
7. Cité par Thomas Flanagan, *Riel and the Rebellion 1885 Reconsidered*, Saskatoon, 1983, p. 139.
8. *Ibid.*, p. 139.
9. George R. Parkin, *Sir John A. Macdonald*, Toronto, 1908, p. 244.
10. Barbara Fraser, *Political Career of Langevin*, dans *Canadian Historical Review*, juin 1961, p. 118.
11. Cité par Robert Rumilly, *Honoré Mercier et son temps*, tome 1, Montréal, 1975, p. 271.
12. *Ibid.*, p. 272.
13. Thomas Flanagan, *op. cit.*, p. 120.
14. Joseph Kinsey Howard, *Strange Empire*, New York, 1952, p. 554.
15. George F. G. Stanley, *Louis Riel*, Toronto, 1969, p. 368.
16. Adolphe Ouimet et B.A.T. de Montigny, *La question métisse*, Montréal, 1889, p. 380.
17. *Ibid.*, p. 381.
18. *Ibid.*, p. 382.
19. *Ibid.*, p. 382.
20. George F.G. Stanley, *op. cit.*, p. 424.
21. Cité par Napoléon Thompson, *Le gibet de Regina*, New York, 1886, pp. 132-138.
22. Ouimet et de Montigny, *op. cit.*, p. 383.
23. Jules Le Chevallier, *op. cit.*, p. 278.

XIV

RÉACTIONS NATIONALISTES AU QUÉBEC

Cinquante ans après la mort de Riel, un des jurés au procès, Edwin J. Brooks, interviewé par un journal de Regina, dira : « Nous avons jugé Riel pour trahison, et il fut pendu pour le meurtre de Scott[1]. » Effectivement, en 1885, les anglophones, notamment ceux de l'Ontario, n'avaient pas oublié l'exécution de Thomas Scott par Riel, à la Rivière-Rouge, quinze ans plus tôt. Il est fort probable que sans l'erreur capitale commise par le leader métis, en 1870, le Canada anglais n'aurait pas exigé avec une telle violence la mort de Riel. Il eût été alors assez facile pour le gouvernement fédéral de commuer la sentence de mort. Les anglophones n'avaient pas pardonné au francophone Riel d'avoir fait fusiller un des leurs, comme les francophones ne pardonneraient pas aux anglophones d'avoir fait pendre un des leurs.

Les Canadiens, d'une façon générale, ont réagi à l'exécution de Riel selon leurs origines ethniques. « Le 16 novembre, à Toronto, une grande foule s'était assemblée aux portes des bureaux des différents journaux pour y voir afficher les dernières nouvelles. Lorsqu'on apprit le courage qu'avait manifesté Riel

sur l'échafaud, tous exprimèrent leur admiration et se dispersèrent lentement[2]. » Un ancien député conservateur, John Beatty,
a noté que dans les rues de Toronto, même des Grits (libéraux)
l'ont félicité à cause de la fermeté manifestée par le premier
ministre[3].

Le *Globe* de Toronto, qui n'était pas sympathique à Riel,
mais qui détestait encore plus le gouvernement conservateur,
exhorta les Canadiens à conserver leur sang-froid. Le grand
quotidien libéral conseilla à la population « d'ignorer les appels
incendiaires de quelques journaux de l'Ontario qui utilisaient
l'agitation au Québec pour stimuler leurs préjugés antifran-
çais[4]. » Le journal ajoute: « Nous demandons à tous les bons
citoyens, quel que soit leur parti... de rendre simplement justice
à nos compatriotes francophones en ce moment; d'envisager
avec impartialité les causes de leur colère contre le ministère...
L'homme (Riel) représenta une cause[5]. »

Aux États-Unis, l'affaire Riel eut aussi des répercussions,
en ce sens qu'elle suscita une vive curiosité. Au tout début de
1886 paraissait chez un éditeur de New York, un livre intitulé:
The gibbet of Regina. L'auteur anonyme signait tout simplement: « Par un homme bien renseigné. » Depuis, on a découvert son identité: il s'agit de Napoléon Thompson, apparemment un Canadien français. Selon l'éditeur, 15 000 exemplaires
de l'édition anglaise (une édition française fut également publiée aux États-Unis) furent vendus en l'espace de trois semaines aux États-Unis. Pour l'époque, c'était un vrai succès de
librairie et dès la fin de janvier et au début de février 1886, des
recensions de l'ouvrage paraissaient dans le *Herald*, le *Commercial Advertiser* et le *Sun* de New York.

Lionel Groulx a écrit avec raison: « L'affaire Riel... ce fut
au Canada, ce que sera un jour en France « l'Affaire Drey-
fus[6]. » Comme en France, elle a scindé le Canada en deux.
Chez les Canadiens français du Québec, l'exécution du leader
métis a provoqué une vive réaction nationaliste et John A.
Macdonald, qui avait cru que ce ne serait qu'un feu de paille,
s'était grossièrement trompé.

Pour les Canadiens français, la mort de Riel fut un deuil
national. Dans bien des endroits au Québec, on mit les dra-
peaux en berne et des patriotes garnirent leurs chapeaux d'un

voile noir. En signe de deuil, des mariages furent ajournés et dans les écoles, les instituteurs firent prier les enfants pour le repos de l'âme de Riel. Dans les villes et les villages de la province, le peuple se rassembla dans les rues par petits groupes et discuta de l'événement. Les francophones étaient presque unanimes à condamner le gouvernement fédéral pour avoir autorisé l'exécution de Riel.

Le lendemain de la pendaison, les journaux canadiens-français exprimèrent assez bien les sentiments de la population. *La Presse,* de Montréal, frappa assez durement: « Riel n'expie pas seulement le crime d'avoir réclamé les droits de ses compatriotes; il expie surtout et avant tout le crime d'appartenir à notre race. L'exécution de Riel brise tous les liens de parti qui avaient pu se former dans le passé.

« Désormais, il n'y a plus ni conservateurs, ni libéraux, ni castors. Il n'y a que des PATRIOTES et des TRAÎTRES. Le parti national et le parti de la corde! »

La Minerve porta un jugement aussi sévère: « Si profonde est la répulsion qu'inspire l'idée de l'exécution de Riel que jusqu'au dernier moment, hier, on espérait encore une commutation de la terrible sentence. C'en est fait des espérances de toute notre race, et de la pureté immaculée de notre blason national[7]... »

L'Électeur de Québec parut encadré de noir. Il écrivit: « Prononçons le serment solennel de venger cet outrage, et de nous relever du coup formidable qui nous est porté aujourd'hui... »

La Vérité de Jules-Paul Tardivel n'y alla pas de main morte: « L'échafaud de Regina grandira, grandira, grandira toujours; son ombre sinistre se projettera de plus en plus menaçante sur le pays. Cette tache de sang sur notre blason national deviendra chaque jour plus éclatante. Toujours l'image de ce cadavre d'un pauvre fou, pendu pour de misérables fins de parti, pendu pour maintenir un homme au pouvoir, pendu en haine du nom canadien-français, toujours l'image de ce cadavre de Louis Riel sera là, se balançant entre ciel et terre, sous les yeux de notre population[8]. »

L'Événement, un des journaux conservateurs d'Israël Tarte, imprimait: « C'est au nom de la jeune reine Victoria que les victimes de l'oligarchie montèrent sur l'échafaud en 1837 et en 1838. C'est en son nom encore que, plus de quarante ans après, un condamné politique a été exécuté contre le droit des nations, en obéissant à l'ogre orangiste. »

Et Tarte lui-même dans le *Canadien*: « Le sang est un mauvais ciment, et si la Confédération n'en a pas d'autre, le coup de vent qui le culbutera n'est pas loin. »

Les deux journaux de Saint-Hyacinthe, le *Journal*, libéral, et le *Courrier*, conservateur, qui étaient presque toujours en guerre ouverte, étaient d'accord pour condamner la pendaison de Riel. Le *Journal* nota: « C'est un jour de deuil dans la province de Québec, mais ceux qui l'ont préparé doivent s'attendre à rendre un compte sévère de leur conduite, à être jugés comme ils ont jugé les autres. »

Pour sa part, le *Courrier* imprima: « Le gouvernement a commis un acte blâmable, et dont le peuple lui tiendra compte. Le glas funèbre a douloureusement impressionné toute la province de Québec, et profondément blessé les amis canadiens-français du parti conservateur[9]. »

Le 22 novembre, le Champ de Mars, à Montréal, était le théâtre de l'assemblée « la plus nombreuse et la plus émouvante qui se soit jamais tenue au Canada[10]. » L'annonce en avait été faite par les journaux ainsi qu'aux portes des églises. Le Champ de Mars et les environs étaient bondés de monde. On venait de partout, jusqu'à des dizaines de kilomètres à la ronde. Le but de ce rassemblement monstre était de protester contre l'exécution de Riel. Des hommes politiques de tous les partis étaient sur l'estrade pour exprimer leur désapprobation. Le radical et anti-clérical Rodolphe Laflamme et l'ultramontain François-Xavier Trudel se retrouvaient sur la même tribune. Ils différaient d'opinion sur bien des questions, mais sur celle-là, ils étaient d'accord.

Wilfrid Laurier, l'étoile montante du Parti libéral fédéral — il sera chef de sa formation politique deux ans plus tard — prit la parole à cette grande réunion de protestation. Il s'écria: « Si j'avais été sur les bords de la Saskatchewan, j'aurais, moi aussi, épaulé mon fusil... Riel a été victime d'un guet-apens. »

Laurier se demandait: « Où est monsieur Chapleau? » Il insistait: « Où est monsieur Chapleau? Sa place, en ce jour, était ici, à mes côtés, sur cette tribune. Que de fois je l'ai entendu dans ce prétoire (montrant le Palais de Justice) où, par la seule puissance de sa haute éloquence, il arrachait au jury un verdict libérateur! Il a sauvé des innocents, il a fait acquitter des criminels. Doué par la nature d'un talent transcendant, adoré de son peuple, que n'était-il à Regina pour défendre son compatriote Louis Riel, un malheureux dément[11]? »

Trudel prononce un discours émouvant et, faisant appel à ses souvenirs historiques, il s'efforce de prouver que l'échafaud n'est pas nécessairement une abjection: «On nous jette à la figure que celui qui est l'objet de nos protestations indignées est mort sur un gibet. Messieurs, il y a plus de dix-huit cents ans que la mort sur un gibet ne signifie pas nécessairement le déshonneur... Du bûcher de Jeanne d'Arc a jailli la plus pure gloire de la France, et ce martyre a marqué son triomphe définitif sur ses ennemis... Voilà qu'à peine le cercueil de Riel refermé, nos divisions s'effacent... Pour nous, conservateurs, le devoir national nous oblige à rompre des alliances de plus de vingt ans, à condamner des chefs sous qui nous avons été fiers de marcher[12]... »

Enfin, le chef de l'opposition provinciale, Honoré Mercier, homme politique à l'instinct démagogique qui exploitera à fond l'affaire Riel et s'en fera un tremplin pour se hisser au pouvoir à Québec, prononce un discours qui fait plus appel aux sentiments qu'à la raison.

« Riel, notre frère, est mort, dit Mercier, victime de son dévouement à la cause des Métis dont il était le chef, victime du fanatisme et de la trahison: du fanatisme de Sir John et de quelques-uns de ses amis; de la trahison de trois des nôtres qui, pour garder leur portefeuille, ont vendu leur frère...

« En face de ce crime, en présence de ces défaillances, quel est notre devoir? Nous avons trois choses à faire: nous unir pour punir les coupables; briser l'alliance que nos députés ont faite avec l'orangisme et chercher dans une alliance plus naturelle et moins dangereuse la protection de nos intérêts nationaux.

« Nous unir! Oh! que je me sens à l'aise en prononçant ces mots! Voilà vingt ans que je demande l'union de toutes les forces vives de la nation. Voilà vingt ans que je dis à mes frères de sacrifier sur l'autel de la patrie en danger les haines qui nous aveuglaient et les divisions qui nous tuaient. On a répondu à ce cri de ralliement, parti d'un cœur patriotique, par des injures, des récriminations, des calomnies. Il fallait le malheur national que nous déplorons, il fallait la mort d'un des nôtres pour que ce cri de ralliement fût compris...

« Cette mort qui a été un crime chez nos ennemis, va devenir un signe de ralliement et un instrument de salut pour nous.

« Notre devoir est donc de nous unir pour punir les coupables; que cette union soit bénie par ce peuple et faisons serment devant Dieu et devant les hommes, de combattre de toutes nos forces et de toute notre âme et avec toutes les ressources que nous fournit la constitution, le gouvernement prévaricateur de Sir John, les trois traîtres qui viennent de déshonorer notre race et tous ceux qui seraient assez lâches pour chercher à imiter ou à excuser leur crime!... »

Rappelant l'offre qu'il avait faite à Chapleau, l'orateur poursuit: « M. Chapleau a refusé la main d'un frère pour garder celle de Sir John; il a préféré les hurlements de quelques fanatiques aux bénédictions de toute la nation canadienne-française; il a préféré la mort à la vie; la mort pour lui, la mort pour Riel: sa carrière est brisée comme celle de Riel! seulement celui-ci est tombé en homme, celui-là en traître [13]... »

L'assemblée du Champ de Mars eut un retentissement immense dans toute la province. Les libéraux notamment exploitèrent le mécontentement populaire à des fins politiques. Laurier fit une tournée dans la région de Québec. Ces réunions de protestation ont lancé ce que François-Xavier Trudel a appelé le mouvement national et ce que Mercier et ses amis voulaient appeler le parti national.

Il y a une nuance et elle est de taille. Dans un « mouvement national », libéraux et conservateurs gardent leur allégeance respective et ne s'unissent que sur des questions touchant la nationalité canadienne-française comme l'affaire Riel. Par contre dans un « parti national », les adeptes renoncent à leur allégeance politique et s'associent dans un nouveau parti.

L'agitation rielliste ne plut pas à tous les libéraux. Un ancien premier ministre du Québec, Henri Joly de Lotbinière, refusa de prendre part à l'assemblée du Champ de Mars et déclina l'invitation d'assister à une messe à la mémoire de Louis Riel. « Ce libéral de marque ne partage pas l'opinion de la quasi-unanimité de son parti et de ses électeurs. Il estime Riel coupable, son exécution légitime, et l'agitation périlleuse. Il écrit à ses électeurs qu'il se croit tenu en conscience de leur remettre son mandat (25 novembre 1885):

> Si je refuse d'assister à la messe pour le repos de l'âme de Riel, ce n'est pas à cause d'un préjugé religieux (Joly, on le sait, est protestant)... Ce n'est pas non plus par manque de respect à la mémoire de Riel: le courage qu'il a montré en face de la mort lui assure le respect de tous, même de ceux qui désapprouvent ses actes. Si j'ai refusé de me rendre à l'église et à l'assemblée... c'est parce que je ne puis approuver l'agitation qui se fait actuellement dans la province de Québec...
>
> Je ne crois pas que la formation d'un nouveau parti, le parti national, puisse rendre meilleure la position des Canadiens français, mais je crois qu'il la rendrait pire et qu'il mettrait en danger la prospérité future de la Puissance du Canada.
>
> Je ne puis partager les sentiments exprimés si énergiquement par la grande majorité des Canadiens français dans la Province et dans ce comté [14]...

Depuis l'exécution de Riel, Langevin n'a fait aucune déclaration. Il attend l'ouverture de la session, fixée au début de l'année suivante. Quatre jours après la pendaison du condamné, il explique son attitude dans une lettre à son frère, Edmond:

> ...si (nous) nous étions retirés du gouvernement sur cette question, qu'arriverait-il? Riel aurait été pendu, tout de même, et nous aurions mis une barrière infranchissable entre le gouvernement actuel et les Canadiens français. Nous nous fermions le gouvernement, et en faisant bande à part les Canadiens français coalisaient contre eux l'élément anglais, et nous mettaient en guerre de race, de nationalité [15]...

Quant à Chapleau, il avait promis de faire connaître publiquement sa position sur l'affaire Riel. Il le fit à la fin de novembre et les journaux la publièrent. Le texte fut largement répandu dans sa circonscription de Terrebonne. Le ministre écrivait:

> Un vent de révolte souffle, en ce moment, avec violence sur la province de Québec, menaçant de renverser sur son passage, si on ne l'arrête, le parti conservateur et le ministère. Plaise à Dieu

que là, seulement, se borne le désastre, et que la nation à laquelle nous appartenons n'en soit pas la ruine la plus sérieuse. Un parti politique peut vite se réorganiser, un ministère est bientôt oublié et se remplace encore plus facilement qu'il ne s'oublie; mais les blessures que reçoit un peuple saignent longtemps et ne se guérissent jamais complètement.

Autant je respecte le sentiment national qui produit le mouvement actuel, autant je déplore la cause de ce soulèvement, autant je gémis sur les tristes conséquences qui peuvent en résulter. La meilleure preuve que ce mouvement est mauvais, c'est qu'un esprit d'injustice semble le dominer. On soupçonne, on accuse, on condamne d'anciens et fidèles serviteurs du pays, sans les entendre, avant même qu'ils aient parlé...

On me reproche d'avoir failli à l'honneur en restant à mon poste, après que le cabinet fédéral eut refusé de commuer, en un emprisonnement pour la vie, la sentence de la peine capitale portée contre Louis Riel par le tribunal, et l'on regarde le refus de donner ma démission sollicitée par un grand nombre d'amis comme une faute énorme dont je serai la première victime. (Il reconnaît qu'on lui a demandé de prendre la direction d'un vaste mouvement de protestation) ...j'ai vu se dresser, comme une muraille infranchissable, le serment que j'ai prêté de remplir mon devoir, au risque de perdre amitiés et profits, et le sentiment intime, la conviction inébranlable, que ce que l'on me demandait était contraire à la justice et aux intérêts bien entendus de cette province. J'ai vu, comme conséquence logique de ce mouvement, l'isolement des Canadiens français créant l'antagonisme de race, provoquant des représailles, des luttes, des désastres. J'ai senti qu'il y avait plus de courage à braver le courant qu'à le suivre, et j'ai laissé passer, sans faillir à mon devoir, la foule égarée qui m'accablait des noms de traître et de lâche. Qu'importe ma personne? Dans les crises difficiles que traverse une nation, les hommes ne sont rien, le salut du peuple est tout. La responsabilité du pouvoir impose, à ceux qui en sont chargés, l'obligation de voir au-delà des intérêts du moment, de bien étudier si, en cédant à un entraînement populaire, quelque légitime qu'il paraisse, ils ne compromettent pas, pour bien des années, une cause sacrée...

Ministre de Sa Majesté, j'ai dû... envisager froidement la question sous toutes ses faces, et ne pas perdre de vue le serment solennel que j'ai prêté de faire mon devoir, de défendre l'autorité, et de protéger nos administrés. Responsable à ma conscience et à Dieu de chacune de mes décisions, je n'ai pu trouver de justification ni d'excuse valable au crime du condamné. Ses avocats eux-mêmes ont déclaré que l'instruction de son procès s'était faite d'une manière impartiale, et la question de la folie étant écartée, le gouvernement n'a pas cru, malgré la demande de grâce, devoir conseiller à Sa Majesté, dans la personne de son représentant, d'empêcher que la loi n'eût son cours.

Nous n'avons cédé, en prenant cette décision, ni aux appels, ni à l'intimidation d'aucune secte ou faction, comme les ennemis du gouvernement se sont plu à le répéter. Nous n'avons consulté que l'intérêt suprême de la société, le plus grand bien du pays, la tranquillité nécessaire au développement si désirable des immenses régions de l'Ouest et, de plus, pour ma part, je puis le dire en toute sincérité, le plus grand bien d'une province et de compatriotes qui me sont chers...

On invoque l'affinité de race, le sentiment national pour nous taxer de faiblesse et de trahison. Faire autrement que nous avons fait eût été violer notre serment, sans profit pour le condamné, qui aurait été exécuté quand même tous les ministres français (Caron, Chapleau et Langevin) auraient donné leur démission, sans profit pour le pays, sans profit pour notre province, avec le risque effrayant de compromettre pour toujours nos intérêts les plus chers.

Ma conscience me dit que je n'ai failli, dans cette circonstance, ni à Dieu, ni au Souverain, ni à mes compatriotes. Le courage qui m'a porté à faire mon devoir, sans faiblesse, ne me fera pas défaut dans les tribulations dont on me menace. J'ai servi mon pays, comme député, depuis dix-huit ans, avec joie, avec orgueil. Je ne continuerai à le faire qu'à une condition : celle de garder ma liberté, et d'avoir seul le souci de mon honneur et de ma dignité[16].

Dans l'état atuel de la documentation, il est impossible de contredire Chapleau sur un point important de son exposé. Il est effectivement incontestable que si les trois ministres canadiens-français avaient résigné leurs fonctions, le cabinet ne serait pas revenu sur sa décision et Riel aurait été tout de même exécuté. Il y a plus d'une vingtaine d'années, trois auteurs canadiens-français ont commenté d'une manière positive l'attitude du ministre Chapleau. Ils ont écrit : « Lors de l'affaire Riel, des chefs libéraux aussi bien que ceux de son propre parti lui demandèrent de se mettre à la tête de la province de Québec afin de renverser le gouvernement de Sir John A. Macdonald. S'il eut accédé à ce voeu, il eut tout probablement réussi ; mais toujours opposé à la violence et toujours désintéressé, il résista à la tentation, par crainte d'isoler les Canadiens français dans la Confédération. Son courage et son abnégation dans cette heure de crise furent au-dessus de tout éloge[17] (sic). »

Dans le milieu canadien-français, un groupe partage *grosso modo* les vues des trois ministres francophones à Ottawa ainsi que celles d'Henri Joly de Lotbinière. Il s'agit de l'épiscopat qu'inquiètent les manifestations riellistes qui risquent de tourner à l'émeute. D'ailleurs Mᵍʳ Taché avait déjà mis le clergé du Québec en garde contre Riel. En 1885, l'épiscopat conserva le mutisme le plus complet sur cette affaire, tandis qu'en 1874, à la requête de Mᵍʳ Taché, les évêques de la province ecclésiastique de Québec avaient signé une lettre collective réclamant l'amnistie et la grâce d'Ambroise Lépine. Le gouverneur général de l'époque, Lord Dufferin, avait par la suite commué en emprisonnement la sentence de mort prononcée contre le condamné.

Il faut noter qu'en 1869-1870, toutefois, le mouvement de résistance, au Manitoba, avait reçu l'appui du clergé de l'Ouest. Par contre, la rébellion de 1885, en Saskatchewan, avait été condamnée par les missionnaires et par Mᵍʳ Vital Grandin, évêque de Saint-Albert. Il n'est pas surprenant que l'épiscopat du Québec n'ait pas songé à publier une lettre collective pour réclamer la grâce de Riel. L'archevêque de Québec, Mᵍʳ Elzéar Taschereau, qui était à la veille de devenir le premier cardinal canadien, a pratiquement justifié, dans une lettre à un ami en janvier 1886, l'exécution de Riel: « J'aurais mieux aimé voir la miséricorde exercée envers Riel, mais plus la question s'éclaircit, moins je suis tenté de blâmer ceux qui ont laissé la justice avoir son cours. Après tout, c'est une question libre [18]... »

En février 1886 s'ouvre, à Ottawa, une nouvelle session. Il est de notoriété publique que l'exécution de Riel sera évoquée. Le leader libéral aux Communes, Edward Blake, a eu vent du contenu du rapport du docteur François-Xavier Valade qui avait examiné le condamné quelques jours avant la pendaison. Le 1ᵉʳ mars, il demande et obtient la déposition devant la Chambre, des rapports des trois médecins.

Le texte du docteur Valade contient une interpolation et se lit désormais comme suit: « ...j'en suis venu à la conclusion qu'il (Riel) souffre d'hallucinations sur les sujets politiques et religieux, mais sur les autres questions je le trouve tout à fait sensé et peut distinguer le bien du mal [19]. »

Or, l'original est bien différent. Le gouvernement avait

falsifié la pensée du médecin. En effet, le docteur Valade avait écrit : « ...Il (Riel) n'est pas un être responsable... il est incapable de faire la distinction entre le bien et le mal sur des sujets politiques et religieux... »

Puis, le député conservateur de Montmagny, Philippe Landry, présente une motion blâmant le gouvernement au sujet de la pendaison de Riel : « Cette Chambre croit de son devoir d'exprimer son profond regret que la sentence de mort prononcée contre Louis Riel, convaincu de haute trahison, ait été mise à exécution. »

Il y a des raisons de croire que cette motion était destinée à aider le gouvernement. « Macdonald comprit rapidement qu'il y avait beaucoup à tirer de cette résolution. Elle allait permettre aux Bleus d'exprimer leur mécontentement et de faire un geste que Langevin considérait comme indispensable en votant contre le gouvernement. Mais elle allait permettre plus que cela. Elle amènerait les libéraux ontariens en colère à exprimer leur sérieux désaccord à propos de Riel[20]. »

Après Landry, Hector Langevin prit la parole et se porta à la défense de la décision du gouvernement. À la demande de Macdonald, il posa la question préalable, visant à prévenir des amendements à la motion Landry et à circonscrire les débats dans d'étroites limites. Les discussions portèrent sur la question de savoir si l'exécution de Riel était justifiée ou non.

Les débats durèrent près d'un mois. Edward Blake prononça un discours de sept heures qu'il avait mis trois mois à préparer. Les meilleurs orateurs furent sans conteste Wilfrid Laurier pour les libéraux, et pour les conservateurs J.S.D. Thompson, le nouveau ministre de la Justice. La motion Landry était mise aux voix le 24 mars et elle fut repoussée par cent quarante-six contre cinquante-deux. Dix-sept conservateurs francophones du Québec l'appuyèrent tandis que vingt-cinq autres soutinrent le gouvernement. Les libéraux francophones du Québec votèrent contre le gouvernement. Aux Communes, il y eut pratiquement autant d'anglophones que de francophones pour appuyer la motion Landry, mais il s'agissait de libéraux anglophones comme Blake.

À l'automne de 1886, les débats sur l'affaire Riel se poursuivirent au Québec où les électeurs étaient convoqués aux urnes pour le 14 octobre. Bien que cette question fût du ressort fédéral, Honoré Mercier en fit le thème principal de la campagne électorale. Le chef du Parti national prit la parole à plus d'une centaine d'assemblées où il exalta le nationalisme.

À propos de l'agitation suscitée par Mercier, un contemporain a écrit : « On se serait cru reporté aux jours de Papineau, revendiquant nos libertés, attirant au pied des tribunes populaires tous les vrais patriotes. » Le premier ministre du Québec, John J. Ross, est assimilé aux « pendards d'Ottawa » par ses adversaires. La presse conservatrice dénonce « le Parti national sous lequel les libéraux se camouflent pour la campagne électorale ». À cette accusation, La Vérité de l'ultramontain Jules-Paul Tardivel réplique : « Lorsqu'il s'agit de tuer une vipère on ne regarde pas trop à l'instrument dont on se sert ; on prend le premier bâton qui se trouve sous la main[21]. »

Le Parti national de Mercier l'emporte, mais de justesse. Le triomphe du nouveau premier ministre est attribuable presque essentiellement à ses appels au nationalisme canadien-français. Au Québec, l'affaire Riel aura pour conséquence ultime le déclin du parti conservateur, aussi bien sur la scène provinciale que fédérale. Encore dix ans et les libéraux dirigeront les destinées du Québec et du Canada !

Notes

1. Joseph Kinsey Howard, *Strange Empire*, New York, 1952, p. 542.
2. Harthwell Bowsfield, *Louis Riel, le patriote rebelle*, Montréal, 1973, p. 165.
3. Desmond Morton, *The Queen v Louis Riel*, Toronto, 1974, p. XXVIII.
4. Peter B. Waite, *Canada (1874-1896)*, Toronto, 1971, p. 168.
5. *Ibid.*, p. 168.
6. Lionel Groulx, *Histoire du Canada français*, tome 4, Montréal, 1960, p. 332.
7. Robert Rumilly, *Histoire de la province de Québec*, tome 5, Montréal, 1941, p. 109.
8. *Ibid.*, p. 110.

9. *Ibid.*, p. 111.
10. Robert Rumilly, *Honoré Mercier et son temps*, tome I, Montréal, 1975, p. 279.
11. *Ibid.*, p. 280.
12. *Ibid.*, pp. 280-281.
13. Michel Brunet, *Histoire du Canada par les textes*, tome 2, Montréal, 1963, pp. 44-45.
14. Robert Rumilly, *op. cit.*, p. 286.
15. Cité par Andrée Désilets, *Hector-Louis Langevin*, Québec, 1969, p. 379.
16. Michel Brunet, *op. cit.*, pp. 45-47.
17. Francis Audet, Olivier Maurault et Gérard Malchelosse, *Les lieutenants-gouverneurs de la province de Québec* dans *Les cahiers des Dix*, Montréal, 1962, p. 232.
18. Archives de l'archevêché de Québec, Mgr E. Taschereau à H. Verreau, *principal de l'École normale Jacques-Cartier*, le 8 janvier 1886.
19. Thomas Flanagan, *Riel and the Rebellion 1885 Reconsidered*, Saskatoon, 1983, p. 142.
20. Donald Creighton, *John A. Macdonald*, tome 2, Montréal, 1981, p. 380.
21. George F.G. Stanley, *The Birth of Western Canada*, Toronto, 1960, p. 404.

INDEX

TABLE DES MATIÈRES

La composition de ce volume
a été réalisée par
les Ateliers de La Presse, Ltée

Achevé d'imprimer au Canada
sur les presses de
l'Imprimerie Gagné Ltée
Louiseville